ChatGPT+AI
文案写作实战
108招

苏 海 ◎编著

清华大学出版社
北京

内容简介

本书通过 10 个专题内容、108 个实用技巧、240 多分钟教学视频，讲解了以 ChatGPT 平台为代表的 AI 生成文案的方法，具体内容按以下两条线展开。

一是技能线：前 3 章内容详细讲解了 ChatGPT 平台的运用、向 ChatGP 提问的方法和高效提问的使用技巧，让读者从宏观上把握 ChatGPT 生成文案的技巧。

二是案例线：后 7 章内容包括 6 个文案场景和 1 个综合案例的 AI 文案生成技巧，分别为办公类文案写作、艺术类文案写作、学术类文案写作、娱乐类文案写作、媒体类文案写作、营销类文案写作和 AI 写作全流程案例，让读者结合具体的文案场景掌握 ChatGPT 生成文案的技巧。

本书案例丰富，实战性强，适合对 AI 文案感兴趣的读者，特别是文案策划者、文案写作人员、电商商家、新媒体编辑、广告策划者、短视频编导、作家和艺术工作者等，也可作为文学、语言、计算机等相关专业的教材。

图书在版编目（CIP）数据

ChatGPT+AI文案写作实战108招 / 苏海编著. —北京：清华大学出版社，2024.4
ISBN 978-7-302-65892-4

Ⅰ.①C… Ⅱ.①苏… Ⅲ.①人工智能—应用—写作 Ⅳ.①H05

中国国家版本馆CIP数据核字（2024）第065178号

责任编辑：贾旭龙
封面设计：秦　丽
版式设计：文森时代
责任校对：马军令
责任印制：宋　林

出版发行：清华大学出版社
　　　　网　　　址：https://www.tup.com.cn，https://www.wqxuetang.com
　　　　地　　　址：北京清华大学学研大厦A座　　　　邮　　编：100084
　　　　社 总 机：010-83470000　　　　　　　　　　邮　　购：010-62786544
　　　　投稿与读者服务：010-62776969，c-service@tup.tsinghua.edu.cn
　　　　质 量 反 馈：010-62772015，zhiliang@tup.tsinghua.edu.cn
印 装 者：三河市君旺印务有限公司
经　　销：全国新华书店
开　　本：185mm×260mm　　　　印　　张：13.75　　　　字　　数：265千字
版　　次：2024年5月第1版　　　　　　　　　　　　印　　次：2024年5月第1次印刷
定　　价：79.80元

产品编号：103500-01

PREFACE 前言

人工智能在响应各行各业需求的呼声中高速发展着，不仅能够解放人们的双手，代替人类进行大量琐碎、重复的体力劳动，而且在不断升级与进化中，也可以助力人们的脑力劳动，AI 生成文案就是一个很好的例子。

ChatGPT 作为生成式 AI 的主要代表，在生成文案方面有它的优势，一是通过提示词生成文案，二是联系上下文内容生成文案，这两个优势使得 ChatGPT 自发布到应用之际都广受欢迎。

秉承主动识变应变求变，主动防范化解风险的精神，我们致力于探索 ChatGPT 生成文案的实际应用，结合不同场景中的文案需求，通过改变提示词，让 ChatGPT 进行文案创作。在探索中，我们发现提示词是 ChatGPT 生成文案的关键，因此将提示词的编写方式，即提问技巧，也即 ChatGPT 生成文案的技巧，浓缩为 108 招式，汇编成此书，便于读者直接学习并掌握实用技巧，进而抢占 AI 文案的高地。

综合来看，本书有以下 3 个亮点。

（1）实战干货。本书提供了 108 个实用的技巧和实例，涵盖了宏观上的 33 招 AI 生成文案技巧和微观上的 75 招实际场景中的 AI 生成文案技巧，让读者实打实地把握 ChatGPT 的应用和 AI 文案的生成。

（2）优中择优。本书选取了办公类文案写作、艺术类文案写作、学术类文案写作、娱乐类文案写作、媒体类文案写作、营销类文案写作 6 大场景文案来介绍 AI 生成文案的方法，且每一个案例都提供提问思路和实操技巧,让读者有选择性地、有针对性地高效学习。

（3）物超所值。书中除了介绍 AI 生成文案的方法，还随书赠送了 108 集教学视频、提示词和效果文件等，让读者学而无忧、学有所得。

本书内容高度凝练，由浅入深，以实战为核心，无论是初学者还是有一定经验的读者，都能够从本书中获益。

特别提示：本书在编写时，是基于 ChatGPT-3.5 的界面截取的实际操作图片。需要注意的是，即使是相同的关键词，ChatGPT 每次的回复也会有差别，因此在扫码观看教学视频时，读者应把更多的精力放在 ChatGPT 关键词的编写和实操步骤上。

特别提醒：尽管 ChatGPT 具备强大的模拟人类对话的能力，但由于其是基于机器学习的模型，因此在生成的文案中仍然会存在一些语法错误，读者需根据自身需求对文案进行适当修改或再加工后方可使用。

本书由苏海编著，参与编写的人员还有朱霞芳，在此表示感谢。若有与本书相关的问题需要沟通和交流，读者可扫描封底"文泉云盘"二维码获取作者联系方式。

编　者

2024 年 2 月

目录
CONTENTS

第 1 章　技能入门：熟悉 ChatGPT 平台的运用 ⋯⋯⋯⋯⋯⋯ 001

◎ 1.1 〉掌握 ChatGPT 的基本用法 ⋯⋯⋯⋯⋯⋯⋯⋯⋯⋯⋯ 002

001 让 ChatGPT 生成文案 ⋯⋯⋯⋯⋯⋯⋯⋯⋯⋯⋯⋯ 002

002 让 ChatGPT 停止生成文案 ⋯⋯⋯⋯⋯⋯⋯⋯⋯⋯ 003

003 让 ChatGPT 重新生成文案 ⋯⋯⋯⋯⋯⋯⋯⋯⋯⋯ 003

004 移动鼠标选择复制文案 ⋯⋯⋯⋯⋯⋯⋯⋯⋯⋯⋯ 004

005 单击相应按钮复制文案 ⋯⋯⋯⋯⋯⋯⋯⋯⋯⋯⋯ 005

006 输入提示词时进行换行 ⋯⋯⋯⋯⋯⋯⋯⋯⋯⋯⋯ 006

007 改写发送的指令或提示词 ⋯⋯⋯⋯⋯⋯⋯⋯⋯⋯ 008

◎ 1.2 〉掌握 ChatGPT 的进阶用法 ⋯⋯⋯⋯⋯⋯⋯⋯⋯⋯⋯ 009

008 用 ChatGPT 生成各种图表 ⋯⋯⋯⋯⋯⋯⋯⋯⋯⋯ 009

009 让 ChatGPT 找到合适的图片 ⋯⋯⋯⋯⋯⋯⋯⋯⋯ 011

◎ 1.3 〉管理 ChatGPT 的聊天窗口 ⋯⋯⋯⋯⋯⋯⋯⋯⋯⋯⋯ 012

010 新建一个聊天窗口 ⋯⋯⋯⋯⋯⋯⋯⋯⋯⋯⋯⋯⋯ 013

011 重命名聊天窗口 ⋯⋯⋯⋯⋯⋯⋯⋯⋯⋯⋯⋯⋯⋯ 014

012 删除聊天窗口 ⋯⋯⋯⋯⋯⋯⋯⋯⋯⋯⋯⋯⋯⋯⋯ 015

第 2 章　提问技巧：善于用 ChatGPT 获取文案 ···················· 017

◎ 2.1 〉编写 ChatGPT 提示词的方法 ····························· 018

013　选择贴切的提示词 ·································· 018

014　确定提示的主题 ···································· 019

015　细化主题描述 ······································ 021

◎ 2.2 〉优化 ChatGPT 提示词的方法 ····························· 023

016　指定语言风格 ······································ 023

017　提供实例参考 ······································ 024

018　指定表格罗列答案 ·································· 025

019　赋予一定的身份 ···································· 026

020　设定受众群体 ······································ 028

021　引入不同视角 ······································ 029

022　提供种子词 ·· 030

第 3 章　高效提问：让 ChatGPT 生成优质文案 ·················· 031

◎ 3.1 〉引导 ChatGPT 生成优质的文案 ························· 032

023　提供关键信息提问 ·································· 032

024　循序渐进提问 ······································ 033

025　鼓励式引导回复 ···································· 035

026　提供多个选择提问 ·································· 037

027　归纳问题式提问 ···································· 037

028　设置约束性条件提问 ································ 038

029　附加条件循环提问 ·································· 039

030　综合多维度提问 ···································· 042

◎ 3.2 〉优化 ChatGPT 回复的固定指令 ························· 044

031　调试风格的固定指令 ································ 044

032　生成专业答案的指令 ································ 046

033　拓宽思维的固定指令 ································ 048

第4章　办公类文案写作：AI 迅速提升工作效率 ⋯⋯⋯⋯⋯⋯ 049

034　让 ChatGPT 充当翻译助手 ⋯⋯⋯⋯⋯⋯⋯⋯⋯⋯⋯⋯ 050

035　让 ChatGPT 指导职业规划 ⋯⋯⋯⋯⋯⋯⋯⋯⋯⋯⋯⋯ 050

036　让 ChatGPT 提供创业指导 ⋯⋯⋯⋯⋯⋯⋯⋯⋯⋯⋯⋯ 053

037　让 ChatGPT 生成个人简历 ⋯⋯⋯⋯⋯⋯⋯⋯⋯⋯⋯⋯ 055

038　让 ChatGPT 生成面试题库 ⋯⋯⋯⋯⋯⋯⋯⋯⋯⋯⋯⋯ 057

039　让 ChatGPT 生成创意策划 ⋯⋯⋯⋯⋯⋯⋯⋯⋯⋯⋯⋯ 058

040　让 ChatGPT 协助文档办公 ⋯⋯⋯⋯⋯⋯⋯⋯⋯⋯⋯⋯ 060

041　让 ChatGPT 制定图书框架 ⋯⋯⋯⋯⋯⋯⋯⋯⋯⋯⋯⋯ 061

042　让 ChatGPT 生成会议发言 ⋯⋯⋯⋯⋯⋯⋯⋯⋯⋯⋯⋯ 063

043　让 ChatGPT 生成会议纪要 ⋯⋯⋯⋯⋯⋯⋯⋯⋯⋯⋯⋯ 064

044　让 ChatGPT 生成商业计划书 ⋯⋯⋯⋯⋯⋯⋯⋯⋯⋯⋯ 066

045　让 ChatGPT 生成通知内容 ⋯⋯⋯⋯⋯⋯⋯⋯⋯⋯⋯⋯ 068

046　让 ChatGPT 生成演讲稿 ⋯⋯⋯⋯⋯⋯⋯⋯⋯⋯⋯⋯⋯ 070

047　让 ChatGPT 生成工作总结 ⋯⋯⋯⋯⋯⋯⋯⋯⋯⋯⋯⋯ 072

第5章　艺术类文案写作：AI 赋予语言文字美感 ⋯⋯⋯⋯⋯⋯ 076

048　让 ChatGPT 创作诗歌 ⋯⋯⋯⋯⋯⋯⋯⋯⋯⋯⋯⋯⋯⋯ 077

049　让 ChatGPT 虚构小说 ⋯⋯⋯⋯⋯⋯⋯⋯⋯⋯⋯⋯⋯⋯ 078

050　让 ChatGPT 撰写剧本 ⋯⋯⋯⋯⋯⋯⋯⋯⋯⋯⋯⋯⋯⋯ 082

051　让 ChatGPT 编写故事 ⋯⋯⋯⋯⋯⋯⋯⋯⋯⋯⋯⋯⋯⋯ 086

052　让 ChatGPT 创作散文 ⋯⋯⋯⋯⋯⋯⋯⋯⋯⋯⋯⋯⋯⋯ 088

053　让 ChatGPT 创作歌词 ⋯⋯⋯⋯⋯⋯⋯⋯⋯⋯⋯⋯⋯⋯ 090

第6章　学术类文案写作：AI 助力实现学而无忧 ⋯⋯⋯⋯⋯⋯ 092

054　让 ChatGPT 协助论文写作 ⋯⋯⋯⋯⋯⋯⋯⋯⋯⋯⋯⋯ 093

055　让 ChatGPT 进行论文降重 ⋯⋯⋯⋯⋯⋯⋯⋯⋯⋯⋯⋯ 095

056　让 ChatGPT 优化调研报告 ⋯⋯⋯⋯⋯⋯⋯⋯⋯⋯⋯⋯ 097

057　让 ChatGPT 生成调查问卷 ⋯⋯⋯⋯⋯⋯⋯⋯⋯⋯⋯⋯ 099

058　让 ChatGPT 撰写实验报告 ⋯⋯⋯⋯⋯⋯⋯⋯⋯⋯⋯⋯ 100

059　让 ChatGPT 整理读书笔记 ⋯⋯⋯⋯⋯⋯⋯⋯⋯⋯⋯⋯ 102

060 让 ChatGPT 指导长文阅读 ·············· 104

061 让 ChatGPT 提供知识图谱 ·············· 105

062 让 ChatGPT 拟写命题作文 ·············· 107

063 让 ChatGPT 帮助作文润色 ·············· 108

064 让 ChatGPT 帮助续写文章 ·············· 110

065 让 ChatGPT 指导学业规划 ·············· 111

第 7 章　娱乐类文案写作：AI 配文增添生活乐趣 ·············· **114**

066 让 ChatGPT 生成朋友圈文案 ·············· 115

067 让 ChatGPT 协助社媒动态更新 ·············· 116

068 让 ChatGPT 整理日常形成日记 ·············· 118

069 让 ChatGPT 协助编写个人自传 ·············· 119

070 让 ChatGPT 按格式拟写贺词 ·············· 122

071 让 ChatGPT 生成节日祝福语 ·············· 123

072 让 ChatGPT 指导旅游规划 ·············· 124

073 让 ChatGPT 总结沟通话语 ·············· 126

074 让 ChatGPT 生成高情商回复 ·············· 128

075 让 ChatGPT 提供辩论素材 ·············· 130

第 8 章　媒体类文案写作：AI 轻松实现内容创作 ·············· **132**

076 让 ChatGPT 撰写新闻稿件 ·············· 133

077 让 ChatGPT 生成爆款标题 ·············· 135

078 让 ChatGPT 创作小红书笔记 ·············· 136

079 让 ChatGPT 撰写公众号文章 ·············· 139

080 让 ChatGPT 撰写知乎内容 ·············· 141

081 让 ChatGPT 拟写豆瓣书评 ·············· 144

082 让 ChatGPT 构思访谈节目脚本 ·············· 146

083 让 ChatGPT 构思纪录片脚本 ·············· 148

084 让 ChatGPT 构思短视频脚本 ·············· 150

085 让 ChatGPT 生成短视频标题 ·············· 151

086 让 ChatGPT 创作短视频剧本 ·············· 152

087 让 ChatGPT 进行画面设计 ·············· 155

088 让 ChatGPT 进行故事设计 ·· 157

089 让 ChatGPT 创编人物台词 ·· 159

090 让 ChatGPT 安排视频时长 ·· 161

第 9 章 营销类文案写作：AI 高效提炼产品卖点 ····················· **165**

091 让 ChatGPT 拟写产品推广文案 ·· 166

092 让 ChatGPT 生成直播标题文案 ·· 167

093 让 ChatGPT 生成报纸广告词 ·· 168

094 让 ChatGPT 策划电视广告文案 ·· 170

095 让 ChatGPT 生成网络广告文案 ·· 171

096 让 ChatGPT 生成户外广告文案 ·· 173

097 让 ChatGPT 撰写电商主图文案 ·· 175

098 让 ChatGPT 编写详情页文案 ·· 176

099 让 ChatGPT 创作商品海报文案 ·· 179

100 让 ChatGPT 生成产品测评文案 ·· 181

101 让 ChatGPT 创作活动策划文案 ·· 184

102 让 ChatGPT 撰写品牌宣传方案 ·· 187

103 让 ChatGPT 编写品牌故事 ·· 190

第 10 章 AI 写作全流程案例：《抖音电商》图书宣传文案 ······· **192**

◎ 10.1〉ChatGPT 分析图书的相关信息 ·· 193

104 归纳图书亮点 ··· 193

105 分析目标受众 ··· 195

◎ 10.2〉ChatGPT 生成图书宣传文案 ·· 198

106 确定宣传文案标题 ·· 198

107 撰写图书宣传文案 ·· 201

108 优化图书宣传文案 ·· 203

第1章

技能入门：熟悉 ChatGPT 平台的运用

学习提示

　　AI 文案的主要生成工具是 ChatGPT。用户登录 ChatGPT 平台后，通过输入相应的提示词便可以获得所需的文案，从而实现 AI 自动化生成文案。本章将带领大家熟悉 ChatGPT 平台的运用。

本章重点导航

- ◇ 掌握 ChatGPT 的基本用法
- ◇ 掌握 ChatGPT 的进阶用法
- ◇ 管理 ChatGPT 的聊天窗口

1.1 掌握 ChatGPT 的基本用法

在 ChatGPT 平台中，用户可以先通过相应的指令或提示词让 ChatGPT 生成所需的文案，再将文案复制出来，或修改，或使用，从而达到使用 AI（artificial intelligence，人工智能）生成文案的目的。本节将为大家介绍运用 ChatGPT 生成文案的基本操作。

001 让 ChatGPT 生成文案

扫码看教学视频

登录 ChatGPT 后，将会打开 ChatGPT 的聊天窗口，即可开始进行对话，用户可以输入任何问题或话题，ChatGPT 将尝试回答并提供与主题有关的信息，下面介绍具体的操作方法。

步骤 01 打开 ChatGPT 的聊天窗口，单击底部的输入框，如图 1-1 所示。

步骤 02 在 ChatGPT 输入框中输入相应的提示词，如"请为电风扇产品写一段宣传文案，20 字以内"，如图 1-2 所示。

图 1-1

图 1-2

步骤 03 单击输入框右侧的发送按钮 ▶ 或按 Enter 键，随后 ChatGPT 即可根据要求生成相应的文案，如图 1-3 所示。

图 1-3

002 让 ChatGPT 停止生成文案

扫码看教学视频

用户在 ChatGPT 中发送消息后，ChatGPT 一般都是以逐字输出的方式生成文案，当用户对当前所生成的文案表示存疑时，可以让 ChatGPT 停止生成文案，具体操作如下。

打开 ChatGPT 的聊天窗口，在输入框中输入"请提供两条适合旅行记录的朋友圈文案"，按 Enter 键发送，ChatGPT 即可根据要求生成文案，单击下方的 Stop generating（停止生成）按钮，即可让 ChatGPT 停止生成文案，如图 1-4 所示。

图 1-4

003 让 ChatGPT 重新生成文案

扫码看教学视频

当用户对 ChatGPT 生成的回复不满意时，可以通过 Regenerate（重新生成）按钮让它重新生成回复，ChatGPT 会响应提示词更换表达方式、改变内容来重新给出回复，具体操作如下。

步骤 01 打开 ChatGPT 的聊天窗口，在 ChatGPT 已生成文案或停止生成文案后，在输入框的上方单击 Regenerate（重新生成）按钮，如图 1-5 所示，即可重新生成文案。

图 1-5

步骤 02 重新生成文案后，会出现页码，如图 1-6 所示，每重新生成一次就会新增一页，前面生成的回复会保留下来，单击页码左右两边的箭头可以进入上一页或下一页。

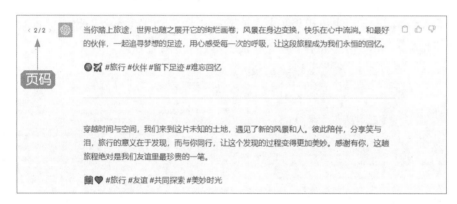

图 1-6

004 移动鼠标选择复制文案

扫码看教学视频

当用户需要复制 ChatGPT 生成的文案时，可以通过选择内容的方式将需要的内容复制到 Word 文档中，具体操作如下。

步骤 01 打开 ChatGPT 的聊天窗口，在输入框中输入"请提供 10 个爆款的短视频标题"提示词，按 Enter 键发送，ChatGPT 即可给出回复，如图 1-7 所示。

步骤 02 可以看到 ChatGPT 为用户提供了 10 个适合短视频的标题，❶ 通过移动鼠标选择这些标题，单击鼠标右键；❷ 在弹出的快捷菜单中选择"复制"选项，如图 1-8 所示，即可复制 ChatGPT 生成的短视频标题。

图 1-7

图 1-8

用户可以将所复制的文案粘贴至记事本、Word 文档等写作软件中，修改、保存，作为备用。

005 单击相应按钮复制文案

除了通过选择内容的方式复制 ChatGPT 回复的内容，ChatGPT 还自带复制按钮，可以让用户直接复制 ChatGPT 回复的完整内容，具体

扫码看教学视频

操作如下。

步骤 01 以上一例中 ChatGPT 的回复为例，打开 ChatGPT 的聊天窗口，在回复内容右侧单击复制按钮 📋，如图 1-9 所示，同样可以对 ChatGPT 生成的文案进行复制。

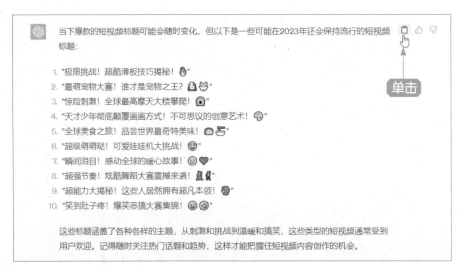

图 1-9

步骤 02 打开一个记事本，按 Ctrl ＋ V 组合键，即可粘贴所复制的内容，如图 1-10所示，后续用户可以自行命名保存。

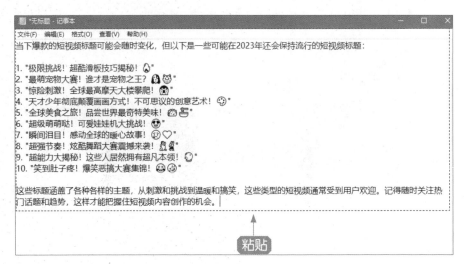

图 1-10

006 输入提示词时进行换行

在 ChatGPT 的输入框中输入内容时，可以对其进行分段、分行，具体操作如下。

扫码看教学视频

步骤 01 打开 ChatGPT 的聊天窗口，在输入框中输入第 1 行信息内容"请将以下词汇组合成广告文案："，如图 1-11 所示。

图 1-11

步骤 02 执行操作后，按 Shift+Enter 组合键即可换行，输入其他的内容"森林、萃取、清凉、自然"，如图 1-12 所示，提供给 ChatGPT 完整的提示词，让其更好地生成我们所需的答案。

图 1-12

步骤 03 按 Enter 键发送，ChatGPT 即可根据提示词给出回复，如图 1-13 所示。

> **CH** 请将以下词汇组合成广告文案：
> 森林、萃取、清凉、自然
>
> 在这个炎炎夏日，感受大自然的清凉呼吸！我们为您带来全新的森林系列产品，以自然为灵感，精心萃取大自然的清凉精华，让您身心尽情沐浴在自然的怀抱中。
>
> 清新的森林香氛，仿佛置身于郁郁葱葱的森林深处，令人心旷神怡。我们特别选用纯天然的植物成分，从大自然中汲取精华，让您感受最纯粹的清凉。
>
> 无论是洁面产品还是护肤品，我们坚持自然萃取的原则，给予您最温和的呵护，让您的肌肤自然散发健康光彩。
>
> 走进大自然的怀抱，让我们的森林系列陪伴您，为您带来一份清凉自然的美好体验。现在就来我们的专柜，感受大自然的疗愈魅力！

图 1-13

007 改写发送的指令或提示词

扫码看教学视频

当给 ChatGPT 发送的指令或关键词有误或者不够精准时，可以对已发送的信息进行改写，具体操作如下。

步骤 01 以上一例为例，在 ChatGPT 的聊天窗口中单击已发送的信息右侧的 ✐ 按钮，如图 1-14 所示。

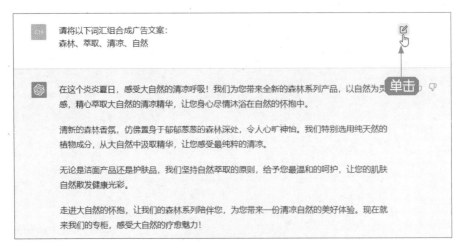

图 1-14

步骤 02 执行操作后，即可对提示词内容进行改写，把"请将以下词汇组合成广告文案："改为"请将以下词汇组合成洗面奶的广告文案："，单击 Save & Submit（保存并提交）按钮，如图 1-15 所示。

图 1-15

步骤 03 执行操作后，ChatGPT 即可根据内容重新生成回复，同时发送内容的左侧会生成页码，如图 1-16 所示。

图 1-16

用户通过翻页可以查看之前生成的文案，通过对比选择更好的文案。

1.2 掌握 ChatGPT 的进阶用法

用户在掌握了 ChatGPT 的基本操作后，可以进一步掌握更多 ChatGPT 的用法，以便让 ChatGPT 真正地为我们所用。本节将介绍一些 ChatGPT 的进阶用法。

008 用 ChatGPT 生成各种图表

ChatGPT 作为一个聊天机器模型，虽然主要以语言文字著名，但基于其智能数据库也能够生成图表，可以帮助我们提高办公效率。

扫码看教学视频

ChatGPT 不能直接生成图表，但可以通过先生成代码，再复制到 Mermaid.live 在线编辑器里，实现图表的制作。下面将举例介绍具体的操作方法。

步骤 01 在 ChatGPT 输入框中输入"用 Mermaid.js 语言生成《水浒传》的人物关系图"，即可生成相应的回复，如图 1-17 所示。

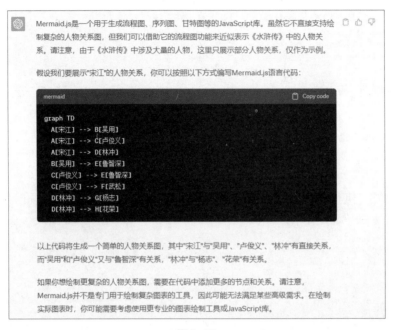

图 1-17

步骤 02 单击 Copy code（复制代码）按钮，如图 1-18 所示。

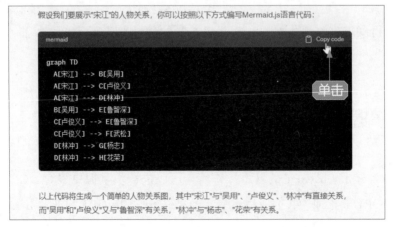

图 1-18

步骤 03 在浏览器中找到并打开 Mermaid.live 线上编辑器，❶ 将复制的代码粘贴上去；❷ 可以查看《水浒传》的人物关系简图，如图 1-19 所示。

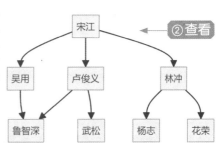

图 1-19

> **专家指点**
>
> ChatGPT 生成图表只是作为一个提供代码的"帮手"，具体的任务还需要借助 Mermaid.live 线上编辑器完成，这是 ChatGPT 的局限性，也是其发展机遇。需要注意的是，ChatGPT 生成的 Mermaid.js 代码可能会存在事实错误。

009 让 ChatGPT 找到合适的图片

扫码看教学视频

ChatGPT 可以通过识别图片链接生成图文并茂的文案内容，具体的操作方法如下。

用户可以在 ChatGPT 的输入框中输入提示词，如"描述一下蝴蝶，并附带蝴蝶的图片，发送图片时请用 markdown 语言生成，不要反斜线，不要代码框，不要文字介绍，×××（此处为图片链接）"，即可让 ChatGPT 生成配图的文案，如图 1-20 所示。

> **专家指点**
>
> markdown 是一种轻量级的标记语言，它允许用户使用易读易写的纯文本格式编写文档，并通过一些简单的标记语法实现文本的格式化。

以下是描述蝴蝶的文字信息，并附带蝴蝶的图片：

蝴蝶是一类美丽的昆虫，属于鳞翅目。它们通常有着独特而多彩的翅膀，展翅时呈现出绚丽的图案和色彩，因此被认为是大自然的艺术家之一。蝴蝶的身体通常由三个部分组成：头部、胸部和腹部。

蝴蝶的翅膀是它们最显眼的特征。翅膀上覆盖着成千上万的鳞片，这些鳞片反射光线，形成了独特的色彩。蝴蝶的翅膀形状各异，有些呈扇形，有些呈椭圆形，还有些呈锥形。翅膀的图案和颜色因蝴蝶的种类而异，有些蝴蝶的翅膀上有斑点、条纹或眼状图案，这些图案起到保护色或迷惑敌害的作用。

蝴蝶通常是植食性昆虫，它以花蜜、花粉、果汁等植物物质为食。它们的触角是非常敏感的感觉器官，用来感知周围环境和寻找食物。

蝴蝶经历了从幼虫到蛹再到成虫的完整生命周期。它们的生命周期包括卵、幼虫（毛虫）、蛹和成虫（成蝶）四个阶段。蝴蝶的幼虫是一种独特的食草动物，它们会在特定的植物上寻找食物，并经过数次蜕皮生长。最后，幼虫会在一个固定的地点形成蛹，在蛹内发生蜕变，最终化为美丽的成蝶。

蝴蝶在生态系统中扮演着重要的角色，它们不仅是植物的传粉媒介，促进植物的繁殖，也是其他动物的重要食物来源。由于生境破坏和人类活动的影响，一些蝴蝶种群面临着濒临灭绝的威胁，因此保护蝴蝶成为了生态保护的重要任务之一。

图 1-20

1.3 管理 ChatGPT 的聊天窗口

在 ChatGPT 中，用户每次登录账号后都会默认进入一个新的聊天窗口，而之前建立的聊天窗口则会自动保存在左侧的聊天窗口列表中，用户可以根据需要对聊天窗口进行管理，包括新建、重命名以及删除等。

通过管理 ChatGPT 的聊天窗口，用户可以熟悉 ChatGPT 平台的相关操作，也可以让 ChatGPT 更有序、高效地为我们所用。本节将具体介绍如何管理 ChatGPT 的聊天窗口。

010 新建一个聊天窗口

扫码看教学视频

在 ChatGPT 中，当用户想用一个新的主题与 ChatGPT 开始一段新的对话时，可以保留当前聊天窗口中的对话记录，新建一个聊天窗口，下面介绍具体的操作方法。

步骤 01 打开 ChatGPT 并进入一个使用过的聊天窗口，在左上角单击 New chat（新建聊天窗口）按钮，如图 1-21 所示。

图 1-21

步骤 02 执行操作后，即可新建一个聊天窗口，在输入框中输入提示词，如"请创作一首迎接春天到来的诗歌"，如图 1-22 所示。

图 1-22

步骤 03 单击输入框右侧的发送按钮▶或按 Enter 键，即可与 ChatGPT 开始对话，ChatGPT 会根据要求创作诗歌，如图 1-23 所示。

图 1-23

011 重命名聊天窗口

在 ChatGPT 的聊天窗口中生成对话后，聊天窗口会自动命名，如果用户觉得不满意，可以对聊天窗口进行重命名操作，下面介绍具体的操作方法。

扫码看教学视频

步骤 01 以上一例中新建的聊天窗口为例，选择聊天窗口，单击✎按钮，如图 1-24 所示。

图 1-24

步骤 02 执行上述操作后，即可呈现名称编辑文本框，在文本框中可以修改名称，如图 1-25 所示。

图 1-25

步骤 03 单击 ✓ 按钮，即可完成聊天窗口的重命名操作，如图 1-26 所示。

图 1-26

012 删除聊天窗口

扫码看教学视频

当用户在 ChatGPT 聊天窗口中完成当前话题的对话后，如果不想保留聊天记录，可以进行删除操作，将 ChatGPT 聊天窗口删除，下面介绍具体的操作方法。

步骤 01 选择一个聊天窗口，单击 🗑 按钮，如图 1-27 所示。

图 1-27

步骤 02 执行操作后，弹出 "Delete chat？" 对话框，如图 1-28 所示，如果确认删除聊天窗口，则单击 Delete（删除）按钮；如果不想删除聊天窗口，则单击 Cancel（取消）按钮。

图 1-28

第 2 章

提问技巧：善于用 ChatGPT 获取文案

学习提示

基于对 ChatGPT 的了解，我们知道 ChatGPT 发挥作用的关键在于恰到好处的提问，而要做到这一点，则需要我们掌握一定的提问技巧，即学会编写和优化 ChatGPT 提示词，本章将介绍一些有效的方法。

本章重点导航

⌖ 编写 ChatGPT 提示词的方法
⌖ 优化 ChatGPT 提示词的方法

2.1 编写 ChatGPT 提示词的方法

当想让 ChatGPT 生成文案时，用户需要输入合适的提示词，让 ChatGPT 识别、理解并提供回复。因此，ChatGPT 产生作用的关键在于提供提示词，而有效的提示词需要用户掌握一些方法进行遣词造句。本节将介绍一些编写有效提示词的方法。

013 选择贴切的提示词

扫码看教学视频

提示词也可以称作指令，是 ChatGPT 进行回复、给出答案的依据。如果用户想要 ChatGPT 生成文案，则要提供文案的类型、特征、范围等信息作为提示词，ChatGPT 会根据提示词给出回复。

用户在编写提示词时，应与需求紧密结合，选择贴切的提示词。不同的提示词所获得的 AI 文案是有区别的。下面将举例介绍在输入不同提示词时，ChatGPT 给出的不同回复。

步骤 01 打开 ChatGPT，在其输入框中输入比较宽泛的提示词，如"请写出 10 个关于旅游的文案"，按 Enter 键确认，ChatGPT 给出的文案如图 2-1 所示。

> 当心灵漫步自然的怀抱，发现宁静与奇迹。欢迎来到远离尘嚣的旅行目的地，与大自然亲密接触，沐浴阳光，释放繁忙生活的压力。
>
> 探索未知，发现精彩。穿越历史的长廊，品味文化的瑰宝。在这个旅程中，你将与古老的故事交织，感受传统与现代的交汇。
>
> 追寻美食的香气，尝遍当地的味道。从街头小吃到高级餐厅，每一口都是对这个地方味蕾的完美诠释。让舌尖成为探索的一部分。
>
> 拾级而上，俯瞰城市的美丽。城市的风景在高处一览无余，繁忙与宁静交织，让你感受到城市的脉搏与活力。
>
> 融入当地生活，与居民互动。透过他们的眼睛，感受这个地方真实的呼吸。从交谈中了解风土人情，让旅程更加充实。
>
> 沙滩、海浪、阳光，这里是海边度假的天堂。放松身心，享受大海的拥抱，让波涛声成为你内心的旋律。
>
> 探寻艺术的殿堂，领略人类智慧的结晶。博物馆、艺术展览，每一件作品都诉说着过去与现在，让你沉浸在创意的海洋。
>
> 远足山林，呼吸清新空气。大自然的奇观等待着你的发现，无论是壮丽的瀑布还是神秘的森林，都将让你流连忘返。
>
> 与冒险为伴，挑战自我极限。尝试新的运动，勇敢面对未知，让胜利的喜悦成为你旅途的底色。
>
> 夜幕降临，城市化身为流动的霓虹海洋。灯光闪烁，夜晚的城市展现出不同的魅力，让你感受到不同于白天的活力与神秘。
>
> 无论你喜欢自然的宁静还是城市的繁华，旅行都是一次与世界亲密接触的机会。让我们一起踏上这个充满惊喜的旅程吧！

图 2-1

步骤 02 在左上角单击 New chat 按钮，新建一个聊天窗口，输入比较具体的提示词，如"请写出 10 个关于去成都旅游的文案"，按 Enter 键确认，ChatGPT 给出的文案如图 2-2 所示。

1. 成都美食之旅
探索成都，享受川菜的绝妙风味。从麻辣火锅到香辣兔头，每一口都是对味蕾的一次盛宴。成都，美食之都，等待您的舌尖发现！

2. 心灵放松的天堂
成都不仅有繁忙的城市生活，还有宁静的雅途。漫步在宽阔的锦绣公园、武侯祠，感受古老和现代的交融，让身心在宁静中放松。

3. 文化遗址之旅
历史悠久的成都拥有丰富的文化遗址。游览宽窄巷子、杜甫草堂，了解成都的历史沿革，感受古老与现代的和谐共存。

4. 珍稀熊猫亲近之旅
成都是世界上少数能近距离观赏熊猫的地方之一。来到成都熊猫基地，与可爱的大熊猫近距离接触，亲历珍稀动物的活泼模样。

5. 夜色锦绣成都
夜晚的成都别具一格，灯火辉煌。在宽窄巷子、太古里漫步，感受夜色中的浪漫氛围，享受成都独特的夜生活。

6. 青城山徒步之旅
挑战自我，登上青城山巍峨的山巅。沿途清澈溪流，古老寺庙，将让您亲近自然，领略成都郊外的美丽风光。

7. 传统川剧体验
感受川剧的独特魅力，亲自体验变脸、武打等表演技巧。成都是川剧的发源地，探寻这一悠久戏曲文化，将为您的旅程增添不少乐趣。

8. 大街小巷探寻
漫步在成都的街头巷尾，发现隐藏的小吃摊、艺术空间和古色古香的建筑。每一处角落都有独特的故事等待您去发现。

9. 非遗体验之旅
深入了解成都的非物质文化遗产，学习蜀绣、蜡染等传统工艺，亲手制作属于自己的文化艺术品。

10. 茶文化之旅
品味成都的浓厚茶文化，品尝名茶，参与茶艺表演，了解茶的历史和文化内涵。在成都，茶是连接人与自然的桥梁。

图 2-2

由图 2-1 和图 2-2 可知，ChatGPT 对于宽泛的提示词和具体的提示词的识别度是不同的，会给用户提供不一样的回复。在输入宽泛的提示词时，ChatGPT 给出的回复会较为概念化，涉及多个方面的信息；而输入具体的提示词时，ChatGPT 会给出更贴近提问的回复。两种提示词各有其用处，用户选择输入哪种提示词取决于其真正的需求是什么。

014 确定提示的主题

一般来说，用户选择较为宽泛的提示词，是想让 ChatGPT 生成一些事实性、概念性的回复，类似于"请说出世界上最大的湖泊"的提示。

扫码看教学视频

而用户选择较为具体的提示词，大多数是想要 ChatGPT 提供一些灵活性、观念性的回复，类似于"用诗意的语言描述一下武功山"的提示。

从这一层面上看，用户选择较为宽泛的提示词并不难编写，反而是选择较为具体的关键词会有一定难度，因为想要 ChatGPT 生成回复的出发点不同。因此，编写有效提示词主要涉及的是编写具体的提示词。其第一要义是确定提示的主题，举例介绍如下。

用户首先要明确提示的主题是什么，如用户想通过 ChatGPT 生成一篇文章大纲，是关于呼吁保护环境的，那么"呼吁保护环境"便是提示的主题，而"一篇文章大纲"则是用户的需求，组织一下语言，便可以在 ChatGPT 的输入框中输入"提供一篇关于呼吁保护环境的文章大纲"。

将"提供一篇关于呼吁保护环境的文章大纲"作为提示词，在 ChatGPT 的输入框中输入并发送，便可以得到 ChatGPT 的回复，如图 2-3 所示。

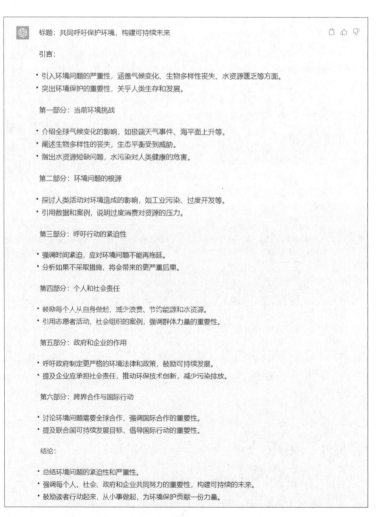

图 2-3

简而言之，当用户想要通过 ChatGPT 生成灵活性、观念性的回复时，则需要在提示词上说明主题，主题需要具体到某个领域、某个行业或某个话题。

015 细化主题描述

当用户在给 ChatGPT 的提示词中说明了主题的情形下，仍旧没有得到理想的回复时，可以进一步细化主题描述，多加入一些限定语言或条件。下面将举例介绍具体的操作方法。

扫码看教学视频

步骤 01 打开 ChatGPT，在其输入框中输入主题为防晒衣产品推广文案的提示词，如"请提供 5 个防晒衣的产品推广文案"，按 Enter 键确认，ChatGPT 生成的文案如图 2-4 所示。

当然可以！以下是五个防晒衣的产品推广文案，希望能够帮助你：

1. 钻石级防晒，护肤首选
炎炎夏日，拥有一款专业防晒衣，是对肌肤的最佳呵护。我们的防晒衣采用钻石级防晒技术，360 度全方位抵御紫外线，轻松守护您的肌肤免受伤害。时尚外观、舒适贴身，让您尽情享受户外活动，拒绝晒黑，从容迎接阳光！

2. 轻盈透气，清爽一夏
夏日海边，畅快游玩！我们的防晒衣采用超轻透气面料，不仅能有效隔离紫外线，更让您在运动时保持清爽。紧贴肌肤的贴心设计，让您感受舒适的同时，也享受清凉的海风拂过，让夏天更加畅快！

3. 时尚防护，美丽加分
纳凉时节，防晒也要时尚！我们的防晒衣不仅护肤，更是时尚造型的亮点。精心设计的款式，搭配多彩选择，让您在户外活动中展现出与众不同的风采。让防晒成为您的时尚标配，让美丽加分！

4. 家庭防护，关爱始终
家庭的健康，永远是首要关注。我们的家庭防晒衣专为全家人设计，从老人到孩子，每一个角落都是我们守护的重心。高效的防晒材质，可靠的护肤效果，让您与家人共同享受户外时光，健康又贴心！

5. 防晒专家，专业安心
在夏日阳光下，选择一款防晒衣就是选择健康。我们是您的防晒专家，用专业技术保障您的肌肤健康。经过严格测试认证的材质，以及精湛的制作工艺，让您无后顾之忧地享受户外乐趣。专业防护，让您的夏天更加安心！

希望这些文案能够帮助你更好地推广防晒衣产品！

Regenerate

图 2-4

步骤 02 单击已发送的信息右侧的 ✎ 按钮，加入限定语言对提示词进行改写，如将"请提供 5 个防晒衣的产品推广文案"改写为"请提供 5 个适合女生的小众防晒衣的产品推广文案"，单击 Save&Submit（保存并提交）按钮，让 ChatGPT 根据新的提示词生成文案，效果如图 2-5 所示。

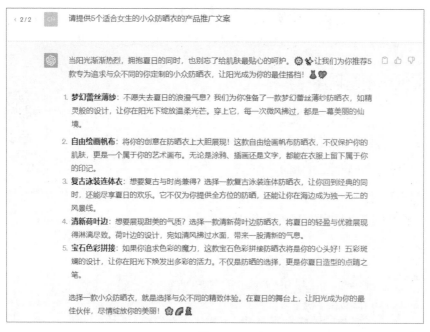

图 2-5

步骤 03 再次单击已发送的信息右侧的 按钮，加入限定条件对提示词进行改写，如将"请提供 5 个适合女生的小众防晒衣的产品推广文案"改写为"请提供 5 个适合女生的小众防晒衣的产品推广文案，要求突出产品亮点，有吸引力"，单击 Save&Submit（保存并提交）按钮，让 ChatGPT 再次根据新的提示词生成文案，效果如图 2-6 所示。

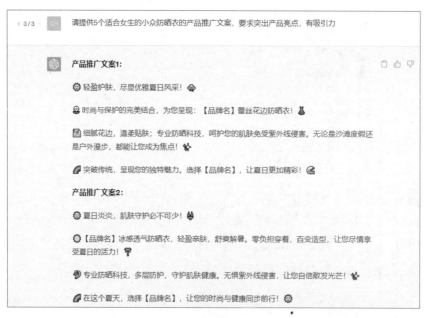

图 2-6

产品推广文案3:

☀ 阳光灿烂，自信绽放！

👗【品牌名】清新运动风防晒衣，专为现代女性设计。轻盈面料，舒适剪裁，展现您的都市活力与时尚品味。

☀ 高效防晒科技，拒绝肌肤晒伤，拥抱阳光。无论户外运动还是街头漫步，都是您自信的舞台！

✏ 选择【品牌名】，让夏日成为您展现自我风采的舞台！☀

产品推广文案4:

☀ 唤醒夏日活力，从防晒做起！

👕【品牌名】凉感长袖防晒衣，时尚与实用的完美结合。轻薄透气的面料，紧致修身的版型，为您带来舒适的穿着感受。

☀ 强大的防晒保护，让您告别晒伤烦恼。在户外尽情畅享，肌肤始终呈现健康亮丽！

✏ 选择【品牌名】，让夏日充满轻松与自信！

产品推广文案5:

☀ 温柔呵护，尽显优雅夏日风情！

👘【品牌名】丝绒防晒外套，奢华典雅，轻盈舒适。精湛工艺与时尚设计相结合，彰显您的高贵品味。

☀ 独特的防晒科技，让您在时尚的同时不忘呵护肌肤。告别晒伤烦恼，散发自信光芒！

✏ 选择【品牌名】，让夏日成为您绽放魅力的季节！

图 2-6（续）

由上述示例可以看出，ChatGPT 会根据提示词的主题细化程度给出不同的回复。一般来说，用户输入的主题描述越详细，得到高效回复的概率越大。

2.2 优化 ChatGPT 提示词的方法

用户在与 ChatGPT 进行对话时，大多数的场景中都需要用到较为具体的提示词，而想要让 ChatGPT 生成更为满意的回复，则需要掌握一定的提示词优化方法。本节将介绍一些优化提示词的方法，以帮助大家更加得心应手地运用 ChatGPT。

016 指定语言风格

当用户不知道如何拟写提示词才能够获得满意的回复时，可以指定语言风格，从用户自身出发，包括自己喜欢的影视人物、动漫人物、作家等语言风格，都可以让 ChatGPT 进行模仿，并按照特定风格来生成文案。下面将举例介绍具体的操作方法。

扫码看教学视频

步骤 **01** 打开 ChatGPT，在其输入框中输入提示词，如"以《无人生还》（And Then There Were None）的语言风格，创作一篇 500 字的悬疑小说"，如图 2-7 所示。

以《无人生还》（And Then There Were None）的语言风格，创作一篇500字的悬疑小说 ← 输入

Free Research Preview. ChatGPT may produce inaccurate information about people, places, or facts. ChatGPT August 3 Version

图 2-7

步骤 **02** 按 Enter 键确认，ChatGPT 会生成小说，如图 2-8 所示。

在一个风雨交加的夜晚，十个陌生人接到了一个神秘邀请，邀请他们前往孤岛上的一座古老别墅。别墅主人自称是一位收藏家，他们被邀请来参观他独一无二的艺术品。尽管夜晚的风雨阻挡了他们前进的道路，但十个人还是一个个抵达了那座别墅，满怀着好奇心和期待。

当所有人都聚集在客厅里，别墅主人的声音突然从远处传来。他向他们展示了他的珍藏，一些价值连城的艺术品，包括名画、古董和珠宝。然而，当展示结束，他的声音突然宣布："欢迎来到这座孤岛，你们即将经历一场生死游戏。"

震惊的十个人四处张望，试图找出声音的来源。但是，他们很快意识到自己被困在了这座别墅中，无法逃离孤岛。就在这时，一首诗出现在墙上，上面写着：

"十人受邀到孤屿，不料身陷死局。
罪孽与往事，显露于无形之手。
逐一命逝如蜡，疑云迷离众心。
谜团如网紧扣，真相竟在其中。"

随着时间的推移，十个人逐渐意识到他们每个人都有一个不可告人的过去，一个深藏的秘密。随着日复一日的相处，紧张和猜疑在他们之间蔓延，每个人都开始怀疑其他人是否是幕后黑手。

一天晚上，第一个人突然死去，发现他被毒死。恐慌蔓延，大家开始推测谁可能是凶手。他们找遍了整个别墅，却没有找到任何证据。随后，第二个人死去，然后是第三个……

死亡的人数越来越多，而他们却无法找到任何解脱之路。每次死亡都伴随着一首新的诗歌，揭示出受害者的罪行和死因。紧张的气氛达到了顶点，每个人都感到自己即将成为下一个受害者。

在绝望的威胁下，十个人开始揭开彼此的过去，分享自己的秘密。他们逐渐认识到，他们每个人都是彼此过去的一部分，他们被邀请到这座孤岛上，是为了面对自己的罪孽和内心的恶魔。

最终，只剩下最后一个人存活。他终于揭示了自己的过去，承认了自己的罪行。就在这时，别墅主人的身影突然出现，揭示了整个计划的真相。原来，他是受害者们过去行为的象征，他希望通过这场游戏让他们面对自己的罪孽，从而获得救赎。

随着别墅主人的消失，孤岛的风雨也渐渐停止。只剩下一个人独自留在了这座空荡荡的别墅中，回想着刚刚经历的一切。生与死、罪与赎，一切都如同一场梦境般的迷离，仿佛从未发生过。

图 2-8

017 提供实例参考

用户在对 ChatGPT 进行提问时，可以提供一个具体的实例让其参考，等 ChatGPT 识别之后便可以生成更为满意的答案，详细的操作方法如下。

扫码看教学视频

步骤 01 在 ChatGPT 输入框中输入提示词，如"旅行类的短视频标题文案通常是文艺、有诗意的，如'山不见我，我自去见山'，请提供 10 个类似的标题文案"，如图 2-9 所示。

图 2-9

步骤 02 按 Enter 键确认，ChatGPT 会生成标题文案，如图 2-10 所示。

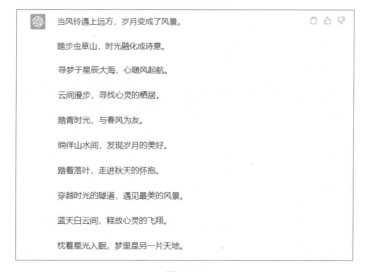

图 2-10

018 指定表格罗列答案

扫码看教学视频

用户在与 ChatGPT 对话时，可以要求其以表格的形式给出回复，这对于要点提炼和短视频脚本创作等相关工作有很大的帮助。下面将介绍指定 ChatGPT 用表格罗列答案的操作方法。

步骤 01 打开 ChatGPT，在其输入框中输入提示词，如"提供一个运镜拍摄教学的短视频脚本，以表格的形式"，如图 2-11 所示。

图 2-11

步骤 02 按 Enter 键确认，ChatGPT 会生成短视频脚本，如图 2-12 所示。

片段	内容	图像
开场	欢迎语，介绍主题	(开场画面，主讲人出现)
第一步	准备设备	展示摄像机、镜头、三脚架
第二步	调整镜头	1.焦距调整 画面示意焦距调节 2.对焦调整 画面示意对焦调节 3.白平衡设置 画面示意白平衡设置
第三步	构图与角度	1.选择合适的构图 画面示意不同构图 2.尝试不同拍摄角度 画面示意不同角度
第四步	光线控制	1.利用自然光 画面示意拍摄利用自然光 2.使用补光灯 画面示意使用补光灯
第五步	稳定拍摄	1.使用三脚架稳定相机 画面示意三脚架设置 2.手持稳定技巧 画面示意手持稳定
第六步	录制测试镜头	1.录制测试镜头以检查效果 2.检查焦距、对焦、光线等
第七步	创意拍摄技巧	1.运用景深进行焦点设置 2.运动拍摄技巧展示
第八步	音频处理	1.外接麦克风的连接 2.音频监测和调节
第九步	后期处理	1.传输素材到电脑 2.剪辑与调色技巧
结束	总结要点	(主讲人总结，谢幕画面)

请注意，这只是一个简单的短视频脚本示例，实际制作中可能需要更多细节和过渡效果来增强教学效果。在制作过程中，您还可以添加适当的配乐、文本提示等以提升观看体验。同时，根据您的目标受众，可以调整教学内容和重点。

图 2-12

019 赋予一定的身份

扫码看教学视频

ChatGPT 作为一个语言模型，它可以充当各式各样的角色，因此用户在与 ChatGPT 对话时，可以先赋予其身份，如让 ChatGPT 充当文案策划专员，提供写作爆款文案的建议，ChatGPT 会生成更有参考价值的文案建议。

下面将介绍赋予 ChatGPT 一定身份的详细操作方法。

步骤 01 打开 ChatGPT，在其输入框中输入提示词，如"你现在是一位初中英语老师，请生成一份面向初中生的英语知识点教案，包括教学重难点、课前导入、教学设计和课后小结"，如图 2-13 所示。

图 2-13

步骤 02 按 Enter 键确认，ChatGPT 会生成英语知识点教案，如图 2-14 所示。

教案：初中英语知识点——日常生活与爱好

课程名称： 日常生活与爱好
教学对象： 初中生
教学时长： 45分钟

教学目标：

1. 能够用英语表达关于日常生活和爱好的基本信息。
2. 理解并正确使用与食物、运动、娱乐等相关的词汇和表达方式。
3. 能够在日常交流中谈论自己的兴趣爱好。

教学重难点：

1. 区分食物、运动和娱乐方面的词汇，准确运用。
2. 运用所学知识，描述自己的日常生活和兴趣爱好。

课前导入： （5分钟）

- 使用图片展示一些常见的食物、运动和娱乐活动，引导学生讨论这些内容在他们的生活中的重要性。
- 提问：你们平时喜欢吃什么？喜欢什么运动？喜欢做什么娱乐活动？

教学设计：

Step 1: 词汇学习（10分钟）

- 使用幻灯片展示各种食物、运动和娱乐活动的图片，并附上相应的英文单词。逐个发音和解释含义。
- 学生齐读，跟读练习，帮助学生熟悉词汇。

Step 2: 句型构建（15分钟）

- 教授常用句型，如：
  - I like swimming.（我喜欢游泳。）
  - She enjoys playing the piano.（她喜欢弹钢琴。）
  - He doesn't like eating vegetables.（他不喜欢吃蔬菜。）
- 通过示范和让学生模仿，确保学生能正确运用这些句型。

Step 3: 对话练习（10分钟）

- 学生分组，编写关于日常生活和爱好的对话，确保对话中包含所学词汇和句型。
- 学生互相表演对话，鼓励他们自由发挥，提高口语表达能力。

Step 4: 小组讨论（5分钟）

- 提出问题：你们小组里谁喜欢吃pizza？谁喜欢打篮球？谁喜欢看电影？
- 学生在小组内讨论并展示自己的喜好，培养合作与表达能力。

课后小结： （5分钟）

- 总结本节课学到的关于日常生活和爱好的词汇和句型。
- 布置作业：写一篇短文，介绍自己的日常生活和爱好，要求使用所学词汇和句型。

教学延伸：

1. 带领学生外出，实地体验所学词汇，如去餐厅点餐、参加运动活动等。
2. 鼓励学生收集并分享他人的兴趣爱好，拓展视野和思维。

通过这份教案，学生将能够系统地学习与日常生活和爱好相关的词汇和表达方式，提高他们的口语交流能力和写作能力。同时，通过小组讨论等活动，也能促进他们的合作与沟通能力的提升。

图 2-14

020 设定受众群体

扫码看教学视频

用户在与 ChatGPT 进行对话时，可以设定受众群体。通过提供特定领域、特定背景或与专业知识相关的问题，可以帮助 ChatGPT 更好地理解你的需求，并提供更准确、高效的回答。下面将介绍具体的操作方法。

步骤 01 打开 ChatGPT，在其输入框中输入提示词，如"针对谈判人员写一篇关于谈判沟通技巧的推文，字数为 350 字左右"，如图 2-15 所示。

> 针对谈判人员写一篇关于谈判沟通技巧的推文，字数为350字左右 ← **输入** ▶

Free Research Preview. ChatGPT may produce inaccurate information about people, places, or facts. ChatGPT August 3 Version

图 2-15

步骤 02 按 Enter 键确认，ChatGPT 会生成相应的推文，如图 2-16 所示。

标题：掌握成功谈判的关键沟通技巧！ 💚

在商业世界中，谈判是一项至关重要的技能。无论是与合作伙伴、客户还是供应商进行谈判，良好的沟通技巧都是取得成功的关键。以下是几点帮助谈判人员取得成功的沟通技巧：

1. **倾听胜于说话**：谈判并非一味地陈述你的立场，也包括倾听对方的观点。积极倾听有助于了解他们的需求和担忧，从而更好地找到共同的解决方案。
2. **建立信任**：建立良好的人际关系是成功谈判的基础。通过真诚、尊重和透明的沟通方式来树立信任，这有助于降低紧张氛围，促使双方更愿意合作。
3. **掌握非语言沟通**：除了言辞外，身体语言、面部表情和姿态都能传达信息。确保你的肢体语言与言辞一致，以增强你的沟通效果。
4. **明确表达**：避免使用模糊或含糊不清的语言。简洁明了地表达你的意图和要求，以确保对方准确理解你的立场。
5. **提出开放性问题**：通过提问引导对话，让对方详细说明他们的需求和目标。这不仅帮助你更好地了解情况，也显示出你对他们的关注。
6. **适时提供信息**：在适当的时机分享有利于你立场的信息，但不要过于强调。让信息在谈判过程中自然地流露出来。
7. **灵活性和妥协**：在谈判中，双方很可能需要做出妥协。保持灵活性，愿意适应变化，并为达成协议而做出合理的妥协。
8. **处理冲突**：冲突是不可避免的，但处理方式至关重要。保持冷静、理性，并专注于解决问题，而不是陷入争吵。
9. **积极提供解决方案**：展示你的创造性思维，提出各种解决方案，以便在谈判中找到共同的中间地带。
10. **总结和跟进**：谈判结束后，确保总结达成的共识，并落实下一步的行动计划。保持与对方的沟通，跟进协议的执行情况。

无论是初级还是高级谈判人员，掌握这些关键的沟通技巧都将使你在谈判中更具竞争力。记住，成功的谈判不仅仅是赢得合同，更是建立长久的商业关系。#谈判技巧 #沟通艺术 #商业成功 💚📷

图 2-16

021 引入不同视角

扫码看教学视频

用户通过在不同的段落或章节中使用不同的视角，可以引入不同的人物、观点或经历，从而丰富文章的厚度。将这个思路运用到编写提示词中，可以让 ChatGPT 完成创作任务。下面将介绍引入不同视角的详细操作方法。

步骤 01 打开 ChatGPT，在其输入框中输入提示词，如"请以第一人称视角虚构一篇海底世界探险的故事"，如图 2-17 所示。

请以第一人称视角虚构一篇海底世界探险的故事 ← 输入 ▶

Free Research Preview. ChatGPT may produce inaccurate information about people, places, or facts. ChatGPT August 3 Version

图 2-17

步骤 02 按 Enter 键确认，ChatGPT 会生成特定视角的虚构故事，如图 2-18 所示。

深潜号缓缓下沉，我静静地坐在控制台前，紧握着方向盘，眼睛盯着潜水舱外那一片神秘蔚蓝。我是海洋探险家，一直渴望探索海底世界的奥秘，而今天，我终于迎来了这个梦寐以求的时刻。

透过潜望镜，我看到了不远处的珊瑚礁，五颜六色的珊瑚在潮流中摇曳，鱼群穿梭其中，宛如一幅美丽的画卷。我放慢了深潜号的速度，让自己悠然地沉浸在这美妙的景象中。透过舷窗，我仿佛能听到海洋的呼唤，感受到大海对我的招手。

继续深潜，我渐渐进入了更深的水域。海底的光线变得微弱，我启动了探照灯，将光柱投射向前方。在那昏暗的光线下，我看到了一只巨大的海龟悠然地游过，它的龟壳上生长满了苔藓和小型生物，似乎见证了无数岁月的流逝。

潜水舱突然传来一阵轻轻的震动，我皱起眉头，紧张地观察着控制台的指示器。是一群鲨鱼正在靠近！我激活了舱外的声波装置，试图驱赶它们，同时小心翼翼地调整深潜号的方向，避免引起更多的注意。

终于，我穿越了那片危险的水域，来到了一个更为神秘的区域。眼前浮现出一座座古老的沉船，它们的残骸沉睡在海底，宛如一座座沉睡的城市。我激动不已，通过控制台启动了一台机器人潜水器，让它前往其中一艘沉船，寻找能够带回来的珍贵文物和信息。

机器人潜水器的摄像头传来了惊人的画面，我看到了一扇扇被藻类和海洋生物遮挡的舱门，甲板上散落着早已腐蚀的物品，但依稀能辨认出它们曾经的光辉。我凝视着屏幕，仿佛能听见那些曾经的船员们的呼喊声，似乎时光倒流，我置身于历史的长河之中。

随着时间的流逝，我控制着机器人潜水器不断地在沉船中穿梭，发现了许多有趣的文物和珍贵信息，这将会是一次对海底历史的宝贵贡献。

当深潜号准备返回水面时，我情不自禁地回顾了一下眼前这片奇幻的海底世界。在这次探险中，我不仅见识了海底的美丽景色，还深切感受到了海洋的深邃和神秘。我知道，这只是海洋世界中的一个缩影，还有更多未知的领域等待着我去探索。

激动又满怀希望，我将深潜号引向水面，踏上了回家的旅程。这次探险的经历将永远留在我心中，鼓舞着我不断前行，探索更广阔的海洋世界。

图 2-18

扫码看教学视频

022 提供种子词

种子词是指生成文章中需要包含的字词。在提示词中加入种子词，可以帮助 ChatGPT 模型更快地提取到恰当的文本数据，从而生成更为有效的答案。下面将介绍提供种子词的操作方法。

步骤 01 打开 ChatGPT，在其输入框中输入提示词，如"请根据以下种子词生成软文：蓝水晶、传说、大海，字数在 400 字左右"，如图 2-19 所示。

请根据以下种子词生成软文：蓝水晶、传说、大海，字数在400字左右 ← 输入 ▶

Free Research Preview. ChatGPT may produce inaccurate information about people, places, or facts. ChatGPT August 3 Version

图 2-19

步骤 02 按 Enter 键确认，ChatGPT 会生成含有种子词的文章，如图 2-20 所示。

> 在茫茫大海的辽阔深处，隐藏着一段令人心驰神往的传说。这个传说与蓝水晶有着紧密的联系，仿佛蕴藏着大海的神秘力量。
>
> 传说，如同涟漪荡漾的海面，一直在海洋中传颂。据说，古老的渔村曾有位年轻勇士，他名叫艾尔兰。艾尔兰生活在一个依海而建的小村庄，他对大海怀有无比的敬畏之情。在村子的中心，有一块巨大的蓝水晶，被村民们奉为宝物，传说这是海神所赐，蕴含着大海的神秘力量。
>
> 艾尔兰常常坐在海边，凝望着那广阔的蓝色海洋，想象着大海的奥秘与传说。有一天，一位智者前来村庄，他告诉艾尔兰，蓝水晶中蕴含着连接人与海洋之间的纽带，只有勇敢的人才能够触摸到其中的真正力量。听闻此言，艾尔兰决定展开一段不同寻常的旅程。
>
> 艾尔兰背负着对大海的憧憬，踏上了一艘小船，开始了他的冒险之旅。他遇到了巨浪与风暴，也体验了孤独与恐惧，但他始终坚信着传说中的力量。在漫长的航行中，他逐渐领悟到，蓝水晶所代表的不仅是大海的力量，更是人类勇气和探索精神的象征。
>
> 终于，在一片无垠的蓝色海洋中，艾尔兰发现了传说中的"水晶之岛"。岛上环绕着美丽的蓝水晶，闪烁着耀眼的光芒，宛如大海的心灵。艾尔兰明白，这里才是蓝水晶真正的力量所在，它不仅代表着大海的神秘，更代表着人类对未知的勇敢探索。
>
> 回到村庄时，艾尔兰成为了英雄，他将自己的经历与传说分享给了村民们。从此以后，每年的蓝水晶节上，村庄会举行庆典，纪念勇敢的艾尔兰和蓝水晶所传承的传说。而那片浩瀚的大海，也因着这个传说，变得更加神秘而美丽。
>
> 传说如同一道光芒，在历史的长河中永不消逝。蓝水晶的传说，将勇气、希望和探索的精神代代相传，像海浪一样涌向未知的远方。或许，正是这些传说，让大海变得更加深邃而引人遐想。

图 2-20

第**3**章

高效提问：让 ChatGPT 生成优质文案

学习提示

　　ChatGPT生成文案的质量与用户的提问方式密切相关，因此用户若想要获得优质的文案，则需要掌握一些高效提问的方法。本章将介绍引导 ChatGPT 修改与完善文案的方法。

本章重点导航

- ◈ 引导 ChatGPT 生成优质的文案
- ◈ 优化 ChatGPT 回复的固定指令

3.1 引导 ChatGPT 生成优质的文案

ChatGPT 能够根据上下文给出连续性回复，因此当用户对 ChatGPT 初次提供的文案不太满意时，可以采取一些方法，引导 ChatGPT 生成高效、符合预期的回复。本节将介绍一些引导 ChatGPT 优化回复的方法。

023 提供关键信息提问

扫码看教学视频

ChatGPT 根据用户提供的提示词来生成文案，因此文案的内容与提示词有关。一般来说，越为准确、有针对性的提示词越会获得更为满意、高效的回复，这就要求用户在编写提示词时应注重问题的核心和关键点，并将其融入提示词中。

例如，用户的问题是需要写一篇职场推文，并非单纯地将"请写一篇职场推文"作为提示词输入给 ChatGPT，而应稍加思考，考虑有无可确定的主题、受众人群、相关的要求等，所有涉及推文的相关点都可以视作关键信息给予 ChatGPT 生成文案。

下面将举例示范提供关键信息引导 ChatGPT 回复的操作方法。

步骤 01 打开 ChatGPT，在其输入框中输入提示词，如"请帮我写一篇面向职场小白、关于职业规划的推文，要求 500 字左右"，如图 3-1 所示，让 ChatGPT 提供推文参考。

请帮我写一篇面向职场小白、关于职业规划的推文，要求500字左右 ← 输入 ▶

Free Research Preview. ChatGPT may produce inaccurate information about people, places, or facts. ChatGPT August 3 Version

图 3-1

步骤 02 按 Enter 键确认，ChatGPT 会生成职场推文，如图 3-2 所示。

可以看出，ChatGPT 按照所给的提示词，贴合推文的受众群体和主题，提供了一篇要点清晰、有技巧干货的推文，能够为用户提供一些灵感。

标题：职场新手必读：打造成功职业规划的关键步骤！

大家好，无论你是刚步入职场的新人，还是正在考虑如何规划自己的职业道路，都会在职业规划中面临一些挑战。今天，我将为你分享一些关键步骤，帮助你打造成功的职业规划。

1. **自我认知**：首先，了解自己是关键。你需要深入思考自己的兴趣、优势、价值观和目标。考虑自己喜欢做什么，擅长什么，以及自己的长远目标是什么。这将有助于确定一个与你的特点相匹配的职业方向。

2. **设定目标**：明确的目标能够帮助你在职业道路上保持方向感。确立短期和长期目标，并确保它们是具体、可衡量和可实现的。这些目标可以是职位晋升、技能提升、薪资增加等。

3. **了解行业和市场**：对你感兴趣的行业进行深入了解，了解其发展趋势、需求和前景。同时，研究当前市场对于特定技能和经验的需求，以便你可以有针对性地提升自己。

4. **积累技能**：不断学习和提升技能是职业规划的关键。无论是通过培训、课程还是自主学习，都要保持对新知识的开放和学习态度。掌握与你职业目标相关的技能，将使你在职场中更具竞争力。

5. **寻求导师或指导**：找到在你所选领域有经验的导师或顾问。他们的经验和建议可以帮助你更好地了解行业内部情况，为你的职业规划提供有价值的指导。

6. **建立人际关系**：人脉对于职业发展至关重要。参加行业活动、社交聚会，与同行交流，建立合作关系和友谊。这些人际关系可能为你带来意想不到的机会。

7. **灵活调整**：职业规划不是一成不变的，随着时间和经验的变化，你可能需要调整你的计划。保持灵活性，随时准备适应新的机遇和挑战。

8. **持续评估和反思**：定期回顾你的职业规划，检查你是否朝着目标迈进。如果发现偏离了原定计划，不要害怕进行调整。持续的评估和反思有助于你保持在正确的轨道上。

无论你是刚刚入职还是想要在职场中有更好的发展，一个明智的职业规划都将是你成功的关键。记住，规划是一个持续的过程，要随时准备适应变化。祝愿你在职业道路上取得出色的成就！#职业规划 #职场新人

⟳ Regenerate

图 3-2

024 循序渐进提问

扫码看教学视频

相对于其他 AI 机器，ChatGPT 的优势在于擅长联系上下文来生成答案，因此用户可以将 ChatGPT 视作"人"进行沟通，通过循序渐进地提问问题，能够使答案更加接近我们的预期。

下面将举例介绍循序渐进提问 ChatGPT 的操作方法。

步骤 01 在 ChatGPT 输入框中输入提示词，如"创作一篇现实主义小说要做哪些准备"，如图 3-3 所示，向 ChatGPT 寻求创作现实主义小说的帮助。

创作一篇现实主义小说要做哪些准备 ◀— 输入

Free Research Preview. ChatGPT may produce inaccurate information about people, places, or facts. ChatGPT August 3 Version

图 3-3

步骤 02 按 Enter 键确认，ChatGPT 会给出创作小说的准备步骤，如图 3-4 所示。

创作一篇现实主义小说需要经过一系列的准备工作，以确保故事情节、人物描写和环境描绘都具有真实感和可信度。以下是一些准备步骤：

1. **选题和主题确定：** 首先要明确小说的选题和主题。现实主义小说通常探讨日常生活、人性、社会问题等，所以选一个具有普遍性和深刻性的主题是很重要的。
2. **研究和调研：** 在创作之前，进行充分的研究和调研。了解与故事相关的背景信息、地点、时代背景，以及可能涉及的专业知识。这可以使你的故事更加真实和准确。
3. **角色塑造：** 塑造有深度和复杂性的角色是至关重要的。为每个主要角色制定详细的人物背景、性格特点、动机和目标。这些特点应该与故事的主题和情节紧密相关。
4. **故事结构规划：** 制定一个清晰的故事结构，包括起承转合。确定故事的起始点、关键事件和高潮，以及合适的结局。现实主义小说通常注重情节的逻辑性和自然流动。
5. **环境描写：** 环境描写对于创造真实感十分重要。详细描绘场景、地点和氛围，让读者能够身临其境地感受到故事发生的环境。
6. **对话写作：** 现实主义小说中的对话应该自然、真实。通过对话展示角色之间的关系、沟通和情感变化。对话应该与角色的性格和情境相一致。
7. **细节刻画：** 注意细节刻画，描述人物的举止、表情、言行举止等。细节能够丰富人物形象，增强读者的情感共鸣。
8. **社会背景描写：** 现实主义小说通常涉及社会问题，因此在故事中巧妙地描绘社会背景和社会关系。这可以使故事更富有深度和现实感。
9. **反思和意义：** 现实主义小说往往包含对生活和人性的深刻反思。在写作过程中思考故事背后的意义、启示以及读者可能从中获得的观点。
10. **初稿和重写：** 写作一篇现实主义小说往往需要多次修改和重写。先完成初稿，然后在之后的阶段不断地进行修改、润色和改进，以确保故事的质量和完整性。

总之，创作现实主义小说需要充分的准备和深入的思考。通过对主题、人物、环境和情节的仔细构思和处理，你可以创作出一个具有真实感和深度的作品，引发读者的共鸣和思考。

图 3-4

步骤 03 在同一个聊天窗口中继续输入提示词，如“如何塑造复杂且有深度的角色”，按 Enter 键确认，ChatGPT 会给出塑造角色的方法，如图 3-5 所示。

塑造复杂且有深度的角色是创作一部成功现实主义小说的关键。以下是一些方法，可以帮助你塑造具有丰富性的角色：

1. **独特的背景故事：** 给每个角色一个独特的过去，包括家庭背景、成长经历、人生转折等。这些经历将塑造他们的价值观、信仰和性格特点。
2. **内在冲突：** 创造内在矛盾和冲突是塑造复杂角色的一种方法。角色可能面临道德、情感或目标上的冲突，这些冲突能够增加角色的深度和真实感。
3. **多维性格：** 避免将角色刻画为单一的维度。一个人的性格通常是多方面的，可以是善良和自私、勇敢和胆怯等。展示这种多维性能够使角色更加立体。
4. **动机和目标：** 定义每个角色的动机和目标，即他们追求的东西和为之努力的原因。这将影响他们的行为、决策和人际关系。
5. **情感共鸣：** 让角色的情感和情绪与读者产生共鸣。通过描写角色的情感反应和内心体验，读者能够更好地理解角色的感受。
6. **与他人互动：** 角色之间的互动可以揭示他们的关系、态度和性格。通过对话和行为展示他们如何与其他角色相处。
7. **反应于环境：** 角色应该在故事的环境中有所反应。环境对于塑造角色的行为和情感有很大影响，因此考虑他们在不同环境中的表现。
8. **缺点和弱点：** 给角色赋予一些缺点和弱点。完美无缺的角色不容易引起读者的共鸣，而有缺点的角色更加真实可信。
9. **发展和变化：** 让角色在故事中有发展和变化。他们可以通过经历和成长来改变，这种变化能够使角色更加引人注目。
10. **内心独白：** 通过内心独白或者第一人称的叙述，深入探讨角色的内心世界和思想。
11. **对抗挑战：** 让角色面对挑战和困难，以此展示他们的勇气、决心和应对能力。

图 3-5

步骤 04 还可以继续提问其他细节，输入提示词如"如何描写环境"，按 Enter 键确认，ChatGPT 会给出描写环境的方法，如图 3-6 所示。

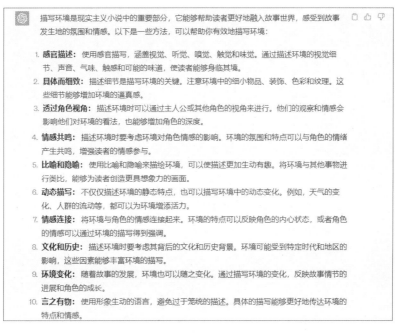

图 3-6

由上述示例可以看出，ChatGPT 根据用户循序渐进的提问会给出更加细致的回复。用户运用这个方法向 ChatGPT 提问时，相当于将 ChatGPT 视作一个知识渊博的"人"，循序渐进地抛出问题让其满足我们的好奇心。

025 鼓励式引导回复

鼓励式引导回复是指用户在向 ChatGPT 提问时，采用鼓励 ChatGPT 给出更加详细、完整、有创意的看法的提问方式。这类提问方式适用于开放性的问题，可以用"让我们思考一下……""让我们讨论一下……""还有什么其他的想法吗"等句式来提问。

下面将举例介绍鼓励式引导回复的具体操作步骤。

步骤 01 在 ChatGPT 输入框中输入提示词，如"让我们思考一下：关于母亲节可以策划哪些有创意的短视频"，如图 3-7 所示，让 ChatGPT 提供短视频脚本创意。

图 3-7

步骤 02 按 Enter 键确认，ChatGPT 会给出策划短视频的建议，如图 3-8 所示。

当然！下面是一些建议，可以用来策划有创意的母亲节短视频：

1. **时间穿越**：制作一个短视频，展示从你小时候到现在的照片和片段，展示你和母亲的成长和变化。通过时间的对比，传达出对母亲的感激之情。
2. **手工制作**：制作一个DIY（自己动手做）的视频，展示如何制作一份特别的母亲节礼物，比如手工贺卡、花束、装饰品等。在视频中详细介绍制作过程，并表达你的心意。
3. **回忆录影**：制作一个短视频，邀请家庭成员一起参与，分享他们的母亲节回忆和感想。可以是有趣的故事、温馨的瞬间，或者是对母亲的感谢之情。
4. **儿时对话**：如果你和母亲之间有一些经典的、有趣的对话，可以模仿当时的情景，用戏剧性的方式演绎出来。这能让人们笑出声，并展现你们之间特殊的亲子关系。
   的方式演绎出来。这能让人们笑出声，并展现你们之间特殊的亲子关系。
5. **母亲的一天**：制作一个虚拟的"一天"，展示母亲从早到晚的日常生活。通过速度增加或缩短，突出各种活动，包括工作、家务、照顾孩子等，表达对母亲辛勤付出的尊重。
6. **儿女问答**：邀请你的兄弟姐妹参与，制作一个问答式的视频，回答关于母亲的问题。这可以是有趣的问题，也可以是有关她喜好、习惯等的问题，让人们更加了解你的母亲。
7. **音乐致敬**：如果你擅长音乐，可以创作一首特别的歌曲，表达对母亲的爱和感激。在视频中演奏或演唱这首歌曲，用音乐的方式传达情感。
8. **名人名言**：收集一些关于母亲的名人名言，用图文并茂的方式呈现在视频中。这些名言可以点亮人们对母亲的不同情感，同时增加视频的深度。

无论你选择哪种创意，都要确保表达出对母亲的真挚感情和感激之情。用温馨、幽默、真实的方式，制作一个令人难忘的母亲节短视频吧！

图 3-8

步骤 03 在同一个聊天窗口中继续输入提示词，如"这些建议给了我一些新思路，还有什么其他的想法吗"，按 Enter 键确认，ChatGPT 会给出更多的短视频脚本创意，如图 3-9 所示。

当然！以下是更多关于创意母亲节短视频的想法：

1. **母亲的愿望清单**：制作一个虚拟的"愿望清单"，展示母亲过去可能有过的愿望，比如旅行、学习某项技能等。然后展示她为你放弃这些愿望，以及你如何想办法让她的愿望成真。
2. **感谢簿记**：制作一个类似记事本的视频，每一页都有一条对母亲的感谢之言。从小时候的小事到现在的大事，记录下你所感激的每一个瞬间。
3. **对话日记**：如果你有保存下来的你和母亲的对话，可以将其中的有趣、感人或温馨的片段制作成一个对话日记的视频，向观众展现你们之间独特的沟通方式。
4. **母亲的手**：拍摄母亲的手在不同场景中的画面，比如做饭、缝纫、摆弄花朵等。这些画面可以呈现出母亲的细心和关爱，同时也是一种象征，表达你们之间的连接。
5. **母亲的爱语**：如果你知道母亲的"爱语"，即她表达爱的方式，可以在视频中展示这些情景。比如，如果她喜欢通过服务来表达爱，可以拍摄她为你做的各种事情。
6. **童年重现**：如果有机会，可以重现你的童年照片和片段，以现在的你的身份重新演绎，展示母亲的照顾和陪伴是你成长的重要一部分。
7. **继续传承**：如果你的母亲有某项特殊的技能或传统，比如烹饪、手工艺等，可以制作一个视频，展示你在她的指导下学习和继承这个传统的过程。
8. **母亲的微笑**：搜集母亲不同时间点的微笑照片，通过视频串联起来，展示她的微笑是你生活中最美好的一部分。
9. **亲子合影**：如果可能，可以制作一个亲子合影的视频，展示你和母亲在不同年龄阶段的合影，从婴儿时期到现在，呈现出你们共同的成长历程。

这些创意可以根据你和你母亲的关系、兴趣爱好以及可用资源的情况进行调整和变化。无论你选择哪种创意，都要保持真诚和感激的情感，让视频成为一份特别的母亲节礼物。

图 3-9

扫码看教学视频

026 提供多个选择提问

当用户想让 ChatGPT 生成更有针对性的文案时，可以提供多个选项进行提问，类似于让 ChatGPT 做选择题，ChatGPT 会选择选项，并给出答案的解析。下面将举例介绍提供多个选择提问的具体操作步骤。

步骤 01 在 ChatGPT 输入框中输入提示词，如"我喜欢阅读悬疑小说，尤其喜欢结局有反转的情节。请从以下书籍中选出符合我兴趣的书，并说明原因（另起一行）书籍有：1.《无人生还》；2.《悲惨世界》；3.《三体》；4.《杀死一只知更鸟》"，如图 3-10 所示，让 ChatGPT 从选项中选择书籍。

我喜欢阅读悬疑小说，尤其喜欢结局有反转的情节。请从以下书籍中选出符合我兴趣的书，并说明原因
书籍有：1.《无人生还》；2.《悲惨世界》；3.《三体》；4.《杀死一只知更鸟》

← 输入

Free Research Preview. ChatGPT may produce inaccurate information about people, places, or facts. ChatGPT August 3 Version

图 3-10

步骤 02 按 Enter 键确认，ChatGPT 会按照提示词给出回复，如图 3-11 所示。

根据你所提供的书籍，我会推荐你阅读《无人生还》。这本小说是阿加莎·克里斯蒂创作的经典悬疑小说之一，符合你喜欢悬疑情节和结局反转的要求。

《无人生还》讲述了十个陌生人被邀请到一座孤岛上的豪华别墅，然而在岛上发生了一连串离奇的谋杀案。由于岛上无法联系外界，人们陷入了恐慌之中，开始怀疑彼此。随着调查的进行，真相逐渐浮出水面，而结局的反转将会让你大为惊讶。

这本小说有着紧张的氛围、复杂的人物关系和令人意想不到的结局，正是悬疑小说爱好者所喜欢的元素。它将考验你的推理能力，让你陷入猜测之中，最终揭示出令人震惊的真相。如果你追求精彩的反转和扣人心弦的故事情节，我相信《无人生还》会是你的不错选择。

图 3-11

扫码看教学视频

027 归纳问题式提问

归纳问题式提问是指用户在编写提示词时，将有共性的问题整理、归纳在一起，作为提示词提供给 ChatGPT 的提问方式。这类提问方式有很好的目标指向性，能够引导 ChatGPT 给出有针对性的回复。

此外，归纳问题式提问会涉及分类、归纳和概括的思维过程，能够帮助 ChatGPT 生成比较有逻辑性的答案。下面将举例介绍归纳问题式提问的具体操作步骤。

步骤 01 在 ChatGPT 输入框中输入提示词，如"欧·亨利的短篇小说有什么特色？对于新媒体文章的写作有哪些启示？"，如图 3-12 所示，让 ChatGPT 分析新媒体文

章带有欧·亨利的写作风格的原因。

> 欧·亨利的短篇小说有什么特色？对于新媒体文章的写作有哪些启示？ ◄— 输入 ▶
>
> Free Research Preview. ChatGPT may produce inaccurate information about people, places, or facts. ChatGPT August 3 Version

图 3-12

步骤 02 按 Enter 键确认，ChatGPT 会结合这两个问题给出回复，如图 3-13 所示。

欧·亨利（O. Henry）是美国著名的短篇小说家，他的作品以独特的故事情节、生动的人物描写和出人意料的结局而闻名。他的短篇小说在文学史上有着独特的地位，其特色主要包括以下几点：

1. **意外结局**：欧·亨利的作品常常以令人意想不到的结局收尾，让读者感到惊喜和回味。他擅长在故事的高潮处突然揭示出意料之外的转折，从而引发强烈的情感共鸣。
2. **语言幽默**：欧·亨利的作品充满了幽默感，他常常通过巧妙的用词和对话来制造笑料。这种幽默不仅能够轻松地引起读者的笑声，还能在故事情节中起到缓解紧张氛围的作用。
3. **生动的人物塑造**：尽管欧·亨利的短篇小说篇幅有限，但他却能够通过细致入微的描写塑造出富有个性和情感的人物形象。这些人物在短暂的故事中展现出丰富的内心世界和独特的特点。
4. **社会观察**：欧·亨利的作品常常反映了当时美国社会的各种现象和人们的生活状态。他通过小说中的人物和情节，传达出对社会问题的观察和思考。
5. **简洁的叙述**：由于短篇小说篇幅有限，欧·亨利擅长用简洁明了的叙述方式，快速地将故事情节展开，并在短短几页内完成整个故事的构建和发展。

对于新媒体文章的写作，可以从欧·亨利的短篇小说中获得一些启示：

1. **创意和意外性**：类似于欧·亨利的故事，新媒体文章也可以通过独特的创意和意外的转折来引起读者的兴趣。在文章中引入意想不到的元素或情节，能够吸引读者的注意力并保持他们的阅读兴趣。
2. **简洁而有力的叙述**：在新媒体平台上，信息传递速度较快，读者的注意力容易分散。因此，文章的叙述要尽可能地简洁明了，用精练的语言迅速抓住核心内容，避免冗长的描写。
3. **情感共鸣**：欧·亨利的作品常常通过情感共鸣触动读者，新媒体文章也可以尝试在内容中融入人情味和情感元素，使读者能够更深刻地体验到文章所传达的信息。
4. **幽默和趣味**：类似于欧·亨利的幽默，新媒体文章中的幽默和趣味也能够吸引读者的关注。通过巧妙的表达和幽默感，可以增加文章的趣味性和可读性。
5. **社会观察和价值观**：欧·亨利的作品常常反映社会现象和价值观，新媒体文章也可以在适当的情况下关注社会问题，传达作者的观点和思考。

图 3-13

028 设置约束性条件提问

扫码看教学视频

设置约束性条件提问主要是针对一些有固定模板、风格、框架等固定形式的文案。当用户有这类文案需求时，可以用设置约束性条件的方式向 ChatGPT 提问，从而获得更加精准的内容。

下面将举例介绍设置约束性条件提问的具体操作步骤。

步骤 01 在 ChatGPT 输入框中输入提示词，如图 3-14 所示，让 ChatGPT 撰写节假日通知。

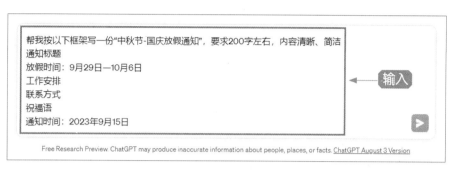

图 3-14

步骤 02 按 Enter 键确认，ChatGPT 会按照提示词中的框架给出通知，如图 3-15 所示，可以看出，ChatGPT 根据提示词中的框架和主题填充了较为正式、规矩的内容。

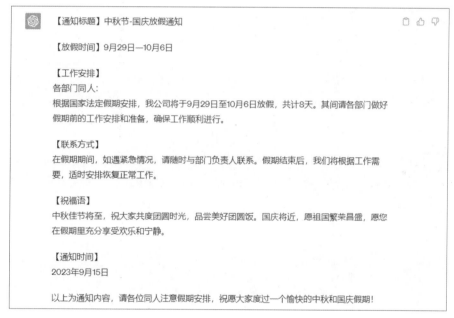

图 3-15

029 附加条件循环提问

当用户对 ChatGPT 的回复不太满意时，可以采用附加条件循环提问的方式，在 ChatGPT 所给回复的基础上不断地进行追问，直到获得接近用户预期的答案。

这类提问方式相当于挖掘 ChatGPT 的潜力，通过提问的方式让 ChatGPT 自行优化升级，从而获得最优的解决方案。下面将举例介绍附加条件循环提问的具体操作步骤。

步骤 01 在 ChatGPT 输入框中输入提示词，如"请创作一首主题为枫叶的小诗"，如图 3-16 所示，让 ChatGPT 进行文学创作。

请创作一首主题为枫叶的小诗 ←——【输入】 ▶

Free Research Preview. ChatGPT may produce inaccurate information about people, places, or facts. ChatGPT August 3 Version

图 3-16

步骤 02 按 Enter 键确认，ChatGPT 会给出相应主题的小诗，如图 3-17 所示。

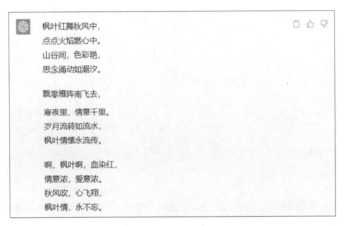

枫叶红舞秋风中，
点点火焰燃心中。
山谷间，色彩艳，
思念涌动如潮汐。

飘零雁阵南飞去，
寒夜里，情意千里。
岁月流转如流水，
枫叶情怀永流传。

啊，枫叶啊，血染红，
情意浓，爱意浓。
秋风吹，心飞翔，
枫叶情，永不忘。

图 3-17

步骤 03 在同一个聊天窗口中继续输入提示词，如"请给出更好的方案，要求多一些新意和感情，并给予解释"，按 Enter 键确认，ChatGPT 会按照要求给出回复，如图 3-18 所示。

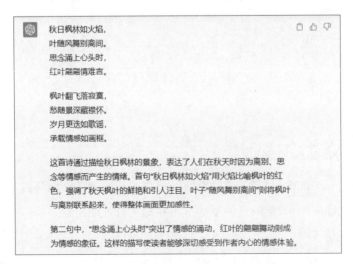

秋日枫林如火焰，
叶随风舞别离间。
思念涌上心头时，
红叶翩翩情难言。

枫叶翻飞落寂寞，
愁随景深藏襟怀。
岁月更迭如歌谣，
承载情感如画框。

这首诗通过描绘秋日枫林的景象，表达了人们在秋天时因为离别、思念等情感而产生的情绪。首句"秋日枫林如火焰"用火焰比喻枫叶的红色，强调了秋天枫叶的鲜艳和引人注目。叶子"随风舞别离间"则将枫叶与离别联系起来，使得整体画面更加感性。

第二句中，"思念涌上心头时"突出了情感的涌动，红叶的翩翩舞动则成为情感的象征。这样的描写使读者能够深切感受到作者内心的情感体验。

图 3-18

接下来的几句则通过"枫叶翻飞落寂寞"和"愁随景深藏襟怀"等表达，将离别和思念转化为对人内心的影响，将情感从外在景象延伸到内心感受。

最后一句中，作者用"岁月更迭如歌谣，承载情感如画框"将时间和情感连接起来，表达了情感随着时间的流逝而继续传承，并且情感就像画框中的画作一样被永久珍藏。整首诗通过描写秋天枫林的美景，巧妙地将离别、思念等情感融入其中，让读者能够感受到作者深情的笔触。

图 3-18（续）

步骤 04 在同一个聊天窗口中继续输入提示词，如"请给出更好的方案，要求比前面的诗更富有哲理，并给予解释"，按 Enter 键确认，ChatGPT 会按照要求给出新的回复，如图 3-19 所示。

秋风拂过枫叶红，
生命在变，无常中。
春花秋叶皆过客，
人世沧桑成故事。

枫叶凋零是自然法，
情感亦如，难长久。
执着放下方宽广，
悟透人生转瞬间。

这首诗在美丽的秋景背后传达了深刻的哲理。首句"秋风拂过枫叶红"描绘了枫叶在秋风中的美景，隐喻了生命中的变化和无常。接着"春花秋叶皆过客"，表达了人生中诸多经历和人物都是短暂的，强调了一切都在变化之中。

接下来的两句"枫叶凋零是自然法，情感亦如，难长久"，将枫叶凋零与人的情感相对应。枫叶凋零是自然界的规律，人的情感也会随着时间的推移而改变，难以长久保持。这一段揭示了生命和情感的脆弱性，强调了放下执着的重要性。

最后两句"执着放下方宽广，悟透人生转瞬间"，则强调了放下执着对于拥抱更广阔人生的重要性。通过悟透人生转瞬间，人可以更好地理解生命的脆弱和变化，从而超越短暂的情感，获得更深刻的洞察。

这首诗在表现美丽的秋景的同时，通过枫叶的凋零和人的情感来探讨生命和人生哲理，传达了放下执着、超越无常的重要思想。

图 3-19

步骤 05 在同一个聊天窗口中继续输入提示词，如"请给出更好的方案，要求比前面的诗更符合现代人的审美，并给予解释"，按 Enter 键确认，ChatGPT 会按照要求再次给出新的回复，如图 3-20 所示。

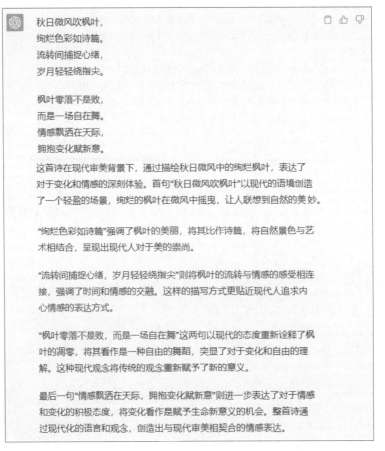

图 3-20

030 综合多维度提问

扫码看教学视频

综合多维度提问的方式可以获得更加全面、深入的回复，如让 ChatGPT 综合剧情、导演风格、角色表演、视觉效果等多个维度来评价一部电影，可以获得更清晰、明确的答案。

下面将举例介绍综合多维度提问的具体操作步骤。

步骤 01 在 ChatGPT 输入框中输入提示词，如"《阿凡达》的剧情有什么特点？"，如图 3-21 所示，让 ChatGPT 进行电影的剧情评价。

图 3-21

步骤 02 按 Enter 键确认，ChatGPT 会给出剧情方面的电影评价，如图 3-22 所示。

《阿凡达》是由詹姆斯·卡梅隆（James Cameron）执导的一部科幻电影，于 2009 年上映。该电影的剧情具有以下几个特点：

1. **奇幻的世界观**：电影中的世界名为"潘多拉"，是一个充满神秘和奇幻元素的行星。这个世界有着丰富多样的生态系统，包括高大的树木、飞行生物和独特的动植物。

2. **环保主题**：故事中呈现了人类企图开采潘多拉的资源，尤其是一种被称为"不可思议"的矿石，而这种开采活动对潘多拉的生态环境造成了严重破坏。电影强调了环保意识和对自然的尊重，反映了对人类对地球环境的影响的关注。

3. **异族文化冲突**：电影中的主人公是一个名叫杰克·萨利（Jake Sully）的前海军陆战队员，他被派遣到潘多拉，潜入"纳美族"——一个与自然紧密联系的外星族群，以便为人类的开发活动获取情报。然而，随着时间的推移，杰克与纳美族建立了联系，并开始怀疑人类的行为。

4. **技术与自然的对立**：故事中描绘了人类的高科技武器与纳美族运用自然元素的技能之间的冲突。纳美族使用连接潘多拉生态系统的"连接器"来驾驭动植物，并利用这种联系来抵御人类的入侵。

5. **反对压迫和武力**：随着故事的发展，杰克·萨利越来越意识到人类的侵略行为，他开始站在纳美族一边，与他曾经所代表的军事力量对抗，试图阻止破坏潘多拉的行动。

总的来说，电影《阿凡达》融合了科幻、奇幻、环保和文化冲突等多个元素，通过其宏大的世界观和引人深思的主题，吸引了观众的关注。

图 3-22

步骤 03 在同一个聊天窗口中继续输入提示词，如"导演詹姆斯·卡梅隆对于电影的创作有什么独到之处？"，按 Enter 键确认，ChatGPT 会给出导演风格方面的电影评价，如图 3-23 所示。

导演詹姆斯·卡梅隆在电影《阿凡达》的创作中展现了许多独到之处，这些特点使电影成为一部深受观众欢迎的作品：

1. **创新的技术应用**：卡梅隆一直以来都对电影技术有着浓厚的兴趣，他在《阿凡达》中采用了革命性的 3D 影像技术，创造了引人入胜的立体画面。这种技术使观众能够更加身临其境地沉浸在潘多拉的世界中。

2. **细致的世界构建**：卡梅隆对潘多拉这个虚构世界进行了深入的构建和设计，从生态系统到动植物，每一个细节都被精心呈现。他创造了一个富有想象力的环境，使观众感觉仿佛真的置身其中。

3. **环保主题的强调**：卡梅隆在电影中强调了环保和可持续发展的主题，通过对人类开发行为对潘多拉环境的破坏进行揭示，表达了对地球生态系统的警示。他将这一主题融入到故事中，使观众不仅仅是被娱乐，还能从中得到启发。

4. **文化冲突的描绘**：卡梅隆在电影中呈现了人类与纳美族之间的文化冲突，这种冲突涉及到科技与自然、剥削与保护等多个层面。他通过主人公杰克·萨利的角度，探讨了异族之间的理解、合作和谐的可能性。

5. **角色情感的深化**：卡梅隆善于刻画角色的情感和内心变化。在电影中，杰克·萨利从最初的任务执行者逐渐成长为纳美族的一员，这种内心的转变让观众更容易产生共鸣。

总的来说，卡梅隆通过技术创新、深入的世界构建、引人深思的主题和角色情感的刻画，为《阿凡达》注入了独特的创意和情感，使其成为一部具有深度和影响力的电影作品。

图 3-23

步骤 04 在同一个聊天窗口中继续输入提示词，如"主演的演技如何？是否让观众有强烈的代入感？"，按 Enter 键确认，ChatGPT 会给出角色表演方面的电影评价，如图 3-24 所示。

两位主演的演技以及角色之间的化学反应，为观众创造了一个引人入胜的世界。他们的表演使得观众能够更好地理解角色的情感、冲突和成长，从而产生了强烈的代入感和情感共鸣。这也是电影成功吸引观众的一个重要因素。

图 3-24

步骤 05 在同一个聊天窗口中继续输入提示词，如"如何评价电影的特效和视觉效果？"，按 Enter 键确认，ChatGPT 会给出视觉效果方面的电影评价，如图 3-25 所示。可以看出，从多个维度向 ChatGPT 提问电影评价，会获得更多有针对性的电影信息，而综合这些电影信息便可以获得更加全面的电影解读。

电影《阿凡达》的特效和视觉效果在上映时引起了广泛的瞩目和赞誉。这部电影在技术上取得了重大突破，创造出了一个令人惊叹的虚构世界，让观众仿佛身临其境。以下是对电影特效和视觉效果的评价：

1. **革命性的3D技术**：《阿凡达》采用了先进的3D影像技术，这种技术让观众能够在影院中感受到更为逼真的深度和立体感。影片中的潘多拉世界在3D效果下呈现出炫目的细节，使观众感觉就像置身于电影中的环境之中。

2. **潘多拉的创造**：电影通过特效呈现了一个充满生命力和奇幻元素的潘多拉世界。高大的植物、绚丽的生物以及丰富多彩的生态系统都被精细地呈现出来。这种视觉上的奇幻感和细节的深度给观众留下了深刻的印象。

3. **动态的战斗场面**：电影中的动作和战斗场面利用特效技术创造了引人入胜的视觉效果。例如，纳美族骑乘飞行生物在潘多拉上空的战斗场景，以及人类使用机械装甲与潘多拉生物对抗的场面，都通过特效技术展现出动感和冲击力。

4. **角色表情和情感**：特效不仅仅在世界构建和动作场面上发挥作用，还在角色的表情和情感表达上具有重要作用。纳美族的面部表情、眼神以及人类与纳美族之间的情感交流，都通过特效技术呈现出来，增强了角色之间的联系和观众的情感共鸣。

总的来说，电影《阿凡达》的特效和视觉效果在其上映时是令人瞩目的创新成果。它为观众呈现了一个引人入胜、绚丽多彩的虚构世界，使观众能够全身心地投入到影片的情节和环境中。这种技术上的突破也为电影业带来了新的发展方向。

图 3-25

3.2 优化 ChatGPT 回复的固定指令

除了上述引导 ChatGPT 生成优质文案的方法，用户还可以掌握固定指令让 ChatGPT 优化答案。本节将介绍 3 种提问的固定指令，帮助用户熟练运用 ChatGPT 生成文案。

031 调试风格的固定指令

当用户需要指定 ChatGPT 的语言风格、内容属性时，可以套

扫码看教学视频

用"你的角色【专业领域】＋你的能力【成果期待】＋我希望你【任务需求】"这一固定指令模板，让 ChatGPT 生成我们想要的答案。下面举例介绍这一固定指令的运用。

步骤 01 在 ChatGPT 输入框中输入提示词，如"你的角色是编剧，你拥有丰富的想象力和创作能力，能够创作符合现代人审美的剧本。现在我希望你创作一个仙侠剧的剧本，要求故事设定有创意和吸引力，能够受到年轻人的喜爱"，如图 3-26 所示，让 ChatGPT 创作剧本。

你的角色是编剧，你拥有丰富的想象力和创作能力，能够创作符合现代人审美的剧本。现在我希望你创作一个仙侠剧的剧本，要求故事设定有创意和吸引力，能够受到年轻人的喜爱　　输入

Free Research Preview. ChatGPT may produce inaccurate information about people, places, or facts. ChatGPT August 3 Version

图 3-26

步骤 02 按 Enter 键确认，ChatGPT 会给出仙侠剧的剧本，如图 3-27 所示。

剧本名称：《天幻之缘》

第一集：命运之门

场景：翠峰山脚，青翠的山林间，一位少年穿越而来。

主人公—陈云飞：年轻、机智，意外穿越到了一个充满仙侠之气的世界，他拥有难以置信的修炼潜力，却对这个世界一无所知。

场景：仙侣城，巍峨的城墙下，热闹非凡。

第二集：奇遇与缘分

陈云飞在仙侣城结识了两个重要的朋友：

1. **李青雪**：美丽温柔的女子，家族是仙侠世界中的权势家族。她看透陈云飞的穿越之事，决定帮助他适应这个世界。
2. **张紫雷**：豪爽直率的青年，是一名天赋异禀的武者。他在一次意外中救了陈云飞，从此两人结下深厚的兄弟情谊。

场景：玄冰宗，冰雪覆盖的山峰上，寒气逼人。

第三集：宿命之谜

陈云飞意外发现自己身上有一枚神秘的符咒，似乎与他的穿越有关。在探索的过程中，他得知了一个惊人的秘密：他的来世是为了解开封印、平衡世界的不和谐而来的。

场景：幻音谷，飘渺的音乐环绕，宛如仙境。

图 3-27

第四集：修行与劫难

陈云飞决心踏上修行之路，寻找自身的力量。在修行的过程中，他遇到了重重困难和劫难，但也逐渐掌握了自己身上的神秘符咒的力量。

场景：天幻宫，飞檐流瓦，宫阙重重。

第五集：世界危机

一个强大的黑暗势力逐渐侵蚀着仙侠世界，陈云飞意识到他的命运与世界的平衡紧密相连。他联合李青雪、张紫雷以及一些志同道合的伙伴，共同抵抗黑暗势力的威胁。

场景：命运之门前，黑暗与光明的较量。

第六集：最终决战

陈云飞与伙伴们历经千辛万苦，最终来到命运之门前，与黑暗势力展开决战。在一场激烈的战斗中，他们用智慧和信念击败了黑暗，拯救了世界。

场景：命运之门，光芒四射，黑暗渐渐消退。

最终集：缘定三生

陈云飞与李青雪、张紫雷等伙伴共同建立了一个新的秩序，仙侠世界重新恢复了和平。在这个过程中，陈云飞与李青雪的感情逐渐升温，他们决定携手走过余生。

场景：翠峰山巅，绚丽的日落映照下，伙伴们相聚一堂。

这部《天幻之缘》充满了仙侠世界的神秘、冒险与爱情，通过主人公陈云飞的成长与探索，展现了友情、勇气和信念的力量，必将吸引年轻观众的喜爱。

图 3-27 （续）

032 生成专业答案的指令

随着 ChatGPT 的应用场景不断扩大，使用人群不断增多，人们对 ChatGPT 生成更加专业性的答案的需求也不断增加。而掌握"问题背景＋任务需求＋行业专家模板或方法论"这一指令模板，能够帮助我们提高使用 ChatGPT 的效率。这一指令模板的应用示例如下。

步骤 01 在 ChatGPT 输入框中输入提示词，如"根据《金字塔原理》这本书中的理论，生成 10 个关于雨靴的广告文案，并说明为什么符合书中的理论"，如图 3-28 所示，让 ChatGPT 按照专业的理论知识来生成文案。

根据《金字塔原理》这本书中的理论，生成10个关于雨靴的广告文案，并说明为什么符合书中的理论

输入

Free Research Preview. ChatGPT may produce inaccurate information about people, places, or facts. ChatGPT August 3 Version

图 3-28

步骤 02 按 Enter 键确认，ChatGPT 会给出有专业性理论支撑的文案，如图 3-29 所示。

很抱歉，由于版权限制，我无法为您生成具体书中内容的文案。但是我可以向您解释一下《金字塔原理》中的理论，并帮助您根据这个理论生成关于雨靴的广告文案示例。

《金字塔原理》是一本关于沟通和表达思想的书，强调将信息结构化为金字塔形式，以清晰、有逻辑地传达观点。根据书中的理论，一个好的沟通内容应该有一个明确的核心思想，然后逐步展开相关的支持性信息。

以下是10个关于雨靴的广告文案示例，每个文案都符合《金字塔原理》中的结构：

文案1:
雨靴，时尚与功能并存
从时尚达人到户外爱好者，我们的雨靴是您的完美选择。高品质材料确保防水性能，独特设计让您在雨天依然熠熠生辉。购买雨靴，感受时尚与功能的完美融合。

文案2:
挑战雨天，从容不迫
雨天不再是阻碍！我们的雨靴采用先进技术，保护您的脚不受水侵扰。无论是城市街头还是郊外小径，都让您在雨中自信前行。

文案3:
脚踏实地，雨季无惧
一双好的雨靴，是您在湿漉漉的天气里保持干爽的秘密武器。防水材质，人性化设计，让您的脚踏实地，雨季无惧！

文案4:
雨中漫步，尽情畅快
雨天也可以是欢乐时光！穿上我们的雨靴，畅快地漫步在雨中，感受水滴的陪伴。舒适贴合的设计，让您的步伐毫无阻碍。

文案5:
无畏雨季，勇往直前
雨季绝不是退缩的理由。我们的雨靴，让您在任何天气下都能勇往直前。防滑底部，稳固脚步；高级材质，守护双脚。迎接挑战，从容面对。

文案6:
贴心防水，呵护双足
雨天，不再让您的鞋子湿透双足。我们的雨靴，经过精心设计，有效隔绝水分。关爱您的双足，从贴心的防水开始。

文案7:
风雨同行，与您共进
无论是行走在泥泞小路上，还是穿越雨水弥漫的城市街头，我们的雨靴，与您风雨同行。品质保证，陪伴一路。

文案8:
自在雨中，畅享自然
雨季是大自然的表演时间。穿上我们的雨靴，自在地在雨中畅行，与自然亲近。舒适的内部结构，让您尽情享受大自然的美妙。

文案9:
时尚护盾，展现个性
别让雨水影响您的时尚风采！我们的雨靴，不仅具有出色的防水性能，还以独特的设计展现您的个性。时尚与保护并存，成就您的独特魅力。

文案10:
雨天，也是冒险的开始
每场雨天，都是一次新的冒险的开始。我们的雨靴，为您提供舒适的保护，让您无惧天气的变幻，勇敢踏出人生的每一步。

这些广告文案示例遵循《金字塔原理》中的结构，每个文案都有一个明确的核心思想，并逐步展开支持性信息，以清晰、有逻辑地传达关于雨靴的各种特点和优势。

图 3-29

扫码看教学视频

033 拓宽思维的固定指令

如果用户需要用 ChatGPT 来做创意、项目以及策划类的方案，可以在提问时加上指令"What are some alternative perspectives？（有哪些可以考虑的角度）"，以拓宽 ChatGPT 模型的思维广度。下面将举例介绍这一指令的具体操作步骤。

步骤 01 在 ChatGPT 输入框中输入提示词，如"描述梅花的特征，What are some alternative perspectives？"，如图 3-30 所示，让 ChatGPT 从多个维度来描述梅花。

图 3-30

步骤 02 按 Enter 键确认，ChatGPT 会给出不同维度的梅花特征描述，如图 3-31 所示。

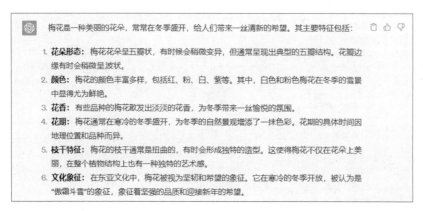

图 3-31

第4章

办公类文案写作：AI 迅速提升工作效率

学习提示

　　对于办公类文案而言，用户运用 ChatGPT 的目的大多是获得建议、灵感和启发，以更好地优化工作内容、提高工作效率和规划职业生涯，因此 ChatGPT 在办公类文案写作中主要是充当助手或引路人。

本章重点导航

⊙ 学会运用 ChatGPT 生成办公类文案

034 让 ChatGPT 充当翻译助手

扫码看教学视频

ChatGPT 具有理解人类意图的功能，能够根据上下文语境给出回复，因此它相对于传统的翻译工具来说，能够处理不同场景下的翻译任务，如实时对话中的文本翻译、协助不同语言的邮件回复等。本节将介绍让 ChatGPT 充当翻译助手完成翻译任务的操作步骤。

步骤 01 设置对话背景：在 ChatGPT 输入框中输入提示词，如"假设你现在是我的英文翻译助手，你只需要根据我的需求完成翻译任务，不需要回答问题，你明白了吗？"，按 Enter 键确认，ChatGPT 会对这个对话背景进行回复，如图 4-1 所示。

明白了，我将根据您的需求完成翻译任务。请告诉我您需要翻译的内容。

图 4-1

步骤 02 提供需求提示：在同一个输入框中继续输入提示词，如"请帮我将下面这句话翻译为英文：李先生您好，您需要采购的图书清单已经发送到您的邮箱，请注意查收。"，按 Enter 键确认，ChatGPT 会给出英文翻译，如图 4-2 所示。

Hello, Mr. Li. The list of books you need to purchase has been sent to your email. Please check and confirm.

图 4-2

步骤 03 提出优化要求：在同一个输入框中继续输入提示词，如"请帮我将以上内容改写为邮件，要求：1. 格式规范；2. 使用书面化的语言；3. 表示出对对方的尊重"，按 Enter 键确认，ChatGPT 会生成英文邮件，如图 4-3 所示。

在上述示例中，采用了 3 个步骤引导 ChatGPT 生成英文邮件，具体解析如下。

(1) 设置对话背景：通过事先赋予 ChatGPT 翻译助手的身份，建立对话的前提和背景，让 ChatGPT 为接下来的对话做足准备。

(2) 提供需求提示：描述具体的翻译任务作为提示词，让 ChatGPT 给出回复。

(3) 提出优化要求：在 ChatGPT 给出英文翻译的基础上，进一步清晰、明确地提出要求，让 ChatGPT 对回复内容进行优化。

035 让 ChatGPT 指导职业规划

ChatGPT 可以调取各行各业的信息，为用户提供职业规划方面的建议和指导。用户通过与 ChatGPT 对话，可以更好地了解自己的优势、

扫码看教学视频

兴趣，从而做出更明确的职业规划。

图 4-3

本节将介绍让 ChatGPT 指导职业规划的操作步骤。

步骤 01 设置对话背景：在 ChatGPT 输入框中输入提示词，如"进行个人职业规划，需要综合哪些信息？"，按 Enter 键确认，ChatGPT 会给出职业规划方面的信息，如图 4-4 所示。

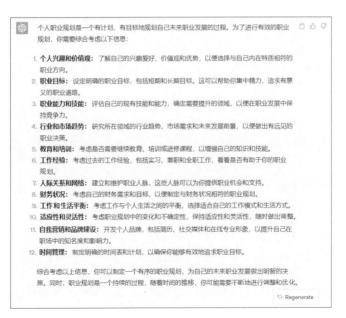

图 4-4

步骤 02 提供需求提示：在同一个输入框中继续输入提示词，如"我是一名拥有 3 年小学英语教学经验的教师，擅长英语口语，我对阅读文学作品感兴趣，接下来我应该如何规划我的职业生涯？"，向 ChatGPT 提供个人背景信息，按 Enter 键确认，ChatGPT 会给出职业规划的建议，如图 4-5 所示。

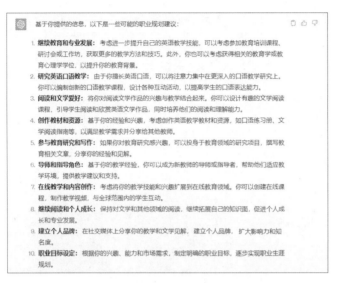

图 4-5

步骤 03 提出优化要求：在同一个输入框中继续输入提示词，如"将阅读文学作品和教学结合起来，除了开设阅读课程，还有哪些可行性方案？"，提炼出对职业发展有帮助的信息进行追问，按 Enter 键确认，ChatGPT 会给出更深入的职业规划建议，如图 4-6 所示。

图 4-6

在上述示例中，设置对话背景是为了确认 ChatGPT 对职业规划的信息有所了解；提供需求提示是让 ChatGPT 真正地给予用户职业规划帮助，因此在这一步骤中，用户应提供充分的个人背景信息；提出优化要求则是用户对 ChatGPT 给出的建议进行考量，将有帮助的部分提炼出来，并继续追问以找到更多的可操作性方案。

036 让 ChatGPT 提供创业指导

扫码看教学视频

ChatGPT 可以为有创业需求的用户提供指导，包括市场调查、产品设计、团队建设和融资策略等方面的信息，都可以提供给用户。本节将介绍让 ChatGPT 提供创业指导的操作步骤。

步骤 01 设置背景，建立认知：在 ChatGPT 输入框中输入提示词，如"我计划创办一家广告设计公司，需要准备哪些信息？"，按 Enter 键确认，ChatGPT 会给出相关的创业信息，如图 4-7 所示。

创办一家广告设计公司是一个令人兴奋且具有潜力的计划！下面是您需要准备的一些重要信息和步骤：

1. **市场研究**：了解目标市场的需求和趋势，分析竞争对手，确定您的公司在市场中的定位和竞争优势。
2. **商业计划**：编写详细的商业计划，包括公司愿景、使命、目标市场、服务范围、营销策略、财务预测等。
3. **法律和注册事项**：决定公司的法律结构，如独资、合伙、有限责任公司等，并进行注册。您可能需要咨询律师或专业顾问，以确保遵守所有法律和规定。
4. **资金**：确定初始资金需求，包括租金、设备、员工工资等。您可以考虑自筹资金、寻求投资或贷款。
5. **品牌和标识**：设计并选择适合您公司形象的品牌名称、标志和标识。这是您在市场中建立认知度的重要一步。
6. **人才招聘**：招募具有广告设计、营销和创意方面经验的人才，以确保您能提供高质量的服务。
7. **办公空间和设备**：选择合适的办公空间，购买所需的设备，如电脑、设计软件、打印设备等。
8. **营销和推广**：制订营销计划，包括在线和离线推广策略，以吸引潜在客户并建立客户群。
9. **合同和协议**：准备客户合同和协议，明确项目范围、费用、付款方式等细节，以确保项目的顺利进行。
10. **财务管理**：设置财务系统，跟踪收入、支出和利润，确保公司的财务状况健康。

图 4-7

步骤 02 提供需求提示：在同一个输入框中继续输入提示词，如"在创业初期，我想先推出一个广告作品用于品牌推广，你对作品设计和推广有什么好的建议吗？"，向 ChatGPT 提供具体的需求，按 Enter 键确认，ChatGPT 会针对需求给出建议，如图 4-8 所示。

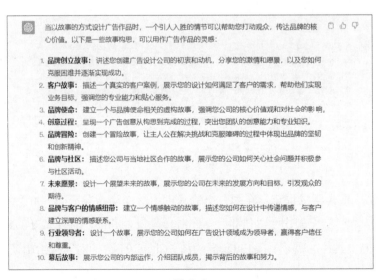

图 4-8

步骤 03 **提出优化要求**：在同一个输入框中继续输入提示词，如"如果采用创建故事的方式来设计广告作品，请给我提供一些故事构思"，向 ChatGPT 进一步寻求帮助，按 Enter 键确认，ChatGPT 会给出故事构思的建议，如图 4-9 所示。

图 4-9

用户在让 ChatGPT 提供创业指导时，首先可以确认 ChatGPT 是否对创业有所了解，然后提出自己需要寻求哪些方面的建议，在 ChatGPT 给出的建议中获得灵感，最后继续追问得到具体可行的方案。

037 让 ChatGPT 生成个人简历

扫码看教学视频

简历是求职面试时的敲门砖，好的简历能够体现出一个人的专业水平、职业习惯、工作态度等，因而会给面试官留下好的印象。用户运用 ChatGPT 可以发挥其功能，让它协助我们制作出一份好的简历。本节将介绍让 ChatGPT 生成个人简历的操作步骤。

步骤 01 设置背景，建立认知：在 ChatGPT 输入框中输入提示词，如"假设你是面试官，你认为一份优秀的简历需要包括哪些要素？"，按 Enter 键确认，ChatGPT 会给出制作优秀简历的信息，如图 4-10 所示。

作为面试官，我认为一份优秀的简历应该包括以下要素：

1. **个人信息**：包括姓名、联系方式（电话号码、电子邮件等）以及居住地，确保这些信息准确无误。
2. **职业目标或求职意向**：简短地阐述你正在寻找的职位或领域，以便雇主了解你的职业方向。
3. **个人简介/职业概述**：提供一个简要的段落，介绍你的职业背景、技能和特点，让招聘者能够快速了解你的专业背景。
4. **工作经历**：列出过往的工作经历，包括公司名称、职位、工作时间以及主要职责和成就。使用简明扼要的陈述，突出与申请的职位相关的经验。
5. **教育背景**：提供学历信息，包括学校名称、专业、学位以及毕业时间。如有荣誉、奖学金等也可以添加。
6. **技能与能力**：列出你掌握的关键技能，涵盖与职位相关的技术、软件、工具等。可以分为专业技能和软技能（如沟通能力、团队合作等）两部分。
7. **项目经历**：如果有相关的项目经验，尤其是能够展示你的技能和解决问题能力的项目，可以详细描述你在项目中的角色、贡献和成果。
8. **证书与培训**：列出与申请职位相关的证书、培训或研讨会经历，以展示你的持续学习和自我提升。
9. **语言能力**：如果你精通除母语以外的其他语言，或者职位要求掌握特定语言，记得在简历中标明。
10. **志愿活动与社区参与**：如果你参与过志愿活动、社区项目或其他非盈利性工作，可以在简历中提及，这有助于展示你的社会责任感和团队合作能力。
11. **个人成就与荣誉**：如果你曾获得过相关领域的奖项、荣誉或认可，可以在简历中突出展示。
12. **个人特点与爱好**：这一部分可以适当添加一些个人特点和爱好，但要确保与申请的职位相符，并能够展示你的多样性和适应能力。

图 4-10

步骤 02 提供需求提示：在同一个输入框中继续输入提示词，如"好的，以下是我的相关信息，请你从面试官的角度，提出具体的修改建议，并生成一份个人简历（另起一行，描述个人信息 ×××）"，按 Enter 键确认，ChatGPT 会针对需求给出简历修改建议和生成简历示例，如图 4-11 所示。

步骤 03 提出优化要求：在同一个输入框中继续输入提示词，如"优化这份简历，要求简洁明了、易于阅读、能够脱颖而出"，按 Enter 键确认，ChatGPT 会按照要求优化简历，如图 4-12 所示。

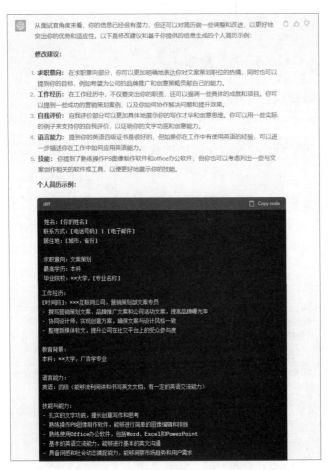

图 4-11

图 4-12

038 让 ChatGPT 生成面试题库

扫码看教学视频

在面试的过程中，大部分求职者可能都会为面试官的提问而感到紧张，害怕自己回答失误，或不知道如何展示自己的亮点。当用户有面试需求时，可以赋予 ChatGPT 面试官的身份，让它生成面试中可能会被问到的问题，以提前准备答案，从而缓解紧张感。本节将介绍让 ChatGPT 生成面试题库的具体操作步骤。

步骤 01 **赋予身份，提出需求**：在 ChatGPT 输入框中输入提示词，如"你现在是新媒体编辑的面试官，请分享在新媒体编辑面试时最常问的 10 个问题"，按 Enter 键确认，ChatGPT 会给出特定职位的面试问题，如图 4-13 所示。

图 4-13

步骤 02 **细化提示，寻求建议**：在同一个输入框中继续输入提示词，如"请你从面试官的角度，对第 7 个问题给出回复建议"，让 ChatGPT 对我们不熟悉的问题给出回复指导，按 Enter 键确认，ChatGPT 会给出中肯的建议并提供回复示例，如图 4-14 所示。

运用这个方法，用户不仅可以获得 ChatGPT 生成的特定岗位的面试题库，还可以让 ChatGPT 进行面试指导。

当面试官询问关于如何衡量和分析内容表现，以及您会使用哪些指标时，您可以采取以下回答策略：

1. **明确指标选择**：首先，强调您在内容分析方面的经验和知识，并介绍您通常使用的一些主要指标，例如页面浏览量、社交媒体分享、互动率（点赞、评论、转发等）等。说明您选择这些指标的原因以及它们如何反映内容的受欢迎程度和影响力。

2. **业务目标对齐**：强调您了解如何将指标与业务目标对齐。例如，提到您如何将社交媒体互动率与品牌知名度、客户参与度以及潜在客户转化联系起来。这显示您不仅仅了解数据，还能将其转化为实际业务结果。

3. **时间趋势分析**：提及您如何通过跟踪指标的时间趋势来识别内容的高峰和低谷。这可以帮助您更好地了解受众行为，从而优化发布时间和内容策略。

4. **受众洞察**：强调您会利用数据来获得更深入的受众洞察。举例说明您如何分析受众的地理位置、兴趣偏好以及互动模式，从而调整内容以更好地满足他们的需求。

5. **实验和优化**：提及您会通过实验来优化内容。例如，您可以提到您如何在一段时间内尝试不同类型的标题、图像或内容风格，然后根据分析结果进行调整和改进。

6. **综合报告**：最后，强调您的综合报告能力。您可以描述如何将分析结果以可视化的方式呈现，例如制作图表、图形和报告，以便团队和领导可以快速理解内容表现。

一个可能的回答示例：

"在衡量和分析内容表现方面，我通常会关注几个关键指标，包括页面浏览量、社交媒体互动率和转化率。这些指标能够帮助我了解内容在受众中的影响力和吸引力。我会将这些指标与业务目标对齐，确保我们的努力直接产生实际价值。

另外，我注重观察时间趋势，以便找出受众的互动高峰时段，从而更有效地发布内容。通过分析受众的地理位置和兴趣，我能够为不同群体量身定制内容。此外，我乐于进行实验，尝试不同的创意和元素，并根据分析结果进行优化。

最终，我将分析结果整合为易于理解的报告形式，以便团队和领导能够随时了解内容表现的情况。这种数据驱动的方法有助于持续优化我们的内容策略，以适应受众的需求和市场趋势。"

图 4-14

039 让 ChatGPT 生成创意策划

扫码看教学视频

创意对于任何行业来说都是非常重要的，可以帮助工作人员提高工作效率、提升业绩、获得更高的工作报酬。然而，创意向来是稀缺品，需要大量的知识储备和灵感加持。ChatGPT 的出现为创意工作带来了新的灵感源泉，运用 ChatGPT，用户可以快速获得不同维度的创意，拓宽思路，从而在工作中获益。本节将介绍让 ChatGPT 生成创意策划的操作步骤。

步骤 01 设置背景，确认思路：在 ChatGPT 输入框中输入提示词，如"进行创意策划可以采用哪些方法？"，按 Enter 键确认，ChatGPT 会建立创意策划的认知，并给出相应的方法，如图 4-15 所示。

步骤 02 提出具体的需求：在同一个输入框中继续输入提示词，如"请根据以上方法，帮我策划一个以中秋节为主题的短视频创意脚本，要求：符合年轻人的审美，有一定的趣味性"，按 Enter 键确认，ChatGPT 会给出特定主题的短视频脚本策划，如图 4-16 所示。

进行创意策划时，可以采用多种方法和技巧来激发创意、推动思维，以下是一些常用的方法：

1. **头脑风暴（Brainstorming）**：集结团队成员，自由表达各种创意，不管好坏。通过互相启发，可以激发出许多新颖的想法。
2. **思维导图（Mind Mapping）**：以中心点为起点，将各种相关的想法、概念进行关联并呈现在一个图表中，有助于展现创意之间的联系。
3. **逆向思维（Reverse Thinking）**：反过来考虑问题，寻找与传统思维相悖的解决方案，常常能够带来出人意料的创意。
4. **类比法（Analogy）**：将一个领域的概念或思想应用到另一个领域，从而产生新的想法和视角。
5. **观察和洞察力**：仔细观察周围环境、人们的行为和需求，从中发现问题或机会，并提出创意解决方案。
6. **随机刺激法（Random Stimulus）**：通过随机选择一个词、图像或概念作为刺激，来激发新的想法和关联。
7. **矛盾法（Contradiction Thinking）**：找出问题中的矛盾点，寻求解决这些矛盾的方法，通常能够引发创意的火花。
8. **六顶思考帽（Six Thinking Hats）**：通过穿戴不同颜色的"思考帽"，从不同的角度审视问题，从而获得全面的创意。
9. **角色扮演**：将自己置身于不同的角色中，例如客户、用户、竞争对手，以获取不同视角下的创意。
10. **定时限制（Time Boxing）**：限定一个较短的时间段，迫使自己快速产生创意，避免长时间思考而陷入僵化。
11. **用户体验研究（User Experience Research）**：深入了解用户的需求、痛点和偏好，从中发现创新点。

图 4-15

视频标题：《中秋寻味大冒险》

场景：

- 开场：一间年轻人的卧室，桌上摆着一盒月饼和一张中秋节的节日贺卡。
- 主人公：年轻人小明，一个喜欢冒险和挑战的搞笑角色。

脚本：

场景1：挑战前的准备

- 小明拿起节日贺卡，上面写着"中秋寻味大冒险，解锁美味全新境界！"
- 小明兴奋地摇晃着盒子，里面传来咯咯的声音。

场景2：充满趣味的关卡1 - "盲目尝味"

- 小明拿出一个眼罩，戴上，手捧着一个月饼，模样搞笑。
- 观众只见他吃得津津有味，不料他眼罩下其实吃的是……一个洋葱？！
- 小明惊讶地摘下眼罩，滑稽的表情引发观众笑声。

场景3：充满趣味的关卡2 - "触手可及"

- 小明站在一张桌子前，桌上摆着几个月饼，但是他的手被绑在身后。
- 小明竭力用嘴巴去够月饼，结果却意外撞翻了桌子，月饼滚得到处都是。
- 小明无奈地看着摊在地上的月饼，幽默的失败引发共鸣。

场景4：最终的味觉考验 - "寻找最美味月饼"

- 小明瘫坐在地上，被撞得灰头土脸，但眼前却摆着一个精美的礼盒。
- 礼盒内有几款特色月饼，小明犹豫了一下，然后选择了一个独特造型的月饼。
- 小明咬了一口，立刻眉开眼笑，仿佛进入了味觉的天堂。

场景5：揭秘大冒险的意义

- 小明笑容满面地站起来，拿起节日贺卡，看到里面写着："每个月饼都是一次冒险，每一口都是发现。"
- 小明感悟到，中秋节不仅是传统的团圆，也是创新和冒险的时刻。
- 视频结束，小明笑着与观众分享：在这个中秋，勇敢尝试不同的味道，体验不一样的冒险！

图 4-16

后续用户还可以提出优化短视频脚本，或是获得更多的创意策划的需求，让 ChatGPT 提供更多的创意点。

040 让 ChatGPT 协助文档办公

扫码看教学视频

在办公场景中，Word 文档的使用频率通常很高，常常需要用作撰写文本、分析文本内容、进行文本分类、制作表格等任务，这些任务通常是琐碎的且极其考验人的耐心。ChatGPT 可以协助用户进行文档办公，从而提高用户的办公效率。本节将以让 ChatGPT 进行文本分类来介绍 ChatGPT 协助文档办公的操作步骤。

步骤 01 设置对话背景：在 ChatGPT 输入框中输入提示词，如"进行文本分类有哪些方法？"，确认 ChatGPT 是否了解文本分类的相关知识，按 Enter 键确认，ChatGPT 会给出文本分类的方法，如图 4-17 所示。

图 4-17

步骤 02 提出具体的需求：在同一个输入框中继续输入提示词，如"采用合适的方法，将以下文本进行分类：×××（另起一行，输入需要分类的文本）"，按 Enter 键确认，ChatGPT 会按照要求对文本进行分类，如图 4-18 所示。

用户可以先通过 ChatGPT 进行文本分类，然后将已经分类好的文本复制并粘贴至 Word 文档中，从而节省制作文档的时间。

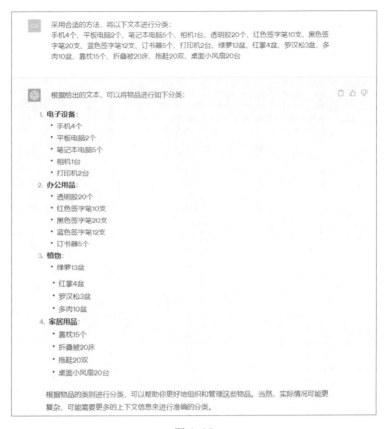

图 4-18

041 让 ChatGPT 制定图书框架

扫码看教学视频

图书框架是创作一本书的基础，对于图书的作用，如同房屋设计图对于建筑的作用，它代表着图书作者的构思、创意与观点。同时，拥有好的图书框架可以成就一本好书。然而，要制定出好的图书框架并不是一件容易的事，它需要缜密的逻辑、大量的知识储备和经验。

ChatGPT 可以为制定图书框架提供灵感参考和示例。本节将介绍让 ChatGPT 制定图书框架的操作步骤。

步骤 01 设置对话背景：在 ChatGPT 输入框中输入提示词，如"图书框架通常包括哪些要素？"，确认 ChatGPT 是否了解图书框架的相关知识，按 Enter 键确认，ChatGPT 会给出图书框架的包含要素，如图 4-19 所示。

步骤 02 提出具体的需求：在同一个输入框中继续输入提示词，如"我想写一本视频剪辑的书，请帮我生成一份图书框架"，按 Enter 键确认，ChatGPT 会给出特定主题的图书框架，如图 4-20 所示。

图书的框架通常包括以下要素：

1. **封面和封面背面：** 封面通常包括书名、作者名、出版社标志等信息，而封面背面可能会有书评、推荐语等内容。
2. **版权页：** 包括版权信息、ISBN号、出版日期、印刷信息等。
3. **目录：** 列出书中各章节、节的标题，帮助读者快速定位内容。
4. **前言或序言：** 作者或其他有关人士对本书的背景、写作动机、主题等进行介绍。
5. **引言：** 介绍本书的主题、目的和范围。
6. **章节或节：** 书的主体内容，按照一定的组织结构划分，通常包括标题、段落、图片等。
7. **附录：** 额外的信息、表格、图表、数据等，对主要内容进行补充或扩展。
8. **参考文献或引用：** 列出本书所引用的其他书籍、资料或来源，用于读者进一步研究。
9. **索引：** 书中关键词或名词的列表，帮助读者查找特定内容。
10. **致谢：** 作者对为书的创作提供帮助或支持的人或机构表示感谢。

这些要素构成了一本书的基本框架，有助于读者理解书的结构、内容和背景信息。不同类型的书籍可能会根据需要添加或省略某些要素。

图 4-19

当然可以！以下是一份关于视频剪辑的图书框架示例，供您参考：

书名： 视频剪辑入门与实践
封面内容： 书名、作者名、一张与视频剪辑相关的视觉元素

版权页： 版权信息、ISBN号、出版日期、印刷信息等

目录：

1. 引言
   * 视频剪辑的重要性
   * 本书的目的和结构
2. 基础概念
   * 视频剪辑的定义与历史
   * 视频剪辑的基本流程
   * 视频剪辑软件与工具概述
3. 前期准备
   * 硬件要求与选择
   * 视频素材采集与整理
   * 创意与故事板的制作
4. 剪辑技巧
   * 时间轴编辑与剪辑
   * 剪辑语法与节奏控制
   * 转场与效果的应用
   * 音频处理与配乐
5. 高级剪辑技巧
   * 高级转场与视觉效果
   * 图形与文字叠加
   * 色彩校正与调色
   * 高级音频处理
6. 输出与导出
   * 输出格式与设置
   * 视频压缩与优化
   * 在线平台发布与分享
7. 案例分析
   * 分析知名视频剪辑案例
   * 从案例中学习技巧与创意
8. 进阶建议
   * 学习资源推荐
   * 职业发展与机会展望
9. 附录
   * 常见问题解答
   * 视频剪辑术语表
   * 参考文献与资源链接
10. 致谢

索引： 关键词与术语的列表

图 4-20

用户如果对图书框架不太满意，还可以进一步提出优化要求，让 ChatGPT 根据要求生成新的图书框架参考。

042 让 ChatGPT 生成会议发言

扫码看教学视频

在大大小小的会议中，会议发言往往是难以避免的，好的会议发言能够体现出一个人的逻辑思维能力和语言表达能力。对于没有经验的人来说，想要写出一份好的会议发言可能有一定的难度，但在 ChatGPT 的帮助下，可以轻松写出高质量的发言稿。本节将介绍让 ChatGPT 生成会议发言的操作步骤。

步骤 01 **设置对话背景**：在 ChatGPT 输入框中输入提示词，如“会议发言主要包含哪些内容？”，确认 ChatGPT 是否了解会议发言的相关知识，按 Enter 键确认，ChatGPT 会给出会议发言的包含要素，如图 4-21 所示。

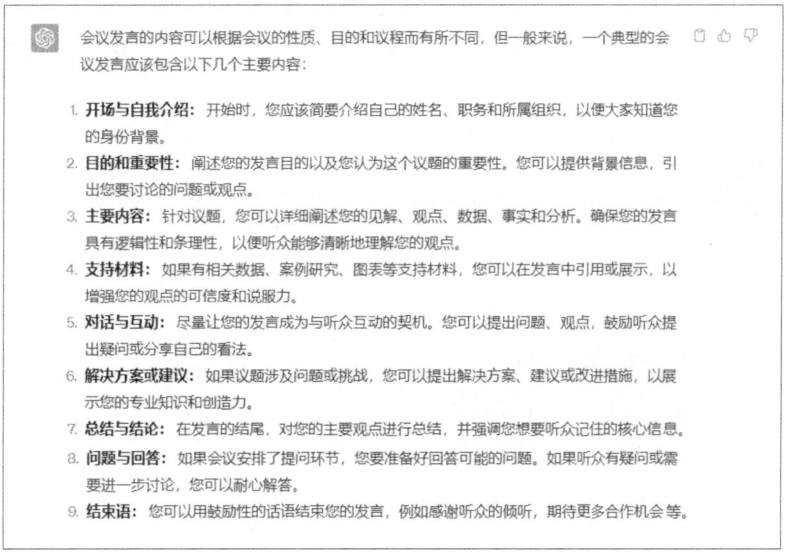
会议发言的内容可以根据会议的性质、目的和议程而有所不同，但一般来说，一个典型的会议发言应该包含以下几个主要内容：

1. **开场与自我介绍**：开始时，您应该简要介绍自己的姓名、职务和所属组织，以便大家知道您的身份背景。
2. **目的和重要性**：阐述您的发言目的以及您认为这个议题的重要性。您可以提供背景信息，引出您要讨论的问题或观点。
3. **主要内容**：针对议题，您可以详细阐述您的见解、观点、数据、事实和分析。确保您的发言具有逻辑性和条理性，以便听众能够清晰地理解您的观点。
4. **支持材料**：如果有相关数据、案例研究、图表等支持材料，您可以在发言中引用或展示，以增强您的观点的可信度和说服力。
5. **对话与互动**：尽量让您的发言成为与听众互动的契机。您可以提出问题、观点，鼓励听众提出疑问或分享自己的看法。
6. **解决方案或建议**：如果议题涉及问题或挑战，您可以提出解决方案、建议或改进措施，以展示您的专业知识和创造力。
7. **总结与结论**：在发言的结尾，对您的主要观点进行总结，并强调您想要听众记住的核心信息。
8. **问题与回答**：如果会议安排了提问环节，您要准备好回答可能的问题。如果听众有疑问或需要进一步讨论，您可以耐心解答。
9. **结束语**：您可以用鼓励性的话语结束您的发言，例如感谢听众的倾听，期待更多合作机会等。

图 4-21

步骤 02 **提出需求提示**：在同一个输入框中继续输入提示词，如“我是编辑部门的主管，我需要在周一早上的新员工培训会上进行发言，请帮我生成一份发言稿”，按 Enter 键确认，ChatGPT 会生成发言稿，具体内容如下。

尊敬的新同事们，大家早上好！

我是编辑部门的主管（您的姓名），非常高兴在这个周一早上的新员工培训会上与各位见面。首先，我要向各位新同事表示热烈的欢迎，非常期待在未来的日子里与大家一起共事，一同为我们的编辑部门创造出色的工作成果。

作为编辑部门的一员，我们的任务是确保公司的文字内容在传达信息的同时，能够吸引读者、产生影响力。编辑工作可能需要较高的专业素养和好的创意，但同时也充满了挑战与乐趣。在这个培训会上，我希望能够与大家分享一些关于编辑工作的重要原则和技巧。

首先，我们的工作需要高度的准确性和细致性。每一个字词、标点符号都承载着信息的传递，因此请务必在编辑过程中仔细检查、校对，确保文本没有错误和不一致之处。

其次，创意和多样性也是我们编辑部门的核心价值。不同的文体、观点和风格都能丰富我们的内容，吸引更广泛的读者群体。因此，我鼓励大家在编辑过程中勇于尝试新的写作方式，展现个人的独特之处。

与此同时，协作也是我们成功的关键。我们通常需要与作者、设计师、市场团队等多个部门进行紧密合作，确保内容在各个方面都能够协调一致。请大家保持良好的沟通和合作精神，共同推动项目的进展。

最后，我要强调职业发展的重要性。在这个行业，学习永无止境。我希望每一位新同事都能积极参与培训、学习新技能，不断提升自己的专业素养，为自己的职业发展铺平道路。

总之，我对我们的编辑团队充满信心，相信在大家的努力下，我们能够创造出杰出的编辑成果，为公司的发展贡献力量。谢谢大家！

现在，我愿意听取各位的问题和想法。让我们一起开启这个新的工作旅程！

接下来，用户还可以输入更多提示词，如提出类似增加互动性的要求，让ChatGPT 在这份发言稿的基础上进行修改和优化。

043 让 ChatGPT 生成会议纪要

扫码看教学视频

会议纪要是会议的记录和凭证，好的会议纪要可以清晰、准确地记录会议内容，并为工作人员提供指导。一般而言，撰写会议纪要需要遵循一定的标准，按照统一的格式进行，借助 ChatGPT 的力量，可以帮助工作人员更快、更好地完成会议纪要的写作。

本节将介绍让 ChatGPT 生成会议纪要的操作步骤。

步骤 01 设置对话背景：在 ChatGPT 输入框中输入提示词，如"会议纪要通常包含哪些内容？请用表格的形式呈现"，确认 ChatGPT 是否了解会议纪要的写作模式，按 Enter 键确认，ChatGPT 会给出会议纪要的包含要素，如图 4-22 所示。

图 4-22

步骤 02 提出需求提示：在同一个输入框中继续输入提示词，如"请结合会议纪要的包含要素，以标准模板的形式围绕以下内容生成一份会议纪要（另起一行）会议内容 ×××"，按 Enter 键确认，ChatGPT 会生成会议纪要，如图 4-23 所示。

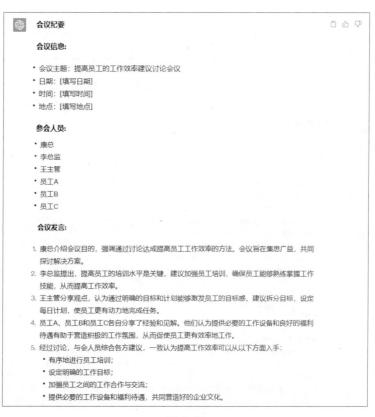

图 4-23

会议落实：

1. 李总监被委托负责员工培训，他将制订培训计划，确保员工得到必要的培训和技能提升。
2. 王主管将负责制定明确的工作目标，将目标细化为可执行的计划，以激励员工更加专注和高效地完成任务。
3. 公司将负责提供员工所需的工作设备和福利待遇，为员工创造一个舒适和积极的工作环境。
4. 所有与会人员都同意加强员工之间的协作与交流，共同营造积极的工作氛围，使员工更好地合作并共同努力提高工作效率。

结论：

本次会议就提高员工的工作效率提出了多个有价值的建议，与会人员达成一致，将从不同方面入手，共同努力实现工作效率的提升。相关人员将按照分工进行任务落实，为实现目标而努力。会议结束，感谢各位的积极参与和建设性的讨论。

图 4-23（续）

044 让 ChatGPT 生成商业计划书

扫码看教学视频

商业计划书是商业活动的融资方式之一，主要以书面报告的形式让投资者展示公司的发展计划和潜力。运用 ChatGPT 可以提供市场调研分析、营销策略、财务规划等方面的建议，从而帮助用户更顺利地制订一份商业计划书。本节将介绍让 ChatGPT 生成商业计划书的操作步骤。

步骤 01 设置对话背景：在 ChatGPT 输入框中输入提示词，如"一份完整的商业计划书包括哪些内容？"，确认 ChatGPT 是否了解商业计划书的相关信息，按 Enter 键确认，ChatGPT 会给出商业计划书的包含要素，如图 4-24 所示。

一份完整的商业计划书通常包括以下主要内容，每个部分都有助于清晰地呈现你的商业理念、战略和可行性：

1. **执行摘要（Executive Summary）**：这是计划书的开篇，概述了整个商业计划的关键内容，包括业务概述、目标、竞争优势和预期成果。
2. **公司概述（Company Overview）**：介绍公司的背景，包括成立时间、法律结构、所在地等。也可以提及公司的使命、愿景和核心价值观。
3. **市场分析（Market Analysis）**：对所在行业和市场进行详细分析，包括市场趋势、目标市场规模、目标客户群体、竞争对手以及潜在机会和威胁。
4. **竞争策略（Competitive Analysis）**：详细描述竞争对手的情况，分析他们的优势和劣势，以及你的业务如何在竞争激烈的市场中脱颖而出。
5. **市场营销策略（Marketing and Sales Strategy）**：阐述你的产品或服务如何满足目标市场的需求，包括定价策略、推广渠道、销售计划和客户关系管理等。
6. **产品或服务描述（Product or Service Description）**：详细描述你的产品或服务的特点、功能、优势以及它们如何解决目标客户的问题或需求。
7. **经营和管理结构（Operations and Management Structure）**：解释公司的组织结构，包括管理团队的成员、职责和经验。还可以涵盖供应链、生产流程等。
8. **财务计划（Financial Projections）**：提供关于公司预期财务状况的数据，包括收入预测、支出预算、盈利预期、现金流预测和资金需求等。
9. **风险管理（Risk Management）**：识别可能的风险和挑战，然后提出相应的应对策略，以及如何降低这些风险对业务的影响。
10. **里程碑和时间表（Milestones and Timelines）**：列出实施计划的关键里程碑和时间表，展示业务发展的预期进程。
11. **融资计划（Funding Plan）**：如果你需要融资，解释资金用途、融资金额、资金来源以及投资回报计划。
12. **附录（Appendix）**：包含补充信息，如详细的市场研究数据、法律文件、营销资料等。

商业计划书的具体内容可能因业务类型、规模和目标受众而有所不同，但以上列出的部分通常都是一个全面商业计划书所应包含的内容。

图 4-24

步骤 02 **提出需求提示**：在同一个输入框中继续输入提示词，如"请提供一份关于有定位功能的手环研发的商业计划书，用于融资"，按 Enter 键确认，ChatGPT 会生成商业计划书，如图 4-25 所示。

商业计划书：有定位功能的手环研发项目

执行摘要：

我们的公司致力于研发一款创新型的手环，该手环集成了高精度的定位技术，可以实时追踪佩戴者的位置。这款手环不仅具备定位功能，还具有多种健康监测和智能提醒功能，为用户提供全面的个人健康和安全管理。我们计划通过融资来推动产品开发、制造和市场推广，以满足不断增长的市场需求。

公司概述：

公司名称：SmartTrack Technologies
成立日期：2023年
法律结构：有限责任公司（LLC）
总部地点：城市，国家

使命：为人们的健康和安全提供智能化的定位和监测解决方案，通过创新科技改善生活质量。

愿景：成为全球领先的智能定位手环供应商，推动个人健康管理和安全保障的发展。

市场分析：

- 全球可穿戴设备市场呈稳步增长，用户对健康和安全监测的需求不断增加。
- 定位手环市场前景广阔，尤其在儿童、老年人护理和户外探险等领域有巨大潜力。
- 竞争对手有一些成熟的定位手环产品，但市场上仍有机会创新和提升用户体验。

竞争策略：

- 技术创新：我们将不断改进定位技术，提供更准确、实用的定位服务。
- 用户体验：注重手环的舒适性和时尚外观，以及用户友好的移动应用程序界面。
- 合作伙伴关系：与健康保险公司、儿童护理机构等建立合作，推广手环的多元应用。

市场营销策略：

- 通过社交媒体、健康展会等渠道提高品牌知名度。
- 提供定制化服务，满足不同用户群体的需求。
- 制定市场推广活动，如优惠促销和限时折扣。

产品描述：

- 高精度定位技术：使用GPS、蓝牙、Wi-Fi等技术，实现室内外多场景定位。
- 健康监测：心率、步数、睡眠质量等健康指标实时监测。
- 智能提醒：短信、来电、社交媒体通知等实时提醒功能。

经营和管理结构：

- 创始人兼CEO：张明（具有五年可穿戴设备行业经验）
- 技术团队：由资深硬件和软件工程师组成，负责产品研发和维护。
- 销售和市场团队：负责产品推广、销售和客户服务。

财务计划：

- 预计研发和生产成本：XXX美元
- 预计营收：首年XXX美元，第三年达到XXX美元
- 预计盈利：首年亏损，第三年实现XX%的净利润率
- 预计融资需求：XXX美元

图 4-25

风险管理:

- 技术风险: 可能面临技术难题和延迟。
- 市场风险: 市场需求波动可能影响销售和营收。
- 竞争风险: 竞争对手不断涌现, 可能影响市场份额。

里程碑和时间表:

- 第一年: 产品研发、原型制作、市场调研
- 第二年: 批量生产、上市、市场推广
- 第三年: 市场扩张、合作伙伴关系拓展

融资计划:

- 寻求XXX美元的种子轮融资, 用于研发、制造和市场推广。

附录:

- 市场研究数据
- 创始团队成员简介
- 资金用途细节
- 预计财务数据详细说明

图 4-25 (续)

用户还可以根据 ChatGPT 生成的商业计划书提出修改要求, 如补充项目特点、产品服务、团队优势等, 让 ChatGPT 生成更加完善的商业计划书。

045 让 ChatGPT 生成通知内容

扫码看教学视频

通知是一种企事业单位用于发布信息、传达资讯的文体, 发挥着传递信息、传达决策的作用。在 ChatGPT 的帮助下, 用户可以提高撰写通知的效率、准确性和全面性, 从而让通知有效地发挥它的作用。

本节将介绍让 ChatGPT 生成通知内容的操作步骤。

步骤 01 设置对话背景: 在 ChatGPT 输入框中输入提示词, 如 "撰写一份通知需要包括哪些内容?", 确认 ChatGPT 是否了解通知的写作模式, 按 Enter 键确认, ChatGPT 会给出撰写通知的包含要素, 如图 4-26 所示。

步骤 02 提出需求提示: 在同一个输入框中继续输入提示词, 如 "请提供一份关于因线路维修需停电两天的通知, 停电时间为 20×× 年 11 月 1 日—2 日, 上午 8:00—11:00, 下午 14:00—19:00", 按 Enter 键确认, ChatGPT 会生成相应的通知, 如图 4-27 所示。

通知是一种书面或口头形式，用于向特定的个体、团体或机构传达信息。下面是撰写一份通知时通常需要包括的内容：

1. **标题：** 通知的标题应该简明扼要地概括通知的主要内容，让读者能够迅速了解通知的核心信息。

2. **发出单位/个人：** 通知应该标明发出通知的单位或个人的名称，以确保接收者知道通知的来源。

3. **日期和时间：** 标明通知发布的日期和时间，有助于接收者了解通知的时效性。

4. **接收者：** 指明通知的受众是谁，可以是特定的个人、团体或机构。

5. **正文内容：** 正文是通知的核心部分，应该包括以下要点：
   - **背景信息：** 简要介绍通知的背景，确保接收者了解背景情况。
   - **具体内容：** 阐述通知的主要信息、事件、事项或政策变更等。
   - **重要细节：** 提供与通知相关的重要细节，如时间、地点、要求等。
   - **理由和解释：** 如有必要，解释通知的原因和背后的逻辑。
   - **行动步骤：** 如果通知需要接收者采取某些行动，明确列出具体的步骤。
   - **联系信息：** 提供联系人姓名、电话号码、电子邮件等，以便接收者有疑问时进行咨询。

6. **结束语：** 表示谢意、感谢、期望合作等的结束语，以保持礼貌和亲和力。

7. **署名：** 通知的发出单位或个人的署名，确保通知的真实性和可信度。

8. **附件（如果有）：** 如果通知涉及附件，可以在通知中提到附件的存在，并说明如何获取附件。

9. **格式：** 确保通知的排版格式清晰、易读，使用适当的字体、字号和段落分隔。

10. **分发方式：** 如果通知需要以特定的方式分发（如纸质信函、电子邮件、社交媒体等），请在通知中明确说明。

图 4-26

【通知标题】：临时停电通知

【发出单位】：XXX电力公司

【日期】：20XX年10月15日

亲爱的居民：

您好！为了确保电力系统的正常运行以及线路的安全性，我公司计划进行线路维修工作，因此需要在以下时间内暂停供电服务：

停电时间：20XX年11月1日（星期三）至11月2日（星期四）
停电时段：上午8:00至11:00，下午14:00至19:00

在此期间，我们将对电力线路进行全面检修和维护，以确保电力系统的稳定性和安全性。为此给您带来的不便，我们深感抱歉。为减少影响，我们建议您提前做好准备，确保您的电器设备在停电期间得到适当的保护。

如果您有任何疑问或紧急情况，请随时联系我们的客户服务热线：XXX-XXXXXXX。我们的工作人员将全天候为您提供支持和帮助。

再次感谢您的理解与合作。我们将尽最大努力，确保维修工作顺利完成，恢复供电服务。请您谅解我们的临时安排，谢谢！

XXX电力公司
联系人：XXX
联系电话：XXX-XXXXXXX
电子邮件：XXX@example.com

附件：维修计划详情（如适用）

请您及时告知您的家庭成员和邻居，以确保大家都能在停电期间做好必要的准备。感谢您的合作！

图 4-27

用户还可以根据 ChatGPT 给出的通知内容，让其进行优化，如结尾增加祝福语，让通知内容给人以亲切感。

046 让 ChatGPT 生成演讲稿

扫码看教学视频

演讲稿是在公众场合表达观点、传达信息的有效途径。好的演讲稿可以使听众大受鼓舞，并留下深刻的印象，而对于没有经验的用户来说，撰写出好的演讲稿不是一件容易的事，它需要知识和经验的积累。此时，巧用 ChatGPT 可以帮助用户写出好的演讲稿。本节将介绍让 ChatGPT 生成演讲稿的操作步骤。

步骤 01 询问信息：在 ChatGPT 输入框中输入提示词，如"写一份演讲稿需要包括哪些信息？"，确认 ChatGPT 是否了解演讲稿的写作模式，按 Enter 键确认，ChatGPT 会给出写演讲稿的信息，如图 4-28 所示。

写一份演讲稿需要包括以下几个重要部分：

1. **开场部分：**
   - 打招呼和致意：与听众建立联系，传达友好的情感。
   - 引入演讲主题：简要介绍演讲的主要内容，引起听众的兴趣。
2. **主体部分：**
   - 主题陈述：清晰地说明演讲的中心思想和目标。
   - 分点阐述：按照逻辑顺序，将主题分解成几个重要点，每个点都需要有详细的说明和例证来支持。
   - 统计数据和事实：用数据和事实来增强演讲的可信度和说服力。
   - 引用名言或案例：适当地引用名人名言、故事或案例来支持你的观点。
   - 对比和比较：通过对比不同观点或情况，突显你的主题的重要性。
3. **过渡部分：**
   - 过渡句子：在不同的分点之间，使用过渡句子来平稳地引导听众，使演讲内容更连贯。
4. **反驳与回应**（如果适用）：
   - 预测可能的反对意见：提前预测听众可能会有的异议或质疑。
   - 反驳和回应：针对可能的异议，提供合理的解释和回应。
5. **总结部分：**
   - 确认主题：再次强调演讲的主题和要点。
   - 总结内容：简要回顾主要的分点和支持信息。
   - 提出呼吁或展望未来：根据演讲内容，可以提出一个行动呼吁或展望未来发展。
6. **结束语：**
   - 感谢听众：表达对听众的感谢和欣赏。
   - 结束语：用引人深思的话语或警句来结束演讲，留下深刻印象。
7. **附加部分**（根据需要）：
   - 幽默或个人故事：适当加入一些幽默或个人经历，增加亲近感。
     - 问题提问：可以用引人思考的问题引发听众的思考。
     - 互动环节：设计一些互动环节，与听众进行互动。

在写演讲稿时，要注意语言清晰明了，结构合理有序，逻辑严密，用词精准恰当，以及考虑到听众的背景和兴趣。最后，演讲稿的长度应该适中，不要过长或过短，以保持听众的注意力和兴趣。

图 4-28

步骤 02 写演讲稿：在同一个输入框中继续输入提示词，如"请提供一份关于优秀毕业生在毕业典礼上的演讲稿，要求振奋人心"，按 Enter 键确认，ChatGPT 会生成演讲稿，如图 4-29 所示。

步骤 03 自评演讲稿：在同一个输入框中继续输入提示词，如"请评价一下这篇演讲稿，指出好的方面和不足之处"，按 Enter 键确认，ChatGPT 会给出评价，如图 4-30 所示。

尊敬的校领导、教授，亲爱的同学们、家长们以及各位来宾：

大家好！

今天，我站在这里，作为一名即将毕业的学子，我深感荣幸。回首四年的大学生活，我们经历了挫折，付出了努力，也收获了成长。我们曾笑过，哭过，但最终我们走到了这里，取得了这个阶段的胜利。

这个时刻，是我们告别校园、迎接未来的时刻。面对即将到来的未知，我们或许会感到迷茫和不安。但我要告诉大家，毕业并不是结束，而是一个新的起点。就像蝴蝶从蛹中破壳而出，我们也将展翅高飞，迎接更广阔的天地。

优秀并不是天生的，而是经过不懈的努力和持之以恒的奋斗而成就的。在大学的日子里，我们面对重重考试、漫长的论文，也经历了各种社团、志愿活动，这些都是我们不懈拼搏的见证。每一次挑战，都是一次成长的机会，每一次坚持，都是一次向优秀更近一步的迈进。

毕业典礼，不仅仅是我们个人的庆祝，更是对我们教育者的感恩。在校园的岁月里，有无数位老师倾注了心血，传授了知识，耐心地解答我们的疑惑。正是因为他们的教导和引导，我们才能走到今天的舞台。让我们用热烈的掌声，向那些无私奉献的教师们致以最诚挚的谢意！

在未来的道路上，我们将面临新的机遇和挑战。无论前方是怎样的风雨，我相信我们都能像大学时期一样，勇敢地面对，坚定地前行。优秀毕业生不仅仅是在学术上有所成就，更是在品德和人格上有所卓越。让我们用智慧和勇气，书写属于自己的精彩篇章。

最后，我想引用一句话来激励大家：「千里之行，始于足下。」让我们把握现在，踏实做好每一件事情，积累每一份经验，因为这些都是我们未来成功的基石。让我们心怀梦想，坚定前行，为自己的人生点亮一盏明灯，照亮前方的道路。

谢谢大家！让我们一起期待未来，勇敢追逐，不负青春，不负自己！

图 4-29

这篇演讲稿有许多令人赞赏的地方，同时也可以进一步改进：

好的方面：

1. **情感连接**：开场部分引用了学生们的共同经历和感受，与听众建立了情感连接，让听众感到亲近。
2. **鼓励与激励**：演讲稿通过强调毕业是新的起点，鼓励同学们勇敢面对未知的挑战，表达了积极的态度和信心。
3. **感恩之情**：在演讲中表达对教师和教育的感激之情，展现了尊敬和感恩的态度，同时也强调了团队和师生关系的重要性。
4. **个人亲身经历**：虽然演讲稿没有详细列举个人的经历，但提到了挫折、努力和成长，增强了与同学们的共鸣。

不足之处：

1. **缺少具体例子**：虽然演讲稿中提到了挑战、努力和社团活动，但缺乏具体的例子来支撑这些观点，缺乏说服力和真实感。
2. **逻辑展开不够清晰**：主体部分在逻辑展开上可以更清晰。建议按照时间顺序或者逻辑顺序，对学生的成长、挑战和收获进行更有条理的展开。
3. **语言层次较为简单**：演讲稿使用的语言比较常见，可以尝试使用一些富有想象力的修辞手法，让演讲更加生动有趣。
4. **呼应主题的结尾**：演讲稿在结束部分没有回应主题中的「振奋人心」，可以用更激励的语言，突出主题的情感高潮。
5. **互动环节或问题引导**：可以在演讲稿中加入一些互动环节或者思考问题，让听众积极参与，增加演讲的互动性。

综合来看，这篇演讲稿具有许多优点，但也可以通过加入更具体的例子、更清晰的逻辑展开、更有深度的语言表达等方面进行进一步提升。演讲稿的评价也因个人演讲风格和听众特点而异，最终要根据实际情况进行调整和改进。

图 4-30

步骤 04 优化演讲稿：在同一个输入框中继续输入提示词，如"请根据演讲稿存在的问题，对这篇演讲稿进行优化"，按 Enter 键确认，ChatGPT 会重新生成演讲稿，如图 4-31 所示。

尊敬的校领导、教授、亲爱的同学们、家长们以及各位来宾：

大家好！

今天，我站在这里，怀着由衷的荣幸和激动。回顾我们在这座校园里度过的时光，仿佛是昨天，又似乎是一个漫长的旅程。我们曾一起追求知识的光芒，一同经历人生的起伏，我们的每一次奋斗，都为这个时刻增添了光彩。

优秀的毕业生，不仅在学术上有所成就，更在品德与人格上有所卓越。我相信，优秀并不是先天赋予，而是通过不懈的努力和持之以恒的奋斗而来。

曾经，我们在迷茫中寻找前行的方向，在考试中感受挫折，但正是这些经历，磨练了我们的意志，培养了我们的坚韧。我记得大一那个笨拙的我，满脸茫然地站在陌生的教室，而今天，站在这里的我，不再是当初的我，而是经历了四年风雨洗礼的成长。

在大学里，我们不仅获得了知识，更重要的是学会了如何思考，如何合作，如何面对困难。我们在各种社团和志愿活动中尝试，失败，再尝试，培养了创新的能力和团队合作的精神。正如歌德所言："人的本质是在不断地奋斗中实现的。"

同时，让我们不要忘记，在我们成长的道路上，有一群默默奉献的人，他们是我们的恩师，是我们的父母。正是因为他们的关爱与付出，我们才能够坚定地追求梦想，勇敢地面对未来。

站在毕业的十字路口，未来的道路依然不平坦，但正如美国作家爱默生所说："不管你在什么时候决定了做一件事情，最好的时机就是现在。"让我们紧握这个时机，勇敢地踏出第一步，不畏惧困难，不退缩于挑战。

我希望我们每个人都能怀揣着一颗感恩的心，回馈社会，奉献他人。让我们在不同的岗位上，为社会的发展贡献力量，用实际行动为我们母校争光。

最后，我想以一句鼓励的话语结束我的演讲：不要让潜力沉睡，不要让机会溜走，让我们携手前行，创造更加美好的未来！

谢谢大家！让我们一起为明天努力拼搏！

图 4-31

当用户对 ChatGPT 生成的演讲稿不太满意时，可以先让 ChatGPT 对演讲稿进行评价，然后让 ChatGPT 根据优化的建议有针对性地修改演讲稿，从而增加演讲稿的生动性和鼓舞性。

047 让 ChatGPT 生成工作总结

在工作场景中，工作总结发挥着评估团队和个人工作情况，提高团队的工作质量和个人的工作能力的作用，同时还能够指导未来的工作。写工作总结在技巧上没有难度，但往往需要耗费大量的时间和精力，也十分考验人的总结能力和分析能力。

扫码看教学视频

此时，运用 ChatGPT 可以帮助用户快速梳理工作，从而提高写工作总结的效率。本节将介绍让 ChatGPT 生成工作总结的操作步骤。

步骤 01 设置对话背景：在 ChatGPT 输入框中输入提示词，如"请提供一些写工作总结的技巧和建议"，确认 ChatGPT 是否了解工作总结的写法，按 Enter 键确认，

ChatGPT 会给出撰写工作总结的建议，如图 4-32 所示。

图 4-32

步骤 02 **提出需求提示**：在同一个输入框中继续输入提示词，如"请遵循以上建议，帮我写一份'6 月—8 月实习的工作总结'，包括以下内容：×××（另起一行，说明工作进展情况、下一步工作计划等）"，按 Enter 键确认，ChatGPT 会生成工作总结，如图 4-33 所示。

图 4-33

未来工作目标:

在未来的工作中,我将继续努力提高公众号文章的阅读量和点击量。我计划深入学习公司品牌宣传软文的写作,为品牌的推广提供更有力的支持。此外,我也会在团队协作、交流和沟通方面更加努力,与同事们保持紧密的合作,促进工作的高效进行。

总之,这三个月的实习经历让我在公众号运营、文章撰写和团队合作方面都有了显著的提升。我对过去的成果感到骄傲,同时也充满了对未来工作的热情和期待。我会继续努力,不断学习和成长,为公司的发展做出更大的贡献。感谢团队的支持和指导!

图 4-33(续)

步骤 03 提出优化要求:在同一个输入框中继续输入提示词,如"结合工作内容,深入分析工作中可能会有的收获,并补充到工作总结中",按 Enter 键确认,ChatGPT 会对工作总结进行优化,如图 4-34 所示。

6月—8月实习的工作总结

在过去的三个月里,我在实习中不断学习和成长,通过积极参与公众号运营和其他相关工作,取得了一系列令人满意的进展。以下是我在6月至8月期间的工作总结:

工作进展:

6月:
我在6月份开始了公众号运营的学习,深入研究了公众号运营的技巧,并快速入门了相关的运营软件。我通过掌握H5、PS、剪映等软件的运用,为未来的工作做好了准备。

7月:
在7月份,我独立负责公司的公众号运营工作。我每天更新两篇文章,每篇文章的阅读量都超过了2万次,这取得了令人骄傲的成绩。通过持续地分析读者兴趣和反馈,我逐渐了解了什么样的内容更受欢迎,这让我更加深入地了解了受众喜好和市场趋势。

8月:
进入8月,我继续致力于公众号的运营工作。我不仅提高了文章的阅读量,还探索了创新的文章形式,例如互动式问答、图文结合等,取得了更高的阅读量。同时,我开始接触公司品牌宣传软文的写作,通过撰写品牌宣传稿件,我学到了如何将品牌价值和信息融入到文案中,提高品牌曝光度。

收获与成长:

在这个实习过程中,我收获了许多宝贵的经验和技能。首先,通过参与公众号运营,我不仅学会了运用各种软件工具,还锻炼了自己的创意思维和内容策划能力。其次,我深入了解了读者的需求,学会了根据数据分析优化调整,这在未来的工作中将会非常有帮助。最重要的是,我通过参与品牌宣传软文的写作,不仅提升了我的写作水平,还培养了我对公司整体形象和价值的理解。

未来工作目标:

在未来的工作中,我将继续努力提高公众号文章的阅读量和点击量。我计划深入学习公司品牌宣传软文的写作,为品牌的推广提供更有力的支持。此外,我也会在团队协作、交流和沟通方面更加努力,与同事们保持紧密的合作,促进工作的高效进行。

总之,这三个月的实习经历让我在公众号运营、文章撰写和团队合作方面都有了显著的提升。我对过去的成果感到骄傲,同时也充满了对未来工作的热情和期待。我会继续努力,不断学习和成长,为公司的发展做出更大的贡献。感谢团队的支持和指导!

图 4-34

在让 ChatGPT 生成工作总结的过程中,用户可以不断地向 ChatGPT 追加提问,以写出真正有指导性的工作总结。下面分享一些提问模板。

（1）工作总结发挥着什么作用？什么是优质的工作总结？

（2）你现在是一名项目主管，请写一篇有关项目总结的报告，字数在 1000 字左右。

（3）我需要汇报今年上半年的个人工作情况，你有什么建议吗？

（4）请举例说明写工作总结的建议和技巧。

（5）请优化这篇工作总结，需要更加突出我的个人贡献。

需要注意的是，ChatGPT 生成的内容带有不确定性，同一个提示词会生成不一样的内容，因此用户在获得 ChatGPT 提供的内容之后，需要结合自身的实际情况、工作需求、喜好等进行调整，以撰写出优秀的文本，从而为工作助力。

第5章

艺术类文案写作：AI 赋予语言文字美感

学习提示

艺术类文案是指包括诗歌、小说、剧本、故事、散文、歌词等具有语言美感的文本。撰写这类文本，通常需要具备语言组织能力、创新思维能力、逻辑思维能力和想象力，但 AI 通过大量的数据学习之后，也能够进行艺术类文案的写作。本章将介绍引导 AI 撰写艺术类文案的方法。

本章重点导航

◇ 学会运用 ChatGPT 生成艺术类文案

048 让 ChatGPT 创作诗歌

诗歌是一种意蕴丰富、情感浓厚的文本，通常带有诗人独特的叙事方式与思维模式。ChatGPT 在学习了大量的诗歌数据之后，也能够通过数据排序的方式创作诗歌，只需用户给予适当的提示词。本节将介绍让 ChatGPT 创作诗歌的操作步骤。

步骤 01 引入诗歌，设置对话背景：在 ChatGPT 输入框中输入提示词，如"你读过徐志摩的诗吗？请你总结一下他的诗歌的特点"，确认 ChatGPT 是否了解诗歌的写法，按 Enter 键确认，ChatGPT 会给出对话背景的回复，如图 5-1 所示。

徐志摩（1897-1931年）是中国现代文学史上重要的诗人之一，他的诗歌作品具有以下几个特点：

1. **浪漫主义情感**：徐志摩的诗歌充满浓郁的浪漫主义情感，表达了他对爱情、生活和人生的热烈情感和追求。他的诗歌常常充满激情、渴望和对美好事物的追求。
2. **个人情感抒发**：徐志摩的诗歌多以个人情感和经历为素材，反映了他内心的矛盾、欲望和挣扎。他常以第一人称写作，使读者能够深切感受到他的情感体验。
3. **西方文化影响**：徐志摩曾留学美国，受到西方文化的影响较深。他的诗歌中常常融合了西方浪漫主义的元素，如对自由、个人情感和自我表达的强调。
4. **自然意象**：徐志摩的诗歌中常常出现大量的自然意象，如月亮、花草、山水等，这些意象往往与他的情感体验相结合，增强了诗歌的表现力和意境。
5. **现实与理想的冲突**：徐志摩的诗歌中常常表达了现实与理想之间的矛盾与冲突。他渴望追求自由、热爱生活，但又常常受到社会、家庭等现实因素的限制和束缚，这种矛盾使得他的诗歌充满了深刻的思考和情感。
6. **抒写爱情**：徐志摩以其深切的情感抒写了许多关于爱情的诗歌，其中以与陆小曼之间的感情最为人知。他将爱情视作人生的重要主题，用诗歌表达了对爱情的痴迷和追求。

总的来说，徐志摩的诗歌以情感丰富、浪漫主义、自然意象、个人情感为特点，体现了他独特的创作风格和内心世界。他的诗歌作品对中国现代诗歌产生了深远的影响。

图 5-1

步骤 02 输入提示词，提出需求：在同一个输入框中继续输入提示词，如"请你模仿徐志摩的写作风格，围绕'西湖''划船''雨伞'创作一首现代诗歌"，按 Enter 键确认，ChatGPT 会生成现代诗歌，如图 5-2 所示。

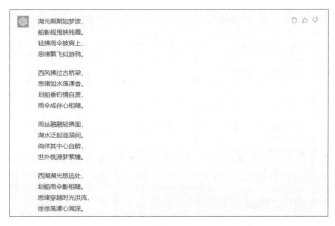

湖光潋灩如梦波，
船影摇曳映残霞。
轻拂雨伞披肩上，
思绪飘飞似游鸦。

西风拂过古桥梁，
思绪如水荡漾香。
划船垂钓情自赏，
雨伞成伴心相随。

雨丝融融轻拂面，
湖水泛起涟漪间。
徜徉其中心自醉，
世外桃源梦萦缠。

西湖湖光悠远处，
划船雨伞影相随。
思绪穿越时光洪流，
徐徐荡漾心湖深。

图 5-2

步骤 03 提出优化诗歌的要求：在同一个输入框中继续输入提示词，如"请融入象征手法修改这首诗歌，使其更有意境和美感，并对修改进行解释"，按 Enter 键确认，ChatGPT 会生成优化后的诗歌，如图 5-3 所示。

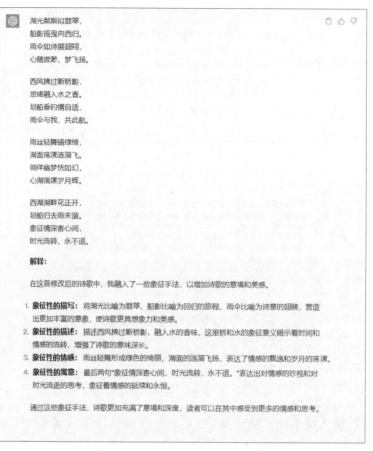

图 5-3

049 让 ChatGPT 虚构小说

扫码看教学视频

小说往往带有很强的叙事性，能够极大地吸引读者的阅读兴趣。随着 ChatGPT 以及类似 ChatGPT 的 AI 产品面世，让 AI 虚构小说已不再是幻想，用户通过输入合适的提示词，即可获得 ChatGPT 生成的小说。本节将介绍让 ChatGPT 虚构小说的操作步骤。

步骤 01 设置虚构小说的背景：在 ChatGPT 输入框中输入提示词，如"请根据关键词，虚构一个科幻小说的背景，关键词：月球、公转、宇宙、宇宙飞船"，按 Enter 键确认，ChatGPT 会构思一个科幻故事背景，如图 5-4 所示。

在遥远的未来，人类已经探索了整个太阳系，建立了繁荣的月球基地，但对于更广阔的宇宙，他们只是触摸到了一小部分。月球已经成为人类的新家园之一，它既是科研的中心，也是资源开发的基地。然而，月球的公转轨道逐渐显示出一些异常现象，这引起了科学家们的关注。

随着研究的深入，科学家们发现月球的公转轨道逐渐偏离了预测的路径，似乎受到了某种神秘力量的影响。短时间内，航天局的专家们无法找到解释这一现象的合理理由。在这个紧急情况下，一艘名为"星际使者号"的宇宙飞船被紧急制造出来，任务是前往月球，调查并解决这一谜团。

"星际使者号"号称是人类历史上最先进的宇宙飞船，拥有超越以往的科技。它的机身由复合材料构建，内部配备了先进的推进系统、能源装置和科研设备。船上的机器人辅助人类船员，确保任务的顺利进行。

在登陆月球后，船员们发现月球表面出现了一种神秘的能量结晶体，它们在月球的地壳中扎根，并通过未知的方式影响着月球的公转轨道。船员们决定采集样本进行分析，却在采集过程中遭遇了一股强大的能量波动，将他们传送到了一个未知的宇宙区域。

在这个未知宇宙区域中，船员们发现了一个超越人类想象的宇宙，其中存在着异样的星系、奇特的行星和超越科学的现象。他们逐渐意识到，月球的异常公转轨道不仅仅是一个简单的物理现象，而是一种连接不同宇宙层面的能量现象。这个发现不仅颠覆了他们对宇宙的理解，也揭示了一个更大的秘密，人类可能是众多宇宙中的一部分。

在未知宇宙中，船员们面临着巨大的挑战和未知的危险，但他们也逐渐理解了宇宙的多重层面，掌握了连接不同宇宙的能量之道。最终，他们不仅解开了月球公转异常的谜团，还将人类视野推向了更广阔的宇宙领域，探索着连接宇宙层面的可能性。这个故事成为了人类历史上一个重要的里程碑，改变了人类对于宇宙的认知，也让人类的探索之旅变得更加深邃和神秘。

图 5-4

步骤 **02** 提供小说大纲的提示词：在同一个输入框中继续输入提示词，如"请根据上述故事背景，按照逻辑关系将小说分为 10 章"，按 Enter 键确认，ChatGPT 会生成小说的大纲，如图 5-5 所示。

当月球的异常公转轨道引起科学家们的关注时，人类航天局迅速组织了一支由天文学家、物理学家、工程师和宇航员组成的团队，他们被派遣到月球基地，开始了对异常现象的深入研究。

章节一：谜团初现

在月球基地，科学家们开始分析月球公转轨道的数据，他们发现异常现象的规律并不符合传统的物理模型，引发了困惑和担忧。同时，月球基地内的航天员们开始感受到微弱的震动，月球似乎在某种未知的力量下微微颤动。

章节二：危机加剧

月球基地内的颤动逐渐加剧，工程师们发现基地的结构出现了微小的裂缝。航天局决定加快研发一艘新型宇宙飞船，以便深入调查月球异常现象的原因。在这个紧急关头，航天局召集了一些最杰出的科学家和工程师，共同研发新的宇宙飞船。

图 5-5

章节三：星际使者号的诞生

在紧张的研发过程中，新的宇宙飞船——"星际使者号"终于完成。这艘飞船拥有超越以往的技术，能够应对复杂多变的宇宙环境。航天局从各个领域挑选了最优秀的船员，他们接受了严格的培训，为即将到来的任务做好准备。

章节四：月球之旅

"星际使者号"启程前往月球，船员们在飞船内部进行最后的准备工作。在月球表面，他们发现了那些神秘的能量结晶体，这些结晶体似乎是异常现象的关键。他们开始采集样本，并尝试分析这些结晶体的特性。

章节五：能量波动

在采集能量结晶体的过程中，船员们突然遭遇了一股强大的能量波动，他们的视野变得模糊，意识逐渐迷失。当他们恢复意识时，他们发现自己身处一个完全陌生的宇宙区域。

章节六：未知宇宙

船员们开始探索这个未知的宇宙区域，他们发现这里的星系和行星都有着奇特的特征，宇宙中存在着超越科学的现象。船员们逐渐认识到，月球异常现象并不是简单的物理问题，而是连接不同宇宙的能量波动。

章节七：多重层面的发现

船员们通过观察、实验和分析，渐渐理解了这个未知宇宙的结构和特性。他们发现宇宙是一个多重层面的存在，每个层面都有着不同的规律和能量交互。他们开始学习如何掌握这些能量，以便理解月球异常现象的原因。

章节八：能量的连接

船员们在多重层面中发现了一种能量连接的方式，他们通过学习掌握了如何跨越不同层面，实现跨宇宙的通信和移动。这使得他们能够进一步研究月球异常现象，并探索能量结晶体与月球公转轨道之间的联系。

章节九：解开谜团

随着深入研究，船员们最终解开了月球异常现象的谜团。他们发现月球上的能量结晶体与宇宙中的能量层面相互关联，通过能量连接影响了月球的公转轨道。这个发现改变了他们对宇宙的认知，也让人类的探索之旅更加广阔和深刻。

章节十：回归与启示

在解开谜团后，船员们决定返回人类的宇宙层面。他们带着对多重层面宇宙的理解，带着对能量连接的掌握，回到了月球基地。他们的经历成为人类历史上的一段传奇，改变了人类对宇宙的看法，也为未来的探索铺平了道路。这个故事在人类社会中传颂开来，成为人类勇往直前的动力。

图 5-5（续）

步骤 03 提供小说章节的提示词：在同一个输入框中继续输入提示词，如"请按照大纲，写出小说的第一章"，按 Enter 键确认，ChatGPT 会按照提示词生成小说的第一章，如图 5-6 所示。

第一章：谜团初现

在未来的月球基地，一个庞大的科研中心矗立在月球表面，它是人类对宇宙的探索和科学研究的中心。科学家们在高科技实验室里埋头苦干，研究月球的公转轨道异常现象。

大厅内，投影仪上的数据图表显示着月球公转轨道的微妙变化。天文学家、物理学家和工程师们围绕在一起，讨论着这令人费解的现象。

"月球的公转轨道似乎在发生微小的偏移，"一位天文学家皱着眉头说道，"但我们的计算模型无法解释这种情况。"

另一名物理学家接着说："这个异常现象是如此微小，以至于一开始我们甚至没有注意到。但随着时间的推移，这种偏移变得越来越明显。"

在这个紧急的情况下，科学家们开始分析各种可能的原因，他们考虑了太阳系中其他行星的影响、月球内部的地质活动，甚至是一些神秘的宇宙现象。然而，无论他们怎样努力，都无法找到一个能够合理解释月球异常公转的答案。

与此同时，月球基地内的航天员们也开始感受到了一些不寻常的现象。有报道称，他们在夜晚时能够感觉到微弱的震动，仿佛月球在轻轻地颤抖。

作为航天局的高级官员，玛雅博士每天都在关注着这个问题的进展。她心情沉重地走进了实验室，看着一幅幅数据图表。

"大家有没有新的发现？"玛雅问道。

一名工程师抬头说："我们已经检查了所有可能的因素，但是仍然找不到一个合理的解释。这似乎超出了我们现有的科学知识。"

玛雅皱起眉头，她深知这个异常现象可能对整个太阳系的稳定产生影响。她决定采取更加果断的行动，联系航天局的最高领导，提议派遣一艘新型宇宙飞船前往月球，进行深入调查。

玛雅博士在一个紧急会议上向领导们汇报了情况，她的建议得到了一致通过。航天局立即开始动手研发一艘新型宇宙飞船，这个飞船被命名为"星际使者号"，任务是前往月球，解开这个神秘的谜团。

在科学家、工程师和宇航员的合作下，经过数周的紧张研发，星际使者号终于诞生了。这艘宇宙飞船拥有前所未有的科技，被赋予了解开月球异常现象的重大使命。

玛雅博士站在星际使者号的机身前，感受着这艘飞船所代表的人类智慧和勇气。她知道，未知的宇宙等待着他们的探索，月球的谜团即将揭开。

图 5-6

步骤 04 **提出优化小说的要求**：在同一个输入框中继续输入提示词，如"对第一章内容进行修改，要求对读者更有吸引力"，按 Enter 键确认，ChatGPT 会生成优化后的第一章内容，如图 5-7 所示。

第一章：谜团初现

月球的表面，一个充满未来科技氛围的基地高耸在灰色的地平线上。巨大的穹顶内，炫目的光芒在实验室里闪烁，科学家们全神贯注地研究着一个令人不安的现象。

数据屏幕上的数字在不断跳动，显示出月球公转轨道的变异。天文学家、物理学家和工程师们围坐在会议桌旁，脑海中不断探索这个宇宙谜团的线索。

"这个轨道的异常变化，"一位天文学家沉思地说道，"远比我们预料的复杂。这不可能只是一个简单的偏差。"

另一名物理学家皱眉附和道："就像是一个看似平静的湖面下涌动着隐藏的漩涡。我们现有的理论无法完全解释这一切。"

图 5-7

在科学家们忙碌的背后，月球基地的航天员们也感受到一些不寻常的迹象。他们的住所里，偶尔会有微弱的颤动，就像是整个月球在轻轻地颤抖。

坐在办公室里的玛雅博士，紧锁着眉头，她是这个基地的主管，也是一个颇具声望的天文学家。她翻看着屏幕上的数据，心中充满了不安。

"怎么样了？"她问身边的一名年轻物理学家。

年轻物理学家苦笑着摇头："博士，我们的模型在这个问题上完全失灵。这个异常变化太微妙，我们无法用现有的知识来解释。"

玛雅博士凝视着数据图表，眼神中闪烁着决心。这个异常现象的存在可能会威胁到整个太阳系的稳定，她深知，时不我待。

她站起身，决定采取更果断的行动。她联系了航天局的高层领导，提议派遣一艘新型宇宙飞船前往月球，解开这个神秘的谜团。

在一个临时召开的会议上，玛雅博士向高层领导详细汇报了情况。她的声音坚定而激昂："我们不能坐以待毙，我们必须解开这个谜团。我建议派遣一艘全新的宇宙飞船，直接前往月球，进行深入的调查。"

会议室内一片寂静，然后是一阵掌声。领导们纷纷点头，玛雅博士的提议得到了一致通过。航天局立即开始行动，开始着手研发一艘前所未有的宇宙飞船，这个飞船将被命名为"星际使者号"。

在经过几周的紧张研发后，星际使者号终于崭露头角。这艘宇宙飞船充满未来感，闪烁着令人眼花缭乱的光芒。玛雅博士站在飞船前，感受着它所代表的希望和决心。

她知道，未知的宇宙等待着他们的探索，而月球的谜团将在他们的勇气和智慧面前逐渐揭开。而这一切，将是一段永载史册的壮丽冒险。

图 5-7（续）

ChatGPT 根据输入的提示词一步一步虚构出小说的故事背景、大纲以及创作第一章内容，并修改内容，以增加趣味性和可读性。后续用户还可以继续输入提示词，让 ChatGPT 生成一部完整的科幻小说。

050 让 ChatGPT 撰写剧本

剧本是一种独特的文本，可以通过舞台、电视荧幕、电影等形式呈现出具体的画面，相对于小说，剧本能够可视化，因此成为人们闲暇时的娱乐方式之一。用户运用 AI，可以找到一些撰写剧本的灵感。本节将介绍让 ChatGPT 撰写剧本的操作步骤。

扫码看教学视频

步骤 01 **设置背景，确定方向**：在 ChatGPT 输入框中输入提示词，如"如果创作一个吸引女性观众的剧本，可以进行哪些选题？"，让 ChatGPT 提供一些创作剧本的建议，按 Enter 键确认，ChatGPT 会给出创作剧本的方向，如图 5-8 所示。

创作一个吸引女性观众的剧本需要考虑到女性观众的兴趣、情感和关注点。以下是一些可能吸引女性观众的剧本选题和元素：

1. **友情与家庭关系**：探讨深厚的友情和家庭关系，包括姐妹情谊、母女关系、亲情等。这些关系的发展、挑战和情感变化都可以成为引人入胜的剧情。
2. **爱情与浪漫**：浪漫的爱情故事总是吸引人的。你可以创作一段扑朔迷离的爱情故事，或者深入探讨爱情中的挫折、成长和复杂性。
3. **女性主义与自我发展**：聚焦女性在社会中的角色、挑战和成长，探讨她们如何克服困难、发展自己，并寻找自己的声音和权利。
4. **职业与事业**：描绘女性在职场中的经历、抉择和成功故事。展现她们在职业道路上的努力、才华和坚持。
5. **历史与文化**：以历史事件、文化背景为基础，创作能够展现女性在不同时代和文化中的生活、冲突和成就的故事。
6. **奇幻与冒险**：创作一个充满想象力和冒险的世界，让女性主角在其中发挥重要作用，展现她们的勇气和智慧。
7. **心理与情感探索**：深入挖掘人物的内心世界，描绘情感的起伏、挣扎和成长，让观众能够产生共鸣。
8. **社会问题与现实挑战**：探讨当今社会面临的问题，如性别歧视、社会压力、身份认同等，通过故事中的女性角色传递积极的信息和启发。
9. **幽默与轻松**：创作轻松幽默的情节，让观众在欢笑中找到乐趣，这对吸引女性观众也很有效。
10. **环境与自然**：以美丽的自然景观为背景，将女性主角融入其中，创作一个关于与大自然共生、保护环境的故事。

无论你选择哪个选题，都要确保塑造深刻的人物、引人入胜的情节和令人难忘的对话，以吸引女性观众并让她们产生共鸣。同时，尊重多样性、避免刻板印象，以及展现真实而多维的女性形象也是非常重要的。

图 5-8

步骤 02 **确定选题，要求示例**：选择其中一个选题，让 ChatGPT 提供剧本简介示例，在同一个输入框中继续输入提示词，如“请根据女性主义与自我发展这个选题，提供几个剧本简介示例”，按 Enter 键确认，ChatGPT 会生成剧本简介示例，如图 5-9 所示。

当然，以下是一些基于女性主义与自我发展主题的剧本简介示例：

1. **剧本：《自由之翼》**
   在19世纪末的英国，年轻的维多利亚时代女性艾丽莎从小生活在传统家庭中。然而，她对女性权利和平等的追求逐渐使她走上了一条充满挑战的道路。在社会的阻力和家庭的反对下，她努力成为一名活跃的女性主义者，参与争取女性选举权的运动。通过与其他勇敢的女性合作，她发现了自己内心的力量，同时也影响了整个社会的观念。
2. **剧本：《她的轨迹》**
   在现代城市中，三位性格各异的女性——一个年轻的职业女性、一个单身妈妈和一位退休的女性科学家，因为一个神秘的事件而交织在一起。在解开事件背后谜团的过程中，她们一起面对职场歧视、家庭压力和年龄歧视等挑战。通过彼此的支持和合作，她们逐渐找到了自己的声音，并为实现平等和女性权利而奋斗。
3. **剧本：《平衡之舞》**
   在一个幻想的中世纪世界中，年轻的农家女孩埃莉诺渴望成为一名骑士。然而，这个领域一直被男性主导，女性骑士几乎不被接受。她面对来自社会和家庭的阻力，决心通过参加一场声名显赫的骑士比武赛来证明自己。在这个旅程中，她结识了一位有着相似梦想的女性，她们一同努力打破性别界限，寻找自己的勇气和力量。
4. **剧本：《绽放》**
   在一个小镇上，三代女性的故事交织在一起。从祖母到母亲再到女儿，她们分别生活在不同的时代，却都面临着类似的挑战和抉择。祖母曾是当地第一位女性医生，母亲是一名职业女性，女儿则正在大学学习女性研究。通过回顾过去的经历，她们一起探讨了女性在社会中的变革、进步和自我发展，同时也反思了女性主义对她们生活的影响。

图 5-9

步骤 03 **提供剧本大纲的提示词**：在同一个输入框中继续输入提示词，如"请生成第二个剧本的大纲"，按 Enter 键确认，ChatGPT 会按照提示词生成剧本的大纲，如图 5-10 所示。

当然，以下是第二个剧本《她的轨迹》的大纲：

剧本：《她的轨迹》

背景设定：现代城市，三位性格各异的女性，各自面临着不同的挑战和压力。

第一幕：交错的命运

1. **主人公介绍**：主人公们分别是：艾米，年轻的职业女性，充满事业野心；莉莉，单身妈妈，为了女儿努力工作；格蕾丝，退休的女性科学家，为寻找新的目标而努力。
2. **事件发生**：一个神秘的事件（例如，一场城市突发事件，或是一个独特的物品的失窃）使她们的生活交叉在一起，迫使她们合作以解开谜团。

第二幕：共同探索

1. **初次合作**：主人公们初次相遇，开始彼此合作，因为她们每个人都有独特的线索。
2. **挑战与冲突**：在探索的过程中，她们面临着不同的困难，包括职场歧视、家庭问题和人际关系挑战。她们之间也产生分歧和冲突，但最终通过理解和团结克服了这些问题。

第三幕：自我发现与成长

1. **个人故事揭示**：随着剧情的推进，每个主人公逐渐透露了自己的个人故事，揭示了她们为什么会成为现在这样的人。
2. **相互启发**：主人公们互相启发，分享彼此的经验和教训，使她们能够在自我发展的过程中更加坚强和自信。

第四幕：解开谜团，实现目标

1. **谜团解开**：通过努力和合作，主人公们逐渐解开了神秘事件背后的谜团，发现了一些令人震惊的真相。
2. **目标的实现**：虽然解开谜团对她们每个人都有不同的影响，但最重要的是，她们每个人都在这个过程中实现了一些个人的目标，包括艾米在职场的突破、莉莉为女儿创造更好生活的努力，以及格蕾丝寻找新的生活方向。

第五幕：坚持与希望

1. **结束和总结**：剧情走向尾声时，主人公们已经变得更加坚定，她们的友谊也变得更加深厚。虽然谜团已经解开，但她们的自我发展之旅还在继续。
2. **展望未来**：故事以主人公们展望未来的场景结束，她们每个人都在不同领域迎来了新的挑战和机遇，但她们都已经准备好面对并继续前进。

通过展现主人公们在面对挑战、团结合作以及实现个人成长和目标的过程中的故事，这个剧本将女性主义与自我发展的主题融入其中，以吸引女性观众并让她们产生共鸣。

图 5-10

步骤 04 **提供撰写剧本的提示词**：在同一个输入框中继续输入提示词，如"请按照大纲，写出剧本的第一幕"，按 Enter 键确认，ChatGPT 会按照提示词生成剧本的第一幕内容，如图 5-11 所示。

当代都市，充满了灯红酒绿的夜晚和繁忙的白天。每个人都有自己的生活节奏，而在这个充满活力和压力的城市中，三位女性的命运即将交错。

第一幕：交错的命运

（舞台中央，一个现代办公室的环境。艾米，年轻的职业女性，正在专注地在电脑前工作。）

主持人（背景旁白）： 欢迎来到现代都市的喧嚣。在这个充满机遇和挑战的城市，有着各种各样的人们，她们的故事即将在这里交织在一起。

（一辆公交车在城市街道上行驶，突然发生爆炸，街道陷入混乱。）

主持人（背景旁白）： 当一个神秘的事件突然打破了城市的宁静，命运的轨迹也随之改变。

（舞台右侧，莉莉，单身妈妈，正匆匆走进一家日托中心，她的女儿迎面跑来。）

莉莉（轻轻拍打女儿的头）： 艾米，亲爱的，快点，我们要迟到了！

女儿艾米（兴奋地）： 妈妈，我画了一幅超级大的太阳，你看！

莉莉（微笑）： 真的很美，亲爱的，现在我们得赶紧去上班和幼儿园了。

（舞台左侧，格蕾丝，一位退休的女性科学家，正坐在一个咖啡馆的角落，翻阅着一本科学杂志。）

格蕾丝（自言自语）： 这个研究方法看起来很有趣，或许我可以尝试一下……

主持人（背景旁白）： 这是艾米、莉莉和格蕾丝，三位看似平凡的女性，她们的生活将在一场神秘事件的阴影下交织在一起。

（三位女性各自的场景交替出现，画面逐渐减缓。）

主持人（背景旁白）： 她们每个人都有自己的梦想、压力和挑战，但在这个城市的喧嚣中，她们的命运注定会相互影响，从而开启一段新的旅程……

（舞台黑幕降下，第一幕结束。）

图 5-11

步骤 05 提供优化剧本的提示词：在同一个输入框中继续输入提示词，如"请优化第一幕内容，多一些人物的外貌特征描述，给观众留下印象"，按 Enter 键确认，ChatGPT 会按照提示词优化剧本的第一幕内容，如图 5-12 所示。

当代都市，充满了灯红酒绿的夜晚和繁忙的白天。每个人都有自己的生活节奏，而在这个充满活力和压力的城市中，三位女性的命运即将交错。

第一幕：交错的命运

（舞台中央，一个现代办公室的环境。艾米，年轻的职业女性，戴着眼镜，穿着一套时尚的职业装，正专注地在电脑前工作。）

主持人（背景旁白）： 欢迎来到现代都市的喧嚣。在这个充满机遇和挑战的城市，有着各种各样的人们，她们的故事即将在这里交织在一起。

（一辆公交车在城市街道上行驶，突然发生爆炸，街道陷入混乱。）

主持人（背景旁白）： 当一个神秘的事件突然打破了城市的宁静，命运的轨迹也随之改变。

（舞台右侧，莉莉，单身妈妈，穿着一身舒适的衣服，头发自然地垂在肩上，她的女儿迎面跑来。）

图 5-12

莉莉（轻轻拍打女儿的头）：艾米，亲爱的，快点，我们要迟到了！

女儿艾米（兴奋地）：妈妈，我画了一幅超级大的太阳，你看！

莉莉（微笑）：真的很美，亲爱的，现在我们得赶紧去上班和幼儿园了。

（舞台左侧，格蕾丝，一位退休的女性科学家，留着银白色的短发，戴着一副精致的眼镜，坐在一个咖啡馆的角落，翻阅着一本科学杂志。）

格蕾丝（自言自语）：这个研究方法看起来很有趣，或许我可以尝试一下……

主持人（背景旁白）：这是艾米、莉莉和格蕾丝，三位看似平凡的女性，她们的生活将在一场神秘事件的阴影下交织在一起。

（三位女性各自的场景交替出现，画面逐渐减缓，给观众留下了她们的独特印象。）

主持人（背景旁白）：她们每个人都有自己的梦想、压力和挑战，但在这个城市的喧嚣中，她们的命运注定会相互影响，从而开启一段新的旅程……

（舞台黑幕降下，第一幕结束。）

图 5-12（续）

用户还可以输入提示词，让 ChatGPT 写出剧本的高潮部分，并增加矛盾与冲突，修改并润色剧本。

051 让 ChatGPT 编写故事

故事往往情节出彩、引人入胜，能够起到教育的作用，尤其是在家庭教育中发挥着重要的作用。当用户需要给孩子讲故事时，可以让 ChatGPT 充当故事专家，提供适合特定年龄和特定风格的故事。本节将介绍让 ChatGPT 编写故事的操作方法。

步骤 01 **赋予身份，提出需求**：在 ChatGPT 输入框中输入提示词，如"假设你是儿童作家，擅长编写童话故事，请提供一个适合 5 岁小朋友的故事"，让 ChatGPT 根据需求编写故事，按 Enter 键确认，ChatGPT 会生成童话故事，如图 5-13 所示。

图 5-13

悟虽然有些害怕，但他紧紧地握住了皮皮的小手，一步一步地进入了洞穴。洞穴里黑黑的，他们只能听到自己的呼吸声。

"哇，你看那边，好像有个光亮！"悟指着洞穴深处兴奋地说。

他们走向光亮，发现了一个神奇的石头。这块石头散发着温暖的光芒，仿佛在诉说着一个故事。

"这块石头一定有故事可以告诉我们！"皮皮兴奋地说。

于是，他们坐下来，静静地听着石头的声音。石头告诉他们，勇气不是没有恐惧，而是在恐惧面前仍然勇往直前。勇气是一种力量，让我们面对未知，克服困难。

悟和皮皮聆听着，感受到了勇气的温暖。从那天起，悟不再是那个胆小的兔子，他学会了勇敢地面对自己的恐惧。他和皮皮一起经历了许多冒险，成为了森林里最勇敢的伙伴。

这个故事告诉我们，每个人都有自己的恐惧，但勇气可以让我们超越恐惧，变得更强大。不管遇到什么困难，只要勇敢地面对，我们都能找到解决的方法。

图 5-13（续）

步骤 02 **提供关键词提示和需求**：在 ChatGPT 输入框中输入提示词，如 "请根据关键词编写一个童话故事，要求适合 5 岁小朋友阅读，且比较新奇有趣（另起一行）关键词：熊猫、探险"，让 ChatGPT 根据需求编写故事，按 Enter 键确认，ChatGPT 会生成童话故事，如图 5-14 所示。

故事标题：熊猫宝宝的奇幻探险

在很久很久以前，有一个叫小宝的可爱熊猫宝宝。小宝是森林里最好奇的小熊猫，他总是对周围的一切充满了好奇心。

有一天，小宝听说了一个神奇的地方叫作"彩虹谷"。彩虹谷据说隐藏着五颜六色的彩虹，还有许多奇特的动物和植物。小宝听了非常兴奋，他决定开始一场奇幻的探险。

小宝告诉他的朋友们他的计划，可是大家都劝他不要去，因为彩虹谷的路途充满了挑战和未知。但小宝一点也不害怕，他坚定地说："我要去看看那些美丽的彩虹，还有那些神秘的动物！"

于是，小宝收拾好行囊，告别了他的家人和朋友，开始了他的探险之旅。他沿着蜿蜒的小径走了很久很久，经过了茂密的树林、清澈的溪流，还有高高的山峰。

终于，在一个阳光明媚的早晨，小宝看到了一个美丽的彩虹。彩虹的颜色五光十色，散发着绚丽的光芒，就像一座美丽的桥梁横跨在天空中。

小宝欢呼雀跃，他跑到彩虹前，迫不及待地想要走上去。但是，彩虹却像是一个逗趣的调皮孩子，每当小宝接近，它就飘忽忽地移动，永远在他的前方。

小宝并没有灰心，他知道彩虹是在和他玩捉迷藏。于是，他开始跳起来、旋转、跳跃，彩虹也似乎陪着他一起舞动。他们玩得开心极了，笑声传遍了整个彩虹谷。

在玩耍的过程中，小宝还结识了一群奇特的小动物，它们有着五彩斑斓的羽毛和闪闪发光的鳞片。这些动物非常友好，和小宝成了快乐的伙伴。

小宝在彩虹谷度过了愉快的时光，收获了许多美好的回忆。当他决定离开时，彩虹在他面前变得更加绚丽，像是在送别他。

回到森林，小宝把自己的探险故事讲给了大家。他的朋友们都听得津津有味，纷纷表示佩服小宝的勇气和好奇心。

从此以后，小宝变得更加勇敢，他知道探险不仅仅是寻找美丽的风景，还有结交新朋友和克服困难的乐趣。每当他想起那段奇幻的探险时，他的脸上都会洋溢着幸福的笑容。

图 5-14

用户还可以让 ChatGPT 对经典的童话故事进行改编，生成新奇有趣的童话故事，或者让 ChatGPT 在故事中融入一些哲理，以达到教育的目的。

052 让 ChatGPT 创作散文

扫码看教学视频

在生活中，我们欣赏美景、享受美食、阅读佳作或感悟人生百味，都可能会禁不住文思涌动，想要用言语或文字表达，散文便由此而来。ChatGPT 的出现，让散文借助 AI 的力量更能传情达意。本节将介绍让 ChatGPT 创作散文的操作步骤。

步骤 01 引入散文，开启对话：在 ChatGPT 输入框中输入提示词，如"请总结出朱自清的《荷塘月色》这篇散文的特点"，让 ChatGPT 了解优秀散文的写法，按 Enter 键确认，ChatGPT 会总结出散文的特点，如图 5-15 所示。

> 《荷塘月色》是中国现代散文家朱自清创作的一篇散文，它以描写荷塘中的月色为主题，展现了作者在安静、宁静的夜晚所感受到的情感和思考。这篇散文的特点可以总结如下：
>
> 1. **清新自然的描写**：文章以荷塘和月色为主题，描绘了荷叶、荷花、月光等自然景物，以生动的笔触展现了大自然的美妙和宁静。
>
> 2. **抒发内心感受**：作品在描写荷塘的同时，融入了作者内心的情感和思考。作者通过对荷塘月色的描写，表达了对大自然的喜爱和对宁静、美好的追求，也反映了作者对生活的深切体验和内心的宁静感受。
>
> 3. **咏史抒怀**：尽管以荷塘月色为题材，但文章也渗透了一种对历史的怀念情感。文章中提到荷塘所在的地方曾是明朝的一位名将的故居，通过这种咏史的手法，文章显得更具情感和文化底蕴。
>
> 4. **情景交融的写作手法**：朱自清通过巧妙的叙述和描写，将荷塘、月色、历史和内心感受巧妙地融为一体。他运用夜晚的静谧，荷叶、荷花的美丽，以及历史的厚重，表达了对人生平静、美好境界的向往。
>
> 5. **叙事和抒情相结合**：文章既有叙事性的描写，又注重抒发情感。作者在描绘荷塘和月色的同时，通过自己的感受和联想，使作品兼具了情感抒发和叙事交融的特点。
>
> 6. **语言简练而富有意境**：朱自清的语言简练明了，富有意境。他运用恰如其分的比喻等修辞手法，使文章充满了诗意和美感。
>
> 综上所述，《荷塘月色》展现了朱自清独特的写作风格，将自然景物、情感抒发、历史咏史巧妙融合，以简洁清新的语言传达出作者的情感和思考，成为中国现代散文中的佳作。

图 5-15

步骤 02 输入提示，生成散文：在同一个输入框中输入提示词，如"请根据上述特征，写一篇关于夕阳的散文，字数在 500 字左右"，按 Enter 键确认，ChatGPT 会生成散文，如图 5-16 所示。

步骤 03 引导 AI，评价散文：在同一个输入框中输入提示词，如"请评价一下这篇散文"，让 ChatGPT 对自己的散文进行评价，按 Enter 键确认，ChatGPT 会对散文进行评价，如图 5-17 所示。

夕阳余晖，如同一幅泼墨山水画，慢慢展开在天际，给大地平添了一抹温暖的色彩。那时分，仿佛万物都停歇下来，只有夕阳和大地相互倾诉，宛如朋友间的深情对话。

远山沐浴在余晖中，若隐若现，宛如梦境中的仙山。山体轮廓分明，如同勾勒出的墨线，点缀着淡淡的橙黄色。山间的树木也在余晖的映照下，摇曳着悠然的姿态，仿佛在为夕阳的降临献上一曲轻歌。远处的村庄，低矮的房屋在夕阳的映照下，散发着淡淡的金色光芒，如诗如画，美不胜收。

湖泊被夕阳的光辉映照得如同一面明镜，湖面波光粼粼，泛着金色的涟漪。那一抹红黄色的余晖倒映在湖面上，宛如一条金色的瑞兽，翩然起舞，将湖泊装点得如诗如画。湖边的垂柳也在夕阳的抚摸下，轻轻摇曳，像是在为夕阳演奏一曲无声的乐章。

夕阳的余晖穿过林间的缝隙，洒向小径，将小径铺上一层金色的地毯。行走在小径上，仿佛置身于一个金色的童话世界，每一步都踏在夕阳的光影之间，心情也如同飞翔的蝴蝶，自由而愉悦。

在这宁静的时刻，心灵也仿佛得到了净化，一切烦忧都在夕阳的余晖下烟消云散。站在山巅，俯瞰着整个景象，不禁人感慨万千。或许人生也如同这夕阳，有明媚的时光，也有凄凉的瞬间，但无论怎样，都应该像夕阳一样，用最美的姿态去迎接每一个黄昏。

夕阳，如诗如画，如梦如幻。它以它独特的魅力，将大自然的美好展现得淋漓尽致。当夕阳余晖轻轻收敛，天边渐渐暗淡，留下一抹深蓝色的余晖，人们的心也被它的美丽所打动，仿佛在那一刻，心灵也在夕阳的光辉中得到了洗涤。

图 5-16

这篇散文在描写夕阳的美景和抒发作者情感方面做得不错，但也有一些可以优化的地方。

首先，让我们看看文中的优点：

1. **画面描写生动**：文章的开头通过对夕阳余晖的描绘，创造出了一个美丽的画面，使读者能够身临其境地感受到夕阳的景色。
2. **情感抒发真挚**：散文中表达了作者对夕阳的情感，以及夕阳给人带来的美好感受。这种情感的融入增加了作品的人情味。

然而，也有一些可以进一步优化的地方：

1. **情感转折的深化**：文章在情感抒发方面可以更深入一些。你可以探讨夕阳给你带来的情感是什么，它是否唤起了你的某些回忆，或者在你内心引发了怎样的共鸣。
2. **比喻和修辞的运用**：文章可以更多地运用比喻等修辞手法来丰富描写，使文章更具有艺术感。比如，可以运用更多形象的比喻来描绘夕阳的光辉，或者通过对比修辞来增强夕阳美景与情感的表达。
3. **节奏感和结构**：文章可以在结构上进行优化，使散文的节奏更加流畅。可以考虑将描写夕阳的不同方面有机地串联起来，让文章整体呈现出一种自然流畅的叙述。
4. **语言的深度和韵律感**：加强语言的深度和韵律感，使文章更富有诗意。通过精选的词汇和句式，让文章更具张力和魅力。
5. **主题的延伸**：除了美景和情感，你还可以思考更多关于夕阳的意义和象征，将主题延伸到更深层次的人生思考。

最终，优化后的散文可以更加生动地勾勒出夕阳的美丽，同时通过情感和思考，使读者在阅读时能够更加深刻地感受到夕阳背后的意义。

图 5-17

步骤 04 提出要求，优化散文：在同一个输入框中输入提示词，如"请重新生成散文，优化不足之处"，按 Enter 键确认，ChatGPT 会对散文进行优化，如图 5-18所示。

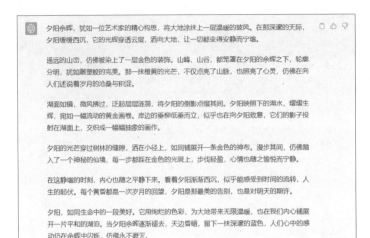

图 5-18

可以看出，ChatGPT 优化后的散文增加了修辞手法的运用，并加强了节奏感和韵律感。

053 让 ChatGPT 创作歌词

好的歌曲是旋律与歌词的完美匹配，因此歌词在音乐中发挥着重要的作用。创作好的歌词对于歌手或作词者的文思要求极高，且带有灵感的偶然性，而运用 ChatGPT，可以为歌词的创作提供灵感。本节将介绍让 ChatGPT 创作歌词的操作步骤。

步骤 01 赋予身份，开启对话：在 ChatGPT 输入框中输入提示词，如"假设你是一名优秀的音乐制作人，请提供一些创作歌词的建议"，按 Enter 键确认，ChatGPT 会给出创作歌词的建议，如图 5-19 所示。

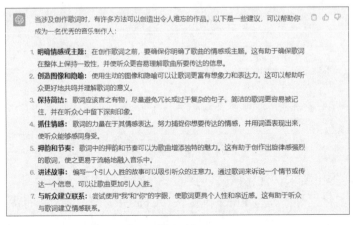

图 5-19

8. **尝试不同的角度**：从不同的视角来写作歌词，可以使歌曲更具深度和多样性。尝试从不同的情感、时间或地点来思考，以获得不同的灵感。
9. **灵感随时而来**：创作歌词的灵感可能随时出现，因此随身携带笔记本或记录设备，以便随时记录下突发的想法和灵感。
10. **反复修改**：写下初稿后，不要犹豫反复修改。通过不断地审查和修改歌词，你可以确保它们在表达上更为精确且具有更高的质量。
11. **寻求反馈**：将你的歌词分享给他人听，尤其是那些对音乐和歌词有经验的人。他们的反馈可以帮助你更好地完善歌词。
12. **保持真实**：最重要的是，保持真实和真诚。无论你要表达什么情感或主题，确保歌词反映出你的个人观点和情感。

最终，写作歌词需要练习和耐心。不断地尝试不同的方法，寻找适合你风格和音乐的创作方式。无论何时何地，都要保持灵感的开放，并始终相信自己的创作能力。

图 5-19 （续）

步骤 02 输入提示，创作歌词：在同一个输入框中输入提示词，如"请围绕'少小离家，思乡情绪'这个主题，为一首民谣歌曲创作歌词"，按 Enter 键确认，ChatGPT 会生成歌词，如图 5-20 所示。

图 5-20

步骤 03 提出要求，优化歌词：在同一个输入框中输入提示词，如"请修改歌词，要求多一些画面感和节奏感"，按 Enter 键确认，ChatGPT 会修改歌词，如图 5-21 所示。

图 5-21

第6章

学术类文案写作：AI 助力实现学而无忧

学习提示

学术类文案是指学术领域的文本内容，包括论文、报告、笔记、问卷、作文、学业建议、文献资料等。ChatGPT 可以提供撰写学术类文案的灵感和建议，帮助用户减轻学业压力。本章将介绍 ChatGPT 生成学术类文案的操作方法。

本章重点导航

◈ 学会运用 ChatGPT 生成学术类文案

054 让 ChatGPT 协助论文写作

扫码看教学视频

论文无论是在选题还是在写作阶段，都十分考验学生的学术能力，往往需要学生投入大量的时间和精力。借助 ChatGPT 可以减轻论文写作的负担，从而提高学生写论文的效率。本节将介绍让 ChatGPT 协助论文写作的操作步骤。

步骤 01 设置背景，探索选题：在 ChatGPT 输入框中输入提示词，如"我正在研究谐音词的网络应用对汉语的影响，请提供一些有创新性、前瞻性的选题参考"，给 ChatGPT 提供生成论文选题的背景，按 Enter 键确认，ChatGPT 会生成论文选题参考，如图 6-1 所示。

针对谐音词的网络应用对汉语的影响，您可以考虑以下创新性和前瞻性的选题：

1. **谐音词在网络广告中的应用和效果分析：** 谐音词在广告中可以引起注意，增加记忆度，但也可能引发误解或干扰。您可以研究不同产品或品牌在网络广告中使用谐音词的情况，分析其对消费者认知、品牌形象和销售效果的影响。
2. **社交媒体中谐音词的创意表达与传播：** 社交媒体是创意表达和信息传播的重要平台。研究在微博、微信朋友圈、抖音等平台上用户如何利用谐音词进行有趣的创意表达，以及这种表达如何影响信息的传播和社交互动。
3. **谐音词对汉语言文化传承的影响：** 谐音在汉语文化中常被用于制作谚语、歇后语、诗歌等，以表达寓意和幽默。研究谐音词在当代社会中的使用是否对传统文化价值和语言习惯产生影响，以及这种影响的性质和程度。
4. **谐音词创新在教育领域的应用：** 在汉语教育中，通过谐音创新可以增加趣味性，激发学习兴趣。您可以研究谐音词如何被应用于汉语教学的设计、教材编写，以及对学生学习动机和成绩的影响。
5. **谐音词在品牌命名与商标注册中的角色：** 商标和品牌名称的选择对于企业形象至关重要。研究谐音词在品牌命名中的运用，以及这种命名是否能够带来商业成功和法律挑战。
6. **谐音词与网络语言的关系：** 网络语言迅速发展，创造了大量新词汇和表达方式。研究谐音词在网络语言中的使用情况，探讨谐音词与网络流行语、新词的关系，以及它们如何共同影响汉语的演变。
7. **谐音词在跨文化交流中的障碍与机遇：** 谐音词可能在不同语言和文化之间引发误解，但也能为跨文化交流带来趣味性。您可以研究谐音词在不同文化背景下的表现，探讨其可能导致的交流问题和积极影响。
8. **谐音词与网络幽默文化的关系：** 网络上的幽默文化常常利用谐音创造出有趣的笑话和段子。研究谐音词在网络幽默中的角色，分析其如何塑造当代网络文化和人们的幽默观。
9. **谐音词与品牌口号的创新应用：** 品牌口号是企业宣传的重要组成部分。研究谐音词在品牌口号中的创新应用，探讨如何通过谐音词创造独特、引人注目的口号，以增强品牌认知度和传播效果。
10. **谐音词在网络营销中的效果与限制：** 网络营销中广泛使用谐音词来制造互动和话题，但也可能遇到文化差异和误解。研究谐音词在不同类型的网络营销活动中的应用效果，以及可能的局限性和风险。

这些选题涵盖了谐音词在网络应用中的不同方面，从品牌传播到文化影响，从创意表达到教育应用，都具有创新性和前瞻性。您可以根据自己的兴趣和研究重点选择一个或多个选题来展开深入研究。

图 6-1

步骤 02 分析与确定选题：在同一个输入框中继续输入提示词，如"请以'谐音词与网络幽默文化的关系'为论文选题，分析选题的创新性和研究意义"，按 Enter 键确认，ChatGPT 会生成论文选题的创新性和研究意义，如图 6-2 所示。

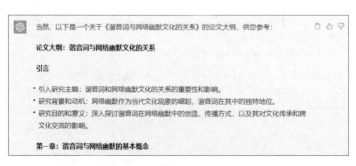

论文题目：谐音词与网络幽默文化的关系

摘要：

本论文旨在深入探讨谐音词与网络幽默文化之间的关系，分析谐音词在网络幽默中的创造和传播方式，以及其对当代网络文化的影响。通过对不同类型的网络幽默案例进行分析，本研究旨在揭示谐音词在塑造网络幽默、影响用户互动和塑造虚拟社区的过程中所发挥的作用。此外，研究还将探讨谐音词在网络幽默中可能面临的挑战和潜在的跨文化影响。

创新性：

1. **深入剖析网络幽默中的谐音创造方式：** 过去的研究主要集中在网络幽默的主题、形式和传播，而鲜少有研究专注于谐音词在网络幽默中的具体创造方式。本研究将从语音、文字和图像等多个角度，深入分析谐音词在网络幽默中的创造过程，揭示其独特的创作逻辑和技巧。

2. **探讨谐音词对网络幽默文化的塑造作用：** 网络幽默是当代文化的重要组成部分，而谐音词在其中扮演着独特的角色。通过研究谐音词在网络幽默中的使用情况和效果，本研究将揭示谐音词对网络幽默文化的塑造作用，以及其对用户情感、态度和价值观的影响。

3. **跨文化视角下的谐音词影响分析：** 网络幽默具有跨文化传播的特点，谐音词在不同文化背景下可能产生截然不同的效果。本研究将从跨文化视角出发，比较不同文化中谐音词在网络幽默中的运用和解读方式，探讨其可能带来的文化障碍和机遇。

研究意义：

1. **丰富网络文化研究：** 通过深入研究谐音词与网络幽默文化的关系，本论文将为网络文化研究提供新的视角和深度。不仅可以揭示网络幽默创作的多样性，还能探讨网络幽默作为当代文化表达方式的价值和影响。

2. **拓展语言与文化交流研究：** 谐音词在不同语言和文化之间的幽默效应可能具有重要启示。研究谐音词在网络幽默中的跨文化传播，将有助于理解语言与文化交流中的差异、误解和共通之处，为跨文化交际提供新的参考。

3. **提升网络幽默创作和传播策略：** 通过深入了解谐音词在网络幽默中的创造方式和效果，创作者和营销人员可以更好地利用谐音词来打造有趣、引人注目的内容，从而提升创作和传播策略的效果。

4. **弘扬语言创意与幽默传统：** 谐音创意是汉语言文化的重要组成部分，通过研究谐音词在网络幽默中的应用，可以为传承和弘扬汉语言文化中的幽默创意传统做出贡献。

通过深入研究谐音词与网络幽默文化的关系，本论文旨在为理解当代网络文化、语言创意和跨文化交流提供新的见解和认识。这一研究主题具有深远的学术和实践价值，对于丰富文化研究领域、促进语言创新和提升网络内容创作水平具有积极影响。

图 6-2

步骤 03 输入论文大纲的提示：在同一个输入框中继续输入提示词，如"请以'谐音词与网络幽默文化的关系'为论文题目，提供完整的论文大纲"，按 Enter 键确认，ChatGPT 会生成论文大纲，如图 6-3 所示。

当然，以下是一个关于《谐音词与网络幽默文化的关系》的论文大纲，供您参考：

论文大纲：谐音词与网络幽默文化的关系

引言

- 引入研究主题：谐音词和网络幽默文化的关系的重要性和影响。
- 研究背景和动机：网络幽默作为当代文化现象的崛起，谐音词在其中的独特地位。
- 研究目的和意义：深入探讨谐音词在网络幽默中的创造、传播方式，以及对文化传承和跨文化交流的影响。

第一章：谐音词与网络幽默的基本概念

图 6-3

- 谐音词的定义和特点：解释谐音词的基本概念，以及其与音韵、意义之间的关系。
- 网络幽默的特征和形式：介绍网络幽默的多样性，包括段子、图片、视频等不同形式。
- 谐音词与网络幽默的关系：阐述谐音词在网络幽默中的应用和作用。

第二章：谐音词在网络幽默中的创造和运用

- 创造方式与技巧：探讨谐音词在网络幽默中的创造逻辑，以及创作者如何利用谐音来创造幽默效果。
- 文字、声音、图像等多媒体元素的运用：分析谐音词在不同媒体中的创作和表达方式，解释谐音在不同传达途径中的变化和效果。

第三章：谐音词对网络幽默文化的塑造作用

- 幽默情感的引发与传递：探讨谐音词在网络幽默中如何引发用户的笑声和情感共鸣，分析其在构建幽默氛围中的作用。
- 价值观和社会观念的反映：研究谐音词在网络幽默中传递的价值观，探讨其对社会观念、态度和认知的影响。

第四章：谐音词在网络幽默中的跨文化影响

- 跨文化传播的特点与挑战：探讨网络幽默作为跨文化传播的现象，分析谐音词在不同文化中可能产生的差异和误解。
- 文化因素的影响：比较不同文化中谐音词在网络幽默中的使用情况，探讨文化背景对其幽默效果的影响。

第五章：谐音词与网络幽默文化的未来发展

- 创新性应用：展望谐音词在未来网络幽默中的创新应用，分析可能的发展趋势和方向。
- 文化传承与创新平衡：探讨谐音词在网络幽默中的文化传承作用，以及如何在创新中保持对传统的尊重。

结论

- 总结研究发现：回顾研究中揭示的谐音词与网络幽默文化的关系。
- 研究意义和展望：强调论文的创新性、研究价值，并展望未来可能的研究方向。

参考文献

通过以上大纲，您可以按照章节逐步展开对谐音词与网络幽默文化关系的深入研究，从定义、创造方式到文化影响等方面全面探讨，最终得出关于这一主题的有深度、有洞察力的结论。

图 6-3（续）

按照上述方法，用户在获得 ChatGPT 提供的论文大纲参考后，可以根据用户的实际情况和具体的研究内容进行调整。

055 让 ChatGPT 进行论文降重

扫码看教学视频

论文降重是论文写作中的重要步骤之一，也是检验学生学术水平的标准之一，ChatGPT 也可以作为用户进行论文降重的途径之一。本节将介绍让 ChatGPT 进行论文降重的操作步骤。

步骤 01 提问论文降重的建议：在 ChatGPT 输入框中输入提示词，如"对论文进行降重时，可以采取哪些有效的方法？"，按 Enter 键确认，ChatGPT 会给出论文降重的建议，如图 6-4 所示。

论文降重是指在保持原始论文主要思想和结论的情况下，缩减其篇幅，以符合期刊或会议的字数要求。以下是一些有效的方法，可以帮助你对论文进行降重：

1. **删除冗余信息**：仔细审查论文，删除重复或多余的信息，确保每个部分都有独特的贡献和价值。
2. **精简背景和引言**：保留背景和引言中与主要问题直接相关的信息，删除不必要的背景细节和引言延伸。
3. **压缩文献综述**：在文献综述中，只保留与你的研究直接相关的重要文献，而不必详尽列举所有相关研究。
4. **合并和缩减方法描述**：将相似的方法步骤合并，避免冗长的描述。只保留关键步骤和必要的细节。
5. **删除次要结果**：只保留与主要结论直接相关的结果和分析，删除次要或重复的结果。
6. **简化图表和公式**：精简图表，删除不必要的子图或图表。对于公式，可以尝试合并或简化，以减少篇幅。
7. **删除不必要的说明**：删除对读者理解不是必需的解释和描述，专注于核心观点。
8. **概括和简化句子**：使用简明扼要的句子表达观点，避免过度的描述。
9. **去除无关信息**：删除与论文主题无关的细节，确保每个部分都直接服务于论文的中心思想。
10. **节省字数**：缩写、使用缩写词、替换长词汇为简洁的同义词，以节省字数。
11. **编辑和润色**：进行多次的编辑和润色，以确保每句话都具有清晰、简洁的表达。
12. **削减引用和附录**：减少引用数量，只保留对理论和方法必要的引用。附录中的内容也可以适当缩减或删除。
13. **提炼结论**：在结论部分中，只强调主要结论和研究贡献，避免重复之前的内容。
14. **删除不必要的子主题**：如果论文中包含多个子主题，可以考虑删除其中一些，以集中讨论核心内容。
15. **与合著者讨论**：如果你有合著者，与他们讨论论文的降重策略，获得他们的建议和意见。

图 6-4

步骤 02 **提出论文降重的要求**：在同一个输入框中继续输入提示词，如“请根据以上方法，对以下论文内容进行降重（另起一行）论文内容：×××”，按 Enter 键确认，ChatGPT 会按照要求对论文进行降重，如图 6-5 所示。

根据降重方法，我将对您提供的论文内容进行简化和压缩，保留主要思想和关键信息，以适应更紧凑的篇幅。

第四章：谐音词在网络幽默中的跨文化影响

4.4 文化融合与网络幽默创新
随着全球化推进，网络促进了不同文化间的交流。谐音词作为有文化标签的元素，在网络幽默中促进文化融合和创新。跨文化传播创造新幽默，汇合不同文化的创意。

4.4.1 跨文化创新的背景与动力
网络幽默超越语言与地域，文化元素在异文化中引发共鸣，推动跨文化创新。文化差异激发创作者融合元素，满足多元文化受众。

4.4.2 文化元素融合与幽默创新
跨文化传播扩展谐音词幽默创作空间，鼓励文化元素融合。不仅在谐音创作中，还融合图像、符号、传统等表达方式。结合语言谐音或文化笑话形式，创造网络幽默。

4.4.3 跨文化幽默成功案例
广告、段子、漫画等跨文化幽默案例成为文化融合和创新典范。结合不同文化的谐音元素，创造独特幽默形式。促进多元文化交流、理解。

4.4.4 文化创新启示与展望
跨文化创新增加网络幽默的可能性，促进文化交流。文化融合扩展创作素材，增进多元文化互动。文化创新在网络幽默中更显重要，为文化交流、理解和创新提供机遇。

图 6-5

056 让 ChatGPT 优化调研报告

扫码看教学视频

调研报告是产生理论知识、做出科学决策的重要依据，具有准确性、清晰化、实用性和逻辑性等特点。最重要的是，调研报告有极强的可读性，适合不同的读者阅读，这与它的语言风格和表达方式有关。在 ChatGPT 的帮助下，用户可以写出有更高可读性的调研报告。本节将介绍让 ChatGPT 优化调研报告的操作步骤。

步骤 01 提供背景，确定框架：在 ChatGPT 输入框中输入提示词，如"我需要写一篇关于线上聊天使用表情包对人际关系的影响的调研报告，我可以从哪些方面入手？"，按 Enter 键确认，ChatGPT 会对调研报告框架提供建议，如图 6-6 所示。

写一篇关于线上聊天使用表情包对人际关系的影响的调研报告是一个有趣且有深度的主题。你可以从以下几个方面入手进行研究：

1. 引言： 介绍表情包在现代社交媒体和通讯工具中的广泛应用，以及它们对人际关系产生的影响的重要性。

2. 表情包的使用频率和方式： 分析人们在线上聊天中使用表情包的频率、种类和方式。是否有年龄、性别、文化背景等因素对使用方式产生影响？

3. 感情表达和沟通效果： 探讨表情包在表达情感和促进沟通中的作用。它们是否能够更准确地传达情感？是否有助于缓解误解或解释复杂情感？

4. 社交互动的变化： 分析表情包对线上社交互动模式的影响。它们是否改变了对话的语气、节奏或情感色彩？是否增强了幽默感和亲近感？

5. 表情包对人际关系的积极影响： 讨论表情包如何促进积极的人际关系。它们是否有助于建立情感联系、增强友谊或加深亲密关系？

6. 表情包对人际关系的负面影响： 探讨表情包可能带来的负面效应，如误解、过度依赖、情感变浅等。是否存在过度使用表情包而减少文字表达的情况？

7. 跨文化和多样性考虑： 分析不同文化背景和语言之间使用表情包的差异。某些表情包是否可能被误解或引发文化冲突？

8. 表情包的变迁与趋势： 考察表情包的演变和发展趋势。它们如何从最初的简单符号演变成今天的多样化表情？

9. 心理学和社会学观点： 从心理学和社会学的角度分析表情包对人际关系的影响。是否有相关研究支持使用表情包的积极效果？

10. 建议和总结： 根据调研结果提出建议，如何更好地利用表情包来增强积极的人际关系，同时避免潜在的负面影响？

11. 参考文献： 引用相关的研究、文献和资料，支持你在报告中的观点和结论。

以上这些方面可以帮助你构建一篇有深度、有逻辑的调研报告，从不同角度全面地探讨线上聊天使用表情包对人际关系的影响。在每个部分中，你可以结合实际案例、调查数据和专家观点，使报告更加具有说服力。

图 6-6

步骤 02 提出要求，获得指导：在同一个输入框中继续输入提示词，如"请从调研方法和案例分析方面，提供具体的调研方案指导"，按 Enter 键确认，ChatGPT 会给出规划调研方案的指导，如图 6-7 所示。

当涉及调研方法和案例分析时，以下是你可以考虑的具体指导：

调研方法：

1. **问卷调查**：设计一个问卷，针对不同年龄、性别、文化等人群，询问他们在线上聊天中使用表情包的频率、动机以及对表情包在人际关系中的作用的看法。通过统计和分析问卷结果，你可以得出一些总体趋势。
2. **深度访谈**：选择一些有代表性的个体，进行深入的访谈，探讨他们使用表情包的体验和观点。这可以帮助你获取更多关于情感表达、误解解决、人际互动等方面的具体案例。
3. **内容分析**：分析社交媒体平台上的聊天记录和帖子，观察表情包的使用情况，以及它们伴随的语境和情境。这可以为你提供大量的实际案例来支持你的分析。
4. **文献综述**：查阅相关的心理学、社会学和通讯学领域的文献，了解关于表情包对人际关系影响的已有研究。这有助于你从学术角度进行分析和讨论。

案例分析：

1. **情感表达**：比如，分析一个案例，某人通过使用适当的表情包来传达同情、鼓励或幽默。你可以通过该案例说明表情包在增强情感交流方面的积极作用。
2. **情感误解**：比如，研究一个案例，当某人使用不恰当的表情包时，导致了误解或不良的情绪反应。通过这个案例，你可以讨论表情包在交流中可能引发的负面影响。
3. **社交互动变化**：比如，研究一个案例，探讨在聊天中使用大量表情包是否会改变对话的氛围，是否会有利于建立更紧密的关系。
4. **跨文化差异**：比如，分析不同文化背景下的案例，展示在跨文化交流中使用表情包可能引发的文化误解或不适。
5. **表情包的趋势变化**：比如，选择一个热门的表情包，分析它如何在社交媒体中迅速传播，以及它为何能够引发如此大的共鸣。

在案例分析中，你可以使用实际的对话截图、用户评论或采访内容，以具体的事例来支持你的论点。通过多个案例，你可以全面展示表情包在人际关系中的多样影响。

综合考虑调研方法和案例分析，你可以从定量和定性的角度深入分析在线上聊天使用表情包对人际关系的影响，并得出更全面的结论。

图 6-7

步骤 03 输入报告，优化表达：在同一个输入框中继续输入提示词，如"请帮我优化以下内容（另起一行）内容如下：×××"，按 Enter 键确认，ChatGPT 会对调研报告的内容进行优化，如图 6-8 所示。

标题：表情包在人际关系中的积极影响：沟通、共鸣与和解

人际交往在社会生活中扮演着重要角色，而如今数字化通信逐渐成为主流，表情包作为一种情感表达方式，积极地影响着人际关系。本报告将深入探讨表情包在人际交往中的功能，通过实例阐述其积极效应。

1.丰富沟通，弥补文字的不足：

在书面通信中，语气和情感很容易因缺乏直接表达而产生误解。这时，表情包作为图像表达的方式，填补了语言的空白，让情感更加准确地传达。举例来说，工作场合中，一个微笑的表情包可以缓解紧张气氛，促进同事之间的合作与融洽。

2.增强情感共鸣，拉近人与人之间的距离：

适宜的表情包可以加深人际之间的情感连接。举个例子，一个抱抱的表情包能够传递关怀与温暖，让远隔重洋的亲友感受到亲近。在虚拟社交平台上，合适的表情包能够让用户之间建立更为真切的情感纽带。

图 6-8

3.缓解冲突，促进和解:

表情包在冲突的情境中具有缓和作用。一个幽默的表情包可以轻松地减轻紧张情绪，为冲突双方提供化解纷争的机会。这在家庭、朋友圈，甚至商务谈判中，都能起到调解作用。

总结:

综上所述，表情包在人际交往中产生积极的影响，从丰富沟通、增强情感共鸣，到缓解冲突、促进和解。然而，在使用表情包时，适度的把握依然重要，以避免产生误解或削弱正式交往的严谨性。通过表情包，人们能够创造更加和谐、亲近的交往环境，从而在数字化时代中构筑有意义的人际关系。

图 6-8（续）

057 让 ChatGPT 生成调查问卷

扫码看教学视频

调查问卷是采用问卷调查法进行调研的文本内容，能够为调研报告提供数据支撑。运用 ChatGPT 可以直接生成调查问卷，从而提高撰写调研报告的效率。本节将举例介绍让 ChatGPT 生成调查问卷的操作步骤。

步骤 01 设置背景，提出需求：在 ChatGPT 输入框中输入提示词，如"我正在规划一个关于线上聊天使用表情包对人际关系影响的调研方案，请帮我生成一份表格形式的调查问卷"，按 Enter 键确认，ChatGPT 会生成调查问卷，如图 6-9 所示。

当然可以！以下是一个关于线上聊天使用表情包对人际关系影响的调查问卷的示例表格。你可以根据需要进行修改和定制。

序号	问题	非常同意	同意	中立	不同意	非常不同意	不适用
1	在你的日常线上聊天中，你经常使用表情包吗？						
2	使用表情包是否让你的聊天更加生动有趣？						
3	表情包在你的线上聊天中是否有助于表达情感和意图？						
4	你认为使用表情包能否减少误解和沟通不畅？						
5	在与你亲近的人聊天时，你更倾向于使用表情包吗？						
6	你觉得表情包能否替代部分文字表达的功能？						
7	使用表情包是否会在特定情境下产生误解或不适？						
8	你认为过多地依赖表情包会不会影响真实情感的表达？						
9	表情包在你的线上交流中是否曾引发过争议或误会？						
10	你觉得使用表情包对于维护长期人际关系有何影响？						
11	你是否认为在一些正式场合应避免使用表情包？						
12	使用表情包是否会影响你对他人情感的理解？						
13	你认为表情包在虚拟沟通中起到了缓解紧张氛围的作用吗？						
14	你是否曾经因为对方使用了特定的表情包而产生误解？						
15	对于你个人而言，使用表情包对于线上交流的重要性是什么？						

图 6-9

步骤 02 提出要求，优化问卷：在同一个输入框中继续输入提示词，如"增加一些身份信息和开放性的问题，使问卷结果更有参考性，同样用表格提供"，按 Enter 键确认，ChatGPT 会按照要求优化问卷，如图 6-10 所示。

序号	问题	非常同意	同意	中立	不同意	非常不同意	不适用
1	姓名（可选）						
2	年龄						
3	性别						
4	职业						
5	在以下哪些平台上经常使用表情包？（可多选）						
	- 社交媒体（如微信、微博、Facebook 等）						
	- 即时通讯工具（如WhatsApp、Telegram等）						
	- 在线论坛或社区						
	- 游戏内聊天						
	- 其他（请注明）						
6	你认为使用表情包在何种情况下最有意义？						
7	请分享一个你因为使用或接收表情包而产生积极体验的例子。						
8	表情包在你的线上聊天中是否曾引发过误解或负面体验？						

图 6-10

058 让 ChatGPT 撰写实验报告

扫码看教学视频

实验报告是学术领域中常见的文本，主要用于记录、分析和解释各类实验和测验的结果，从而提高学术水平。巧妙地运用 ChatGPT，可以借助 AI 高效地完成实验报告。本节将介绍让 ChatGPT 撰写实验报告的操作步骤。

步骤 01 设置背景，确定选题：在 ChatGPT 输入框中输入提示词，如"我需要写一份广告策划领域的实验报告，你能给我提供一些选题方向吗？"，按 Enter 键确认，ChatGPT 会提供撰写实验报告的建议，如图 6-11 所示。

当然可以！广告策划领域的实验报告可以涵盖许多不同的主题。以下是一些可能的选题方向，供您参考：

1. **情感营销的效果分析**：选择一款产品或服务，设计不同情感色彩的广告策划方案，并通过实验比较不同情感因素对消费者购买意愿、品牌认知等方面的影响。
2. **目标受众定位**：通过实验测试不同目标受众在广告传达效果上的差异。可以探讨年龄、性别、兴趣等因素对广告吸引力和转化率的影响。
3. **声音和音乐的影响**：设计不同音乐或声音效果的广告，研究声音对消费者情感和注意力的影响，以及如何在广告中选择最有效的声音元素。
4. **色彩心理学在广告中的应用**：设计使用不同颜色的广告，探讨颜色对于品牌认知、情感表达和行动诱导方面的影响。

图 6-11

5. **信息传递方式比较**：设计文字、图片、视频等不同信息传递方式的广告，研究不同媒介在吸引力、信息传递效果和记忆度方面的异同。
6. **品牌一致性分析**：选取一个品牌，设计不同风格但有一定相似性的广告，测试消费者对于品牌一致性的认知和情感反应。
7. **社会责任广告效果评估**：设计具有社会责任感的广告，通过实验测量这种类型的广告对消费者情感、态度和行为意愿的影响。
8. **名人代言效果分析**：设计一个广告，一个版本使用名人代言，另一个版本不使用，比较两者在品牌认知、可信度和吸引力等方面的差异。
9. **互动式广告评估**：设计互动式广告，比较互动元素对消费者参与度、时间花费和信息记忆度的影响。
10. **跨文化广告策略**：比较在不同文化背景下，相同广告在情感表达、文化适应度和品牌认知方面的效果差异。

图 6-11（续）

步骤 02 提供提示，生成大纲：在同一个输入框中继续输入提示词，如"请以'色彩心理学在广告中的应用'为主题，生成实验报告的大纲"，按 Enter 键确认，ChatGPT 会生成实验报告的大纲，如图 6-12 所示。

当涉及到广告策划领域的色彩应用时，色彩心理学是一个重要的概念。本实验报告将深入探讨色彩心理学在广告中的应用效果。以下是关于这一主题的实验报告大纲：

实验报告：色彩心理学在广告中的应用

1. 引言

- 引入主题：色彩在广告中的作用和重要性。
- 提出问题：色彩心理学如何影响消费者的情感、注意力和行为？

2. 背景知识：色彩心理学

- 解释色彩心理学的基本原理：不同颜色对情感和情绪的影响。
- 介绍主要颜色的心理联想：红色、蓝色、绿色、黄色等。

3. 实验设计

- 研究目的：探讨不同颜色在广告中的应用对消费者反应的影响。
- 独立变量：广告使用的颜色（红色、蓝色、绿色、黄色）。
- 依赖变量：消费者情感反应、广告记忆度、购买意愿等。

4. 方法

- 受试者招募：描述受试者的选取标准和人数。
- 实验材料：设计使用不同颜色的广告素材，确保其他因素尽可能一致。
- 实验程序：受试者观看广告，然后填写调查问卷以记录情感反应和购买意愿。

5. 结果分析

- 使用柱状图或统计数据呈现不同颜色广告在情感反应、广告记忆度和购买意愿方面的差异。
- 分析不同颜色在广告中的应用对不同受试者群体的影响。

6. 讨论

- 解释结果：根据色彩心理学原理，解释为什么不同颜色会产生特定的情感和行为反应。
- 探讨实验结果的实际应用：如何在广告策划中更有效地利用色彩心理学来引导消费者行为。
- 引入实验的局限性和未来研究方向。

7. 结论

- 总结实验发现：不同颜色在广告中的应用对消费者情感和行为产生影响。
- 强调色彩心理学在广告策划中的重要性和潜在价值。

8. 参考文献

- 引用与色彩心理学、广告策划相关的学术研究和资料。

图 6-12

步骤 03 **提出要求，撰写内容**：在同一个输入框中继续输入提示词，如"请提供详细的实验设计，要求紧扣主题、有实操性"，按 Enter 键确认，ChatGPT 会按照要求生成实验设计，如图 6-13 所示。

实验设计：色彩心理学在广告中的应用

1. 研究目的：探究不同颜色在广告中的应用对消费者情感反应、广告记忆度和购买意愿的影响。

2. 实验假设：不同颜色的广告会引起不同的情感反应，进而影响消费者的广告记忆度和购买意愿。

3. 受试者招募：在社会媒体平台或校园内招募50名年龄在18-35岁的大学生作为实验受试者。确保受试者的文化背景相对均衡，以减少文化因素的干扰。

4. 实验材料准备：准备四款相同产品的广告，每个广告分别以红色、蓝色、绿色和黄色为主要配色。广告内容和构图保持一致，仅在颜色上有所不同。

5. 实验过程：

· **随机分组**：将受试者随机分为四个组，每组接触一个不同颜色的广告。
· **实验场景**：受试者被要求在实验室环境中观看所分配的广告。
· **情感反应记录**：在观看完广告后，受试者需填写一个调查问卷，记录他们在观看广告时的情感反应。问卷包括情感维度（如愉悦、兴奋、沮丧等）的评分。
· **广告记忆度测试**：在填写情感反应问卷后，受试者将进行一个简短的广告记忆度测试，以评估他们对观看的广告内容的记忆。
· **购买意愿评估**：在完成广告记忆度测试后，受试者将填写关于购买意愿的问题，以衡量他们是否有意愿购买广告中所展示的产品。

6. 数据分析：

· 使用统计软件分析受试者在情感反应、广告记忆度和购买意愿方面的差异。可以使用ANOVA或t检验等统计方法。

7. 讨论：

· **解释结果**：根据实验数据分析，解释不同颜色在广告中的应用对消费者情感、广告记忆度和购买意愿的影响。
· **探讨实验结果的实际应用**：在广告策划中如何选择最适合的颜色来引导消费者的情感和行为。
· 引入实验的局限性和未来研究方向。

8. 结论：

· **总结实验结果**：不同颜色在广告中的应用会对消费者情感和行为产生影响，从而对广告效果产生影响。
· **强调色彩心理学在广告策划中的实际应用价值**。

图 6-13

需要注意的是，ChatGPT 提供的实验设计仅作为实验参考，必须结合实际情况进行调整、测验。用户还可以将写完的实验报告内容提供给 ChatGPT，让它进行修改、润色。

📖 059 让 ChatGPT 整理读书笔记

读书笔记是对一本书进行信息归纳，可以帮助人们找到书中的重难点、了解书中的信息和正确理解书中的观点。好的读书笔记应当结构清晰、要点明确。在 ChatGPT 的帮助下，我们可以快速获得一份好

扫码看教学视频

的读书笔记。本节将介绍让 ChatGPT 整理读书笔记的操作步骤。

步骤 01 **设置对话背景**：在 ChatGPT 输入框中输入提示词，如“读书笔记一般包含哪些内容？”，确认 ChatGPT 是否了解读书笔记的写法，按 Enter 键确认，ChatGPT 会给出读书笔记的信息，如图 6-14 所示。

读书笔记是读者在阅读书籍时记录下来的重要信息和观点的总结。它可以帮助读者更好地理解和记忆所阅读的内容，同时也可以作为以后回顾和分享的参考。以下是一般情况下读书笔记可能包含的内容：

1. **书籍信息**：包括书名、作者、出版日期等基本信息，以便以后查找和引用。
2. **概要和主题**：概括书籍的主要情节、核心观点、主题和目标。这可以帮助你在以后回顾时快速理解书籍的内容。
3. **角色和人物**：列出书中的重要角色、人物关系以及他们的特点、动机和发展。这有助于你理解故事的复杂性和角色之间的互动。
4. **重要事件和情节**：记录书中的关键事件、情节转折点和发展。这有助于你建立起故事的时间线和逻辑。
5. **关键观点和思想**：记录作者在书中提出的重要观点、理念、哲学思考等。这可以帮助你更深入地理解书籍所传达的思想。
6. **引用和片段**：记录书中的重要引用、对话片段或句子，特别是那些具有深刻意义或者特别吸引你的部分。
7. **个人反思和评论**：在笔记中加入你自己的想法、感受、反应和评论。这有助于你与书中内容产生对话，也可以在以后的阅读中看到自己的成长和变化。
8. **问题和疑惑**：如果你在阅读过程中遇到了问题、疑惑或者需要进一步思考的地方，可以在笔记中记录下来，以便以后深入研究。
9. **连接和关联**：将书中的观点、情节或主题与你已有的知识、经验和其他书籍联系起来，形成更深入的理解和洞察。
10. **总结和结论**：在笔记的末尾，对整本书的核心思想、教训或影响进行总结，以及你对这本书的整体评价。

图 6-14

步骤 02 **提供需求提示**：在同一个输入框中继续输入提示词，如“请根据以上要点，提供《安娜・卡列尼娜》的读书笔记”，按 Enter 键确认，ChatGPT 会整理出对应书籍的读书笔记，如图 6-15 所示。

书籍信息：

- 书名：《安娜•卡列尼娜》
- 作者：列夫•托尔斯泰
- 出版日期：1877年

概要和主题：

- 故事发生在19世纪的俄罗斯，围绕着两个家庭的生活和爱情展开。
- 主要探讨了社会道德、家庭关系、个人幸福和责任等主题。

角色和人物：

- 安娜•卡列尼娜：主要女主角，被家庭和社会压力束缚，陷入一段不被接受的爱情。
- 亚历克谢•亚历克谢维奇•卡列尼娜：安娜的丈夫，一位温和而无趣的政府官员。
- 库特佐夫：农场主，与安娜开始了一段激情的爱情关系。
- 基里洛夫：农场主，象征着劳动与责任，与列夫•尤夫申尼维奇•奥布洛诺夫有着深刻的友情。

重要事件和情节：

- 安娜与基里洛夫的初次相遇，两人之间的情感逐渐加深。
- 安娜决定离开丈夫和儿子，与基里洛夫在一起，引发社会的谴责和道德斗争。
- 安娜逐渐陷入嫉妒、焦虑和痛苦之中，最终走向悲剧结局。

图 6-15

关键观点和思想：

- 通过安娜和基里洛夫的关系，作者探讨了爱情、道德和社会压力之间的冲突。
- 描绘了封建社会中不同角色的命运，反映了社会的不公和人性的复杂性。

引用和片段：

- "所有的幸福家庭都是相似的，但每个不幸的家庭各有各的不幸。"（开篇名言）

个人反思和评论：

- 觉得书中对于个人幸福和社会道德之间的冲突描绘得深刻，让我思考了人们在不同情境下的选择和牺牲。

问题和疑惑：

- 为什么安娜会做出离开家庭的决定？她的行为是否可以被理解或者接受？

连接和关联：

- 与其他托尔斯泰的作品相比，本书更加着重于家庭和个人内心的探讨，与《战争与和平》形成鲜明对比。

总结和结论：

- 《安娜•卡列尼娜》通过复杂的人物关系和道德冲突，展现了19世纪俄罗斯社会的多样性和人性的复杂性，是一部具有深刻思考价值的经典之作。

图 6-15（续）

060 让 ChatGPT 指导长文阅读

扫码看教学视频

当我们在阅读长篇文章时，很容易因为文章的字数过多、篇幅过长、信息过于密集，而抓不到重点，此时将文章提供给 ChatGPT，便可以让 ChatGPT 帮我们提炼出文章的关键词句和重点信息，从而帮助我们理解文章内容。本节将介绍让 ChatGPT 指导长文阅读的操作步骤。

步骤 01 提供文章，概括内容：在 ChatGPT 输入框中输入提示词，如"请阅读以下文章，概括出主要的内容（另起一行）文章如下：×××"，按 Enter 键确认，ChatGPT 会概括出特定文章的主要内容，如图 6-16 所示。

这篇文章主要讨论了情感经济的概念和影响。以下是文章的主要内容概述：

1. **引言**：文章开篇介绍情感在人类社会和经济领域的重要性。情感经济作为行为经济学的分支，探讨情感如何影响人们的消费行为和决策过程，为市场行为提供新的视角。
2. **情感经济的理论基础**：情感经济的理论基础源自行为经济学和心理学。文中提到了"前景理论"和"情感漏斗"理论，指出情感在决策中的重要作用，以及情感如何影响人们的选择和决策。
3. **情感对消费的影响**：文章阐述情感对消费行为的影响。情感可以激发购买欲望，情感与品牌之间的联系会影响购买决策。情感化的广告和故事可以通过情感共鸣增加消费者的购买意愿。情感还影响购买过程中的因素，如商品展示和销售人员的态度。
4. **情感对决策的影响**：文章讨论情感在决策过程中的作用。在面对复杂决策时，情感影响信息处理和权衡。在投资决策中，情感可能导致过度乐观或过度悲观，影响风险评估。情感还影响社会决策，如慈善捐赠。
5. **情感经济的实际应用**：文章指出情感经济理论已在实际市场中得到应用。企业使用情感营销策略来增强品牌忠诚度，通过愉悦的购物体验和情感共鸣吸引消费者。政府也可以利用情感经济原理来引导社会行为，如推动环保行动。
6. **情感经济的挑战与前景**：尽管情感经济在解释和预测消费行为方面具有重要意义，但面临一些挑战。情感主观且难以量化，需要创新的研究方法。跨学科研究也是必要的，将心理学、

图 6-16

经济学和市场营销等领域的知识整合起来。

7. **结论**：情感经济作为新兴研究领域，为理解消费行为和决策提供新视角。情感在经济活动中发挥重要作用，对个体和市场都产生影响。深入研究情感经济可以更好地预测和引导人们的行为，为市场和社会的可持续发展提供启示。

图 6-16（续）

步骤 02 提出要求，简化信息：在同一个输入框中继续输入提示词，如"请用自己的话清晰、简洁地概括出关键信息，让没看过文章的人也能马上明白这篇文章写了什么"，按 Enter 键确认，ChatGPT 会重新归纳文章内容，如图 6-17 所示。

这篇文章探讨了情感经济，即情感如何影响人们的消费和决策。它介绍了情感经济的理论基础，指出情感在决策中的作用。文章强调情感如何激发购买欲望，影响品牌选择，并在购物过程中起作用。此外，情感还在投资、社会决策中产生影响。实际应用方面，企业采用情感营销策略来提升品牌忠诚度，政府则可利用情感引导社会行为。然而，情感经济研究也面临主观性难以量化和跨学科整合的挑战。总之，情感经济为理解市场和个体行为提供了新角度，对可持续发展有启示作用。

图 6-17

061 让 ChatGPT 提供知识图谱

扫码看教学视频

ChatGPT 可以帮助我们构建知识框架，无论是某一特定学科，还是跨学科的知识，都可以让 ChatGPT 提供知识图谱，从而帮助我们理解并运用知识点。本节将介绍让 ChatGPT 提供知识图谱的操作步骤。

步骤 01 设置背景，确定主题：在 ChatGPT 输入框中输入提示词，如"我想了解西方美学的发展史，请帮我构建一个这方面的知识图谱"，按 Enter 键确认，ChatGPT 会给出相应主题的知识图谱，如图 6-18 所示。

当谈论西方美学的发展史时，可以将其分为不同的时期和主要思想流派。以下是一个简要的西方美学发展史知识图谱，以帮助您更好地了解这个领域的演变：

古希腊时期

· 哲学家：柏拉图、亚里士多德
· 美学思想：柏拉图关注超越世俗的真实美和理念，亚里士多德关注模仿与表达。

古罗马时期

· 重要思想家：塞涅卡、卢克莱修斯
· 美学思想：塞涅卡强调内在的美和道德的关联，卢克莱修斯提倡享受感官体验。

文艺复兴时期

· 重要人物：达·芬奇、拉斐尔、米开朗基罗
· 美学思想：对人体比例、透视和对称的研究，自然与人的关系。

启蒙时代

· 哲学家：康德、休谟
· 美学思想：康德强调审美判断的普遍性与主观性，休谟强调审美情感的情感基础。

图 6-18

浪漫主义

- 代表人物: 弗里德里希·席勒、约翰·康斯坦丁·恩格斯
- 美学思想: 强调情感、个体和超验的体验, 追求独创性和情感表达。

现实主义

- 代表人物: 叔本华、高尔基、伊普西龙
- 美学思想: 关注生活的真实、普遍和平凡, 批判社会不平等。

印象主义

- 代表人物: 莫奈、梵高
- 美学思想: 捕捉瞬间、光线和色彩, 强调感官印象和观察。

表现主义

- 代表人物: 爱德华·蒙克、凡·高
- 美学思想: 强调情感、个体的内心体验, 用夸张和畸形表现情感状态。

抽象表现主义

- 代表人物: 杰克逊·波洛克、马克·罗斯科
- 美学思想: 强调抽象、笔触和颜料的纯粹性, 注重作品背后的情感。

当代美学

- 代表人物: 安迪·沃霍尔、杰弗里·昆斯、玛丽娜·阿布拉莫维奇
- 美学思想: 涵盖多元的风格和媒介, 强调概念、社会政治议题以及互动性。

图 6-18 (续)

步骤 02 提出要求, 优化细节: 在同一个输入框中继续输入提示词, 如"请完善'现实主义'这一知识点描述", 按 Enter 键确认, ChatGPT 会对某一个知识点进行细化, 如图 6-19 所示。

当谈及现实主义时, 我们指的是19世纪中期兴起的一种文学、艺术和思想运动, 其核心理念是通过展示生活的真实和普遍性, 揭示社会、政治和经济问题, 以及个人与社会之间的关系。以下是关于现实主义的更详细描述:

现实主义的背景与特点:

- **历史背景:** 现实主义兴起于19世纪中叶, 这是工业革命、城市化和社会变革的时期。人们开始关注社会问题, 思考工人阶级的状况、贫困、不平等等。
- **真实描绘:** 现实主义强调真实和客观的描述, 旨在通过翔实的描写展现生活中的各个方面。作家和艺术家力图捕捉社会的复杂性和多样性。
- **普遍性:** 现实主义作品不仅关注个别情况, 还试图探索人类共同的经验和情感, 从而使作品更具普遍性。
- **反对浪漫主义:** 现实主义对浪漫主义的超验和理想化进行了反驳。它拒绝将艺术与超自然、理想化的爱情和英雄主义联系在一起, 而是注重展现真实的日常生活。

代表作家与作品:

- **露西·穆德·蒙哥马利:** 《绿山墙的安妮》是关于加拿大农村生活的现实主义小说, 以真实而温馨的方式描述了主人公安妮的成长历程。
- **查尔斯·狄更斯:** 《雾都孤儿》等作品关注社会不平等、城市贫困和工业化对人类生活的影响。

图 6-19

- **居里·巴尔扎克**：法国作家，创作了《人间喜剧》系列小说，生动地描绘了不同社会阶层的人物和他们的生活。

现实主义的影响和批评：

- **社会改革**：现实主义作品促使人们关注社会问题，加强了对改革的呼声，推动了一些社会政治改革的发生。
- **道德和伦理**：现实主义作品引发了对伦理和道德问题的深思，探讨了人类行为和社会规范。
- **批评**：尽管现实主义强调了真实和客观，但也受到了批评。有人认为它过于关注细节，忽略了情感和想象力的重要性。

总的来说，现实主义运动通过真实地展现社会生活，揭示社会问题，以及强调人类共通的经验，对后来的文学、艺术和社会思想产生了深远的影响。

图 6-19（续）

062 让 ChatGPT 拟写命题作文

扫码看教学视频

命题作文是考查学生写作水平的方式之一，通过提供一段材料或设定一个主题，让学生根据所给材料或主题来撰写作文。在 ChatGPT 的帮助下，用户可以获得拟写命题作文的灵感和参考。本节将介绍让 ChatGPT 拟写命题作文的操作步骤。

步骤 01 提供材料，确定主题：在 ChatGPT 输入框中输入提示词，如"解读下面这句话，提供几个写作文的思路（另起一行）'人们因技术发展得以更好地掌握时间，但也有人因此成了时间的仆人'"，按 Enter 键确认，ChatGPT 会提供写作文的思路，如图 6-20 所示。

这句话表达了技术发展对人们时间管理的双重影响，使人们既能够更有效利用时间，又可能因过度依赖技术而失去自主性。以下是几个可能的写作思路：

1. **技术的时间优化**：技术的进步使人们能够更好地管理时间。通过通信工具、自动化系统和信息检索，人们可以更高效地完成任务、与他人交流，从而有更多的时间投入到创造性的工作、学习和娱乐上。这种情况下，技术成为了时间的有益工具，帮助人们实现更多的成就。

2. **技术的时间陷阱**：另一方面，人们可能因为技术的便捷性而成为时间的奴仆。社交媒体、移动应用和娱乐平台等技术产品可以引诱人们陷入无休止的浏览、游戏和刷屏中，导致时间被挥霍。人们可能因为不断的通知和信息碎片化，而难以集中注意力，这使得他们在技术的驱动下变得缺乏主动性，成为时间的被动消耗者。

3. **技术与时间管理的平衡**：在技术快速发展的时代，重要的是找到技术与时间管理之间的平衡。人们需要学会有效地利用技术工具，将其用于提高生产力和创造力，同时也要保持对时间的自主掌控。这需要培养良好的时间管理技能，例如设定优先事项、制定时间表和限制技术使用时间，以确保技术不会成为时间的浪费者。

4. **技术对人类生活的深远影响**：进一步思考，可以探讨技术对人类生活的深远影响。人们在过去可能因为缺乏技术手段而在时间管理方面遇到挑战，而现在却能够通过技术来解决这些问题。同时，技术的过度使用可能引发社会、心理和生理方面的问题，需要在技术发展的背景下思考如何保持健康的时间使用习惯。

5. **文化和价值观的影响**：文化和价值观也会在这个话题中发挥作用。不同文化和价值观可能会影响人们对于时间和技术的看法。有些文化可能更加注重效率和时间的利用，而另一些文化可能更强调人际关系和休闲。这些差异可能影响人们如何应对技术对时间的影响。

无论选择哪个写作思路，都可以深入探讨技术如何改变了人们对时间的理解和运用，以及如何在技术发展的背景下保持对时间的有效管理。

图 6-20

步骤 02 **提出要求，撰写作文**：在同一个输入框中继续输入提示词，如"请以'技术与时间管理的平衡'为思路，写一篇有深度的议论文"，按 Enter 键确认，ChatGPT 会按照要求写文章，如图 6-21 所示。

技术与时间管理的平衡：现代生活的关键挑战与智慧选择

随着科技的迅猛发展，我们的生活变得更加便捷和高效。然而，技术也在某种程度上改变了我们对时间的感知与运用。人们因技术发展得以更好地掌握时间，但同时也有人因此成了时间的仆人。在这个充满机遇与挑战的时代，技术与时间管理的平衡成为了一项关键任务。

技术带来的时间优化

过去，人们可能因为信息交流、数据处理和任务完成的不便而花费大量时间。然而，技术的进步彻底改变了这一情景。通信工具、自动化系统和智能搜索引擎等技术，使我们能够以前所未有的速度获取信息、与他人交流，并且高效地完成任务。这让我们有更多的时间可以用于探索创新、深入思考，以及追求个人兴趣。

同时，数字化平台也为人们提供了更灵活的工作方式，例如远程办公和自由职业。这使得人们能够更好地平衡工作与生活，减少通勤时间，从而在生产力和幸福感之间取得更好的平衡。

技术的时间陷阱与自主管理

然而，技术的便捷性也带来了一个潜在的问题：过度依赖。社交媒体、智能手机和应用程序的无休止提醒，可能使我们不知不觉地沉溺于虚拟世界，把大量时间消耗在浏览、刷屏和游戏中。这些活动虽然短暂愉悦，却容易削弱我们的专注力和自律能力，使我们成为时间的被动消耗者。

在这个时候，自主的时间管理变得至关重要。我们需要意识到，技术只是工具，我们应该学会有效地利用它，而不是被其主宰。设定明确的优先事项、制定时间表、设定技术使用的限制，都是帮助我们摆脱时间陷阱的方法。这需要一定的自制力和意愿，但它将使我们更加自主地控制自己的时间和生活。

实现平衡的智慧选择

要实现技术与时间管理的平衡，我们需要做出智慧的选择。首先，我们应该审视自己的技术使用习惯，识别哪些是有益的，哪些可能是浪费时间的。其次，我们可以设定目标，将技术用于支持我们的目标和价值观，而不是让其左右我们的生活。同时，我们也应该养成关注自己的注意力，培养深度思考的能力，以更好地应对快速变化的信息时代。

在这个平衡中，我们也可以借鉴古老的智慧。冥想、定期的数字断离和与自然互动，都是帮助我们恢复内心平静，调整时间观念的方法。这些实践可以帮助我们更好地认识自己，从而更有效地管理时间。

综上所述，技术与时间管理的平衡不仅关乎个人的生产力，更关系到内心的宁静和满足感。通过审视技术的影响，自主地管理时间，我们可以在科技发展的大潮中找到属于自己的节奏，实现更加有意义和有价值的生活。这需要我们在不断变化的世界中，保持冷静、理性，以智慧的眼光做出选择。

图 6-21

可以看出，ChatGPT 需要在提示词的引导下才能够解读命题作文的材料，且生成的命题作文在深度和温度上还存在不足，因此仅作为作文参考。但是，在合理的应用场景中，用户可以将 ChatGPT 作为解析命题作文的工具，以获得写作文的灵感。

063 让 ChatGPT 帮助作文润色

ChatGPT 可以充当写文章的助手，当用户写完一篇文章或一段文字时，可以运用 ChatGPT 进行修改、润色。本节将介绍让 ChatGPT 帮助作文润色的操作步骤。

扫码看教学视频

步骤 01 设置背景，获得建议：在 ChatGPT 输入框中输入提示词，如"让文章更有画面感和诗意有哪些技巧？"，按 Enter 键确认，ChatGPT 会提供修改和完善作文的建议，如图 6-22 所示。

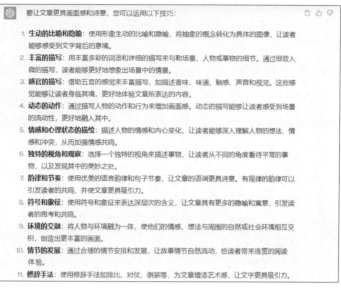

图 6-22

步骤 02 提出要求，修改作文：在同一个输入框中继续输入提示词，如"请结合以上技巧，帮我修改文章（另起一行）文章如下：×××"，按 Enter 键确认，ChatGPT 会按照要求修改文章，如图 6-23 所示。

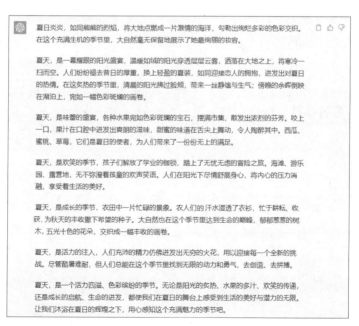

图 6-23

064 让 ChatGPT 帮助续写文章

扫码看教学视频

当用户在写文章的过程中遇到灵感枯竭的困境时，可以向 ChatGPT 寻求帮助，续写故事情节、安排人物命运走向等类似的任务都可以让 ChatGPT 协助完成。本节将介绍让 ChatGPT 帮助续写文章的操作步骤。

步骤 01 提出要求，续写内容：在 ChatGPT 输入框中输入提示词，如"请续写以下文章内容（另起一行）文章内容：×××"，按 Enter 键确认，ChatGPT 会按照要求续写文章内容，如图 6-24 所示。

图 6-24

步骤 02 设置条件，优化细节：在同一个输入框中继续输入提示词，如"请按照记叙文的写法，增加一些情感和修辞对文章内容进行续写"，按 Enter 键确认，ChatGPT 会重新续写文章内容，如图 6-25 所示。

图 6-25

夜晚，是内心敞开的时刻，繁华的都市渐渐沉寂，仿佛是一个巨大的舞台后台，人们可以将面具脱下，展现最真实的自我。在寂静的黑夜中，思绪如潮水般涌来，带着往昔的回忆和未来的期许，如同迎风飘扬的幕布，逐渐展开一幕幕内心的戏剧。

或许，正是在这个宁静的时刻，人们才有机会重新审视自己的内心世界，寻找那失落已久的灵魂方向。或许正是社会的高速发展，让人们渴望一种内心的平静，一种超越物质追求的精神富足。在这个漆黑的舞台上，人们的内心犹如一盏明灯，引领着前行的方向。

图 6-25（续）

065 让 ChatGPT 指导学业规划

扫码看教学视频

当学生面临不太熟悉的知识体系时，可以向 ChatGPT 寻求学习方法、时间规划等方面的帮助，让 ChatGPT 成为学生的有效学习工具。本节将介绍让 ChatGPT 指导学业规划的操作步骤。

步骤 01 **明确主题，询问信息**：在 ChatGPT 输入框中输入提示词，如"我想了解一下新闻传播学硕士学位这个专业的知识体系"，按 Enter 键确认，ChatGPT 会给出相关专业的知识体系，如图 6-26 所示。

新闻传播学是研究新闻媒体、信息传播、公共关系、社会影响等领域的学科。作为一个硕士学位专业，它涵盖了广泛的知识领域，以下是新闻传播学硕士专业的一些核心知识体系：

1. **传播理论与模型**：研究信息如何在社会中传播以及影响人们的认知、态度和行为。常见的传播理论包括媒介应效理论、社会认知理论、传播网络理论等。
2. **新闻与媒体研究**：深入探讨新闻的产生、编辑、报道和消费过程。这包括新闻价值观、新闻伦理、新闻报道风格等。
3. **媒介与社会**：研究媒体对社会和文化的影响，以及社会因素如何塑造媒体内容。研究焦点可能包括文化认同、政治社会化、媒体与社会问题等。
4. **公共关系与传播管理**：探讨如何通过公共关系战略和传播管理来塑造组织或个人的形象，以及如何应对危机沟通。
5. **数字媒体与社交媒体**：研究数字化时代的媒体变革，包括社交媒体对信息传播、社交互动和舆论形成的影响。
6. **跨文化传播**：研究不同文化之间的信息传播，探讨文化差异对信息理解和传播的影响。
7. **研究方法与数据分析**：学习定量和定性研究方法，包括调查设计、实验设计、内容分析、质性研究等，以便进行专业的研究工作。
8. **媒体法律与伦理**：了解媒体领域的法律法规和道德准则，以及媒体从业者在报道和编辑过程中应该遵守的规范。
9. **新闻写作与编辑**：培养学生掌握新闻写作的技能，包括新闻报道、编辑和新闻稿件的撰写。
10. **广告与营销传播**：探讨广告和营销在信息传播中的角色，研究广告策略和创意。
11. **传播研究应用与案例分析**：分析真实世界中的传播案例，探讨实际问题并应用传播理论和方法进行分析。

图 6-26

步骤 02 **提出需求，获得建议**：在同一个输入框中继续输入提示词，如"请根据这些知识体系，拆分知识组块，并规划出适合大三学生的学习计划"，按 Enter 键确认，ChatGPT 会给出学业规划的建议，如图 6-27 所示。

针对大三学生的学习计划，以下是一个根据新闻传播学硕士专业的知识体系拆分出的学习组块，并为每个组块提供了一个简要的学习计划建议。请注意，这只是一个示例，实际学习计划需要根据学校课程设置和个人情况进行调整。

学习组块 1：传播理论与模型

学习目标：了解不同传播理论和模型，理解信息传播的基本原理和影响机制。

学习计划建议：

- 第1-2周：阅读介绍性材料，了解传播理论的起源和重要性。
- 第3-4周：学习经典的传播理论，如媒介效应理论、社会认知理论等。
- 第5-6周：深入研究新兴的传播模型，如传播网络理论、扩散创新理论等。

学习组块 2：新闻与媒体研究

学习目标：掌握新闻生产、报道和消费的基本概念，了解新闻伦理和报道原则。

学习计划建议：

- 第7-8周：学习新闻报道的基本原则和新闻价值观。
- 第9-10周：研究不同类型的新闻报道，如硬新闻、软新闻、特写等。
- 第11-12周：分析新闻伦理和道德问题，如隐私、虚假报道等。

学习组块 3：媒介与社会

学习目标：理解媒体与社会的相互影响，探讨媒体在文化和社会问题中的作用。

学习计划建议：

- 第13-14周：研究媒体在政治社会化和文化认同中的作用。
- 第15-16周：分析媒体对社会问题（如环境、性别、种族等）的影响。
- 第17-18周：探讨数字媒体时代的社会变革，如社交媒体的兴起和影响。

学习组块 4：公共关系与传播管理

学习目标：了解公共关系策略、危机管理和形象塑造等内容。

学习计划建议：

- 第19-20周：学习公共关系的基本原理，了解组织如何维护形象。
- 第21-22周：分析公共关系战略，包括媒体关系、事件策划等。
- 第23-24周：研究危机沟通，学习如何应对媒体危机和负面事件。

学习组块 5：数字媒体与社交媒体

学习目标：掌握数字化时代的媒体变革和社交媒体的影响。

学习计划建议：

- 第25-26周：了解数字媒体的特点和影响，研究在线新闻和多媒体报道。
- 第27-28周：深入分析社交媒体对信息传播和社交互动的作用。
- 第29-30周：探讨虚拟现实、增强现实等新兴媒体形式的发展。

学习组块 6：研究方法与数据分析

学习目标：掌握传播研究的基本方法和数据分析技能。

学习计划建议：

- 第31-32周：学习定性研究方法，如深度访谈、焦点小组讨论等。
- 第33-34周：了解定量研究方法，包括问卷设计、统计分析等。
- 第35-36周：实际操作中进行小型研究项目，锻炼研究设计和数据分析能力。

图 6-27

步骤 03 **针对建议，生成方案**：在同一个输入框中继续输入提示词，如"请根据以上学习计划，制定出每日的学习规划方案，要求时间安排集中在下午或者晚上，要有可行性"，按 Enter 键确认，ChatGPT 会给出可行性的学习方案，如图 6-28 所示。

当你把学习时间安排在下午和晚上时，可以充分利用这些时段进行深入的学习和研究。以下是一个基于每周5天的学习计划，每天学习时间为3小时，以便更好地适应下午和晚上的学习时段：

周一至周五：下午/晚上学习计划

时间安排：

- 下午：15:00 - 18:00
- 晚上：19:00 - 22:00

每日学习计划：

周一：传播理论与模型

- 下午：阅读传播理论的起源和重要性，了解不同理论的基本概念。
- 晚上：深入学习一种传播理论，如媒介效应理论，阅读相关论文或教材。

周二：新闻与媒体研究

- 下午：学习新闻报道的基本原则和新闻价值观。
- 晚上：分析一篇新闻报道样本，探讨其报道风格和内容。

周三：媒介与社会

- 下午：研究媒体在政治社会化和文化认同中的作用。
- 晚上：阅读一篇关于媒体对社会问题影响的学术文章，整理笔记。

周四：公共关系与传播管理

- 下午：了解公共关系的基本原理，学习形象塑造的策略。
- 晚上：分析一个组织的公共关系案例，思考其成功策略和挑战。

周五：数字媒体与社交媒体

- 下午：学习数字媒体的特点和影响，了解社交媒体的作用。
- 晚上：浏览一些社交媒体平台，观察信息传播和社交互动方式。

请注意，这个计划只是一个示例，你可以根据自己的学习习惯和能力进行适当的调整。确保每天的学习时间都是集中和高效的，避免分散注意力。同时，记得在学习中保持积极的态度，与同学、老师交流，参与讨论，以便更好地理解和消化所学知识。

图 6-28

需要注意的是，用户在获得 ChatGPT 提供的学业规划建议时，重在落地实施，因此应结合自身的情况进行调整并落实。

第**7**章

娱乐类文案写作：AI 配文增添生活乐趣

学习提示

娱乐类文案是指在生活中用于社交、记录或分享的文本，主要发挥娱乐性作用。在 ChatGPT 的帮助下，我们可以创作出更具有文采和审美价值的娱乐类文案。本章将介绍 ChatGPT 生成娱乐类文案的操作方法。

本章重点导航

⊙ 学会运用 ChatGPT 生成娱乐类文案

扫码看教学视频

066 让 ChatGPT 生成朋友圈文案

朋友圈文案是人们在生活中接触频率较高的文本，主要发挥社交的作用。好的朋友圈文案往往能给人留下深刻的印象，让亲朋好友禁不住点赞。在 ChatGPT 的帮助下，人们能够更高效率地创作出好的朋友圈文案，从而吸引大量的点赞。本节将介绍让 ChatGPT 生成朋友圈文案的操作步骤。

步骤 01 **直接提问，寻求建议**：在 ChatGPT 输入框中输入提示词，如"你知道怎样写出吸引人点赞的朋友圈文案吗？"，按 Enter 键确认，ChatGPT 会给出创作朋友圈文案的建议，如图 7-1 所示。

当撰写吸引人点赞的朋友圈文案时，以下几点可以帮助你制作引人注目的内容：

1. **独特性和创意**：创造性的文案往往能吸引更多的关注。用一些有趣、独特的表达方式，或者以戏谑、幽默的方式来呈现内容，这样能够使你的文案在众多朋友圈中脱颖而出。

2. **情感共鸣**：触动情感是引起点赞的一种有效方式。分享真实的故事、感人的瞬间或者有共鸣的话题，能够让人们更容易产生共鸣，进而愿意点赞和评论。

3. **美图和配图**：搭配高质量的照片或者设计精美的图像，能够让你的朋友圈文案更加引人注意。图片能够让你的文案更生动、有趣，也能在视觉上吸引人们。

4. **轻松幽默**：用幽默的语气或者小段子，可以赢得人们的笑声和点赞。注意文案的幽默程度要适度，避免冒犯或误解。

5. **积极正能量**：传播积极的信息、正面的态度和激励性的话语，能够吸引那些渴望正能量的人，从而促使他们点赞和分享。

6. **引发讨论**：提出一个有趣的问题、话题或者观点，可以引导人们进行讨论，增加互动，进而带来更多的点赞和评论。

7. **分享有价值的内容**：发布一些有用、有趣、有启发性的内容，如小贴士、生活经验、书籍或电影推荐等，能够让人们觉得你的朋友圈是一个有价值的信息源。

8. **使用引人入胜的开头**：文案的开头要有吸引人的部分，能够迅速引起人们的兴趣，让他们愿意继续阅读并互动。

9. **利用表情符号和特殊符号**：适度使用表情符号、特殊符号和标点，能够增加文案的表现力，让内容更加生动有趣。

10. **与热门话题结合**：结合时下热门的话题、事件或流行文化，能够让你的朋友圈内容更具时效性，吸引更多人的关注。

图 7-1

步骤 02 **提出需求，撰写文案**：在同一个输入框中继续输入提示词，如"国庆期间，我去广州玩了五天，回来后我想发一条文案到朋友圈，请根据以上建议，帮我写一条有吸引力的文案"，按 Enter 键确认，ChatGPT 会生成朋友圈文案，如图 7-2 所示。

步骤 03 **提出要求，优化文案**：在同一个输入框中继续输入提示词，如"这个文案太长了，请写得简洁一些，重点表现出和朋友见面的开心"，按 Enter 键确认，ChatGPT 会对朋友圈文案进行优化，如图 7-3 所示。

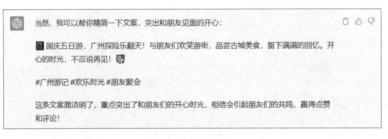

图 7-2

当然，我可以帮你精简一下文案，突出和朋友见面的开心：

🔲 国庆五日游，广州探险乐翻天！与朋友们欢笑游街，品尝古城美食，留下满满的回忆。开心的时光，不忍说再见！ 🫶

#广州游记 #欢乐时光 #朋友聚会

这条文案简洁明了，重点突出了和朋友们的开心时光，相信会引起朋友们的共鸣，赢得点赞和评论！

图 7-3

用户在让 ChatGPT 生成朋友圈文案时，主要把握两个要点：一是提供给 ChatGPT 关于文案的主题、背景信息；二是按照自己的日常喜好提出优化文案的要求。

067 让 ChatGPT 协助社媒动态更新

扫码看教学视频

除了微信朋友圈，还有其他的社交媒体，如抖音、网易云音乐、豆瓣、知乎等平台的动态文案，都可以在 ChatGPT 的帮助下，获得高质量、有吸引力的文案内容，从而确保更新。本节将以 ChatGPT 生成网易云音乐动态文案为例，介绍让 ChatGPT 协助社媒动态更新的操作步骤。

步骤 01 确定主题，寻求建议：在 ChatGPT 输入框中输入提示词，如"在网易云音乐平台中，发布什么样的文案才能够吸引人？"，按 Enter 键确认，ChatGPT 会给出适合特定平台发布的文案建议，如图 7-4 所示。

步骤 02 提出需求，撰写文案：在同一个输入框中继续输入提示词，如"请从情感共鸣的角度，帮我写一条关于《春日狂想曲》这首歌的文案"，按 Enter 键确认，ChatGPT 会生成相应的社交媒体文案，如图 7-5 所示。

图 7-4

图 7-5

步骤 03 提出要求，优化文案：在同一个输入框中继续输入提示词，如 "请用创造性的表达方式优化这个文案，并减少字数"，按 Enter 键确认，ChatGPT 会对社媒文案进行优化，如图 7-6 所示。

图 7-6

068 让 ChatGPT 整理日常形成日记

扫码看教学视频

日记是人们用于记录情感、释放情绪、缓解压力和培养自我意识的文本，人们可以用日记来记录生活中的所思所想、所见所闻。在 ChatGPT 的帮助下，人们可以更高效地撰写日记。

本节将介绍让 ChatGPT 整理日常形成日记的操作步骤。

 步骤 01 **提供背景，寻求建议**：在 ChatGPT 输入框中输入提示词，如"我是一名鼓手，今天是我们乐队第一次登台演出的日子，想写一篇日记记录一下感受，你觉得应该用什么思路？请为我提供写日记的框架参考"，按 Enter 键确认，ChatGPT 会提供写日记的框架，如图 7-7 所示。

当然可以！以下是你可以用来写日记的框架参考，帮助你记录下你第一次登台演出的感受：

日期： [演出日期]

地点： [演出地点]
今天是我们乐队的第一次登台演出，我感受到了许多不同的情绪和经历。

准备阶段：
在演出前的准备阶段，我们花了很多时间排练、调音、检查设备，确保一切都准备就绪。这个过程充满了紧张和兴奋，我能感觉到大家都投入了很多的心血。

后台的氛围：
一到后台，我感受到了一股浓厚的紧张氛围。大家都在进行最后的调整，交流着鼓点和节奏，同时也互相鼓励，给予信心。虽然紧张，但我也能感受到一种团结的力量。

登台时刻：
当我们站上舞台，灯光聚焦在我们身上，我感觉心跳加速。但一开始击鼓时，我逐渐进入状态，投入到音乐中。与队友们的眼神交流，我们默契地演奏着，仿佛沉浸在一个完全不同的世界里。

音乐与观众：
随着音乐的进行，我开始注意到观众们的反应。他们随着音乐摇摆，跟着节奏拍手，甚至有些人开始跳舞。看到观众们享受着我们的表演，我感到一种前所未有的满足感，仿佛我的努力得到了回报。

演出的高潮：
在演出的某个高潮部分，音乐达到了高峰，我全身心地投入其中。击打鼓的每一个动作都充满力量和激情，我感觉自己与乐器融为一体。那一刻，我忘记了周围的一切，只专注于创造出最美妙的音乐。

落幕时刻：
当演出接近尾声，我感到一丝惋惜，希望这一刻可以永远延续下去。最后的音符响起，观众爆发出热烈的掌声和欢呼声，我知道我们成功地打动了他们，这种成就感无法言喻。

总结与感想：
回顾整个演出，我意识到付出的努力是值得的。无论是紧张还是兴奋，都成为了演出过程中美好的回忆。这次经历让我更加热爱音乐，也更加珍惜与乐队成员一起创造美妙音乐的时光。

这个框架可以帮助你记录下你在第一次登台演出中的感受和经历，当然，你可以根据实际情况进行调整和扩展，让日记更加生动、有趣。祝贺你成功完成了第一次演出！

图 7-7

步骤 02 提出需求，撰写日记：在同一个输入框中继续输入提示词，如"这个框架很好，但我的第一次登台并不是很顺利，因为那天突然下了大雨，我们的演出被中断了，好在有一部分观众仍没有离场，坚持看完了我们的演出。（另起一行）请结合我的经历，按照以上框架帮我写一篇日记"，按 Enter 键确认，ChatGPT 会结合用户的经历生成日记，如图 7-8 所示。

当然，我理解你的情况。下面是结合你的经历，按照之前的框架帮你写的日记：

日期：[演出日期]

地点：[演出地点]

今天是我们乐队的第一次登台演出，虽然遇到了突如其来的大雨，但这个经历依然充满了难忘的情感和回忆。

准备阶段：
在演出前，我们花了许多时间排练，调音和检查设备，确保一切井然有序。大家都为这次演出付出了很多心血，为了让一切都完美无缺。

后台的氛围：
来到后台，我们都感到一股紧张的氛围。虽然天空突然下起了大雨，但我们仍然互相鼓励，努力保持积极的心态。虽然困难重重，但我们的团队更加紧密地凝聚在一起。

登台时刻：
当我们登上舞台，雨水打在台面上，灯光在雨幕中闪烁。一开始击打鼓时，我能感受到大家的紧张情绪，但随着音乐的开始，我们逐渐投入到节奏中。虽然天气不尽人意，但我们仍然全情投入，希望能够用音乐传达出我们的热情。

音乐与观众：
尽管大雨影响了观众的到场，但仍有一部分坚持留下，雨中欣赏着我们的表演。我注意到他们用雨伞遮挡着雨水，但依然跟随着音乐摇摆。看到这一幕，我感到一种坚持和支持，这让我更加珍惜这次机会。

演出的高潮：
在演出的某个高潮部分，我感受到一种力量，仿佛雨水也无法阻挡我们的激情。击打鼓的每一个动作都充满了力量和决心，我能感受到队友们的紧密合作。尽管环境不理想，但我们依然在创造出美妙的音乐。

落幕时刻：
随着演出接近尾声，我们感受到一种深深的满足感。尽管天气不利，但我们成功地完成了演出。观众们爆发出热烈的掌声，我知道他们感受到了我们的用心和努力，这是无法言喻的成就感。

总结与感想：
回顾这次演出，我意识到挫折和逆境并不可怕，关键是我们能够坚持和克服。尽管天气并没有配合，但我们的团队更加紧密地团结在一起，共同创造出令人难忘的音乐体验。这次经历让我明白，困难并不会阻止我们追逐梦想，只要我们拥有坚持的信念。

图 7-8

由于输入同样的提示词，ChatGPT 也会给出不一样的回复，因此用户可以多次询问，让 ChatGPT 提供多篇日记，从中挑选出精华的部分，从而组合成最为满意的日记。

069 让 ChatGPT 协助编写个人自传

扫码看教学视频

每个人的人生都好像一部长篇小说，让人津津乐道，耐人寻味，因此编写个人自传十分普遍，因为每一个独特的人的一生经历都值得被记录。编写个人自传对于语言的组织能力、思维的整合能力都有一定的要求，用户可以巧妙地运用 ChatGPT，在 AI 的帮助下，顺利、高效地完成自己的个人自传。

本节将介绍让 ChatGPT 协助编写个人自传的操作步骤。

步骤 01 赋予身份，确定框架：在 ChatGPT 输入框中输入提示词，如 "假设你是一名教师，有长达 50 年的教学经历，你会如何编写自己的传记？"，按 Enter 键确认，ChatGPT 会提供编写自传的框架，如图 7-9 所示。

标题：笔耕五十载：教育征程的回顾与反思

序言：
在漫长的五十年里，我有幸作为一名教育工作者，见证了时光的流转、学生的成长，以及教育领域的不断演变。这本传记旨在回顾我在教育征程中的点点滴滴，分享我积累的经验和教训，以及对未来教育的思考与展望。

第一章：初涉教坛 (1973-1983)
在这个章节中，我将回顾自己刚踏入教育领域的那段时光。我将描述自己对教学的初步理解，以及如何应对挑战和困难。这个阶段，我的教育理念正在形成，我逐渐领悟到教育不仅是知识的传递，更是人格的塑造。

第二章：探索与创新 (1984-1994)
在这个章节中，我将分享我对不同教学方法的探索和尝试。我开始关注学生的个体差异，探索多样化的教学方式，以满足不同学生的需求。我也会谈及一些成功的创新实践，以及失败带来的宝贵教训。

第三章：培育未来 (1995-2005)
这一章节将聚焦于我对学生发展的关注。我将描述我是如何不仅仅关注他们的学术成绩，还关心他们的品德、领导力和社会责任感。这个时期，我开始积极参与学生的课外活动，助力他们全面成长。

第四章：教育的变革与挑战 (2006-2016)
这个章节将记录教育领域在这十年间的巨大变革。我会探讨技术革新对教学方式的影响，以及教师在信息时代如何适应新的教学模式。同时，我也会反思我在面对这些变革时的心态和应对策略。

第五章：晚年的余光 (2017-2023)
在这个章节，我将谈及我在教育岗位上的时间逐渐减少，以及对退休的思考。我会分享我如何继续保持对教育事业的热情，以及我如何通过写作、演讲等方式，继续为教育做出贡献。

结语：教育无涯，传承永恒
在这个结语中，我将总结我五十年的教育征程。我会强调教育的重要性以及教育者的使命。我还会鼓励年轻的教育工作者继续前行，不断创新，为下一代的成长和未来社会的繁荣贡献力量。

附录：经典教育案例分享
在附录中，我会列举一些我在教学生涯中遇到的经典案例，包括我与学生共同克服的困难，以及一些令人难忘的教育时刻。这些案例将进一步展示我在教育领域的体验和成长。

通过这本传记，我希望能够留下我五十年的教育心路历程，与教育界的同仁们分享我的见解和体验。同时，我也希望能够鼓励更多人投身教育事业，为每一个学生的未来播下希望的种子。

图 7-9

步骤 02 提供经历，编写自传：在同一个输入框中继续输入提示词，如 "请根据经历，用平实、简朴的语言写出第一章的内容（另起一行）经历如下：×××"，按 Enter 键确认，ChatGPT 会结合经历编写自传，如图 7-10 所示。

请根据经历，用平实、简朴的语言写出第一章的内容
经历如下：大学毕业后，迫于生计成为了一名教师。起初，对于教师这个职业只是粗浅认识，在经过三个月的洗礼后，慢慢获得了成就感，并坚定了要一辈子致力于教书育人的使命。

第一章：初涉教坛 (1973-1983)

大学毕业后，我步入了教育领域，成为一名教师，这个职业对我而言只是模糊的概念。刚开始，我并没有太多的教育经验，只是凭着对知识的热爱和渴望，勉强接下了这个工作。

起初，我面对学生们的目光感到有些局促，不知道该如何与他们建立起连接。课堂上的每一次教学都是一次挑战，充满了紧张和不安。我试着运用一些我在大学里学到的教学方法，但实际操作时，我发现这并不是一件容易的事情。

经过了三个月的洗礼，我开始逐渐适应了这个角色。每次看到学生们在我课堂上的专注表情，听到他们的掌声和提问，我感到一种前所未有的成就感。这份成就感激励着我，让我更加努力地去研究怎样更好地教授知识，怎样更好地引导他们思考。

我发现教育并不仅仅是知识的传递，还包括对学生个体差异的关注和理解。我开始注意到每一个学生都有不同的学习方式和需求，于是我尝试着采用不同的教学方法，以满足他们的学习需求。有时，我会在课后与学生们深入交流，了解他们的困惑和问题，然后调整我的教学策略。

逐渐地，我意识到教师不仅仅是一个传道授业解惑的角色，更是一个引路人，一个榜样。我开始更加注重塑造学生的品格，传递价值观，鼓励他们不仅要在学业上取得成绩，还要有责任感和社会意识。

这个阶段，我开始认识到教育是一项神圣的事业，是一份充满责任和使命感的工作。我坚定了要一辈子致力于教书育人的决心，因为我看到了教育的力量，看到了学生们的成长，看到了自己在其中的价值。

这个阶段的经历，让我明白了教育之道是一条漫长的道路，需要不断地探索和实践。我虽然刚刚起步，但我已经开始在教育的旅程中找到了方向，也明确了自己要追求的目标。

图 7-10

步骤 03 **提出建议，修改内容**：在同一个输入框中继续输入提示词，如"请重点描述一下促使我转变观念的经历，用生动形象的语言（另起一行）经历如下：×××"，按 Enter 键确认，ChatGPT 会结合经历修改自传内容，如图 7-11 所示。

请重点描述一下促使我转变观念的经历，用生动形象的语言
经历如下：因课堂上随意提起的一首诗，激起了学生们的兴趣，从学生眼中看到了炽热的光。从那以后便立志帮助学生们去追寻他们的光

第一章：初涉教坛 (1973-1983)

在我初涉教坛的时候，我并没有深刻地意识到教育的重要性，而是将教师这份工作当作了一种谋生的手段。然而，一个意外的经历让我彻底改变了这种观念，让我认识到教育的真正力量。

那是一个普通的上午，我在课堂上随意地提起了一首诗。我并没有太多的期待，只是想通过一些不同寻常的内容来吸引学生们的注意力。然而，我万万没有想到，这个简单的举动竟然引发了一场意想不到的反应。

当我开始朗读那首诗的时候，我能够清楚地感受到学生们的注意力在逐渐集中。他们的眼神变得明亮起来，好像突然间被一束炽热的光照亮了。他们的脸上涌现出独特的表情，那是一种既陶醉又专注的神情，就像是发现了一片未知的领域。

我感到有些意外，但更多的是欣喜。那一刻，我仿佛看到了学生们内心深处的渴望，他们对于美和智慧的渴求。我意识到，教育不仅仅是灌输知识，更是点燃学生内心的火焰，激发他们追求真理和美好的欲望。

从那一刻起，我下定决心要帮助学生们去追寻他们的光，去探索他们内心的激情和才华。我开始更加关注每个学生的兴趣和特长，鼓励他们勇敢地追求自己的梦想。我引导他们阅读更多的诗歌、文学作品，培养他们的审美情趣和思考能力。

这个经历改变了我对教育的看法，让我认识到教育的使命是激发学生内心的潜能，让他们在光芒中茁壮成长。从此以后，我不再只是传授知识，而是努力成为学生们的引路人，引导他们去追求真善美，去追寻他们独特的光芒。这一决心，一直伴随着我走过了教育征程的每一个阶段。

图 7-11

用户在让 ChatGPT 编写自传时，尽量提供具体的、详细的经历提示，以便让 ChatGPT 能够更有针对性地编写内容。

070 让 ChatGPT 按格式拟写贺词

扫码看教学视频

贺词是一种用来表示祝贺的专用文体。除了对对方表示祝贺，它还兼具慰问和赞扬的功能，由古代祝词演变而来，因此有固定的拟写格式。将贺词的写作格式要求提供给 ChatGPT，便可以获得 AI 拟写的贺词参考。本节将介绍让 ChatGPT 按格式拟写贺词的操作步骤。

步骤 01 设置背景，询问信息：在 ChatGPT 输入框中输入提示词，如 "一篇得体的贺词通常包括哪些内容？"，按 Enter 键确认，ChatGPT 会给出贺词的包含要素，如图 7-12 所示。

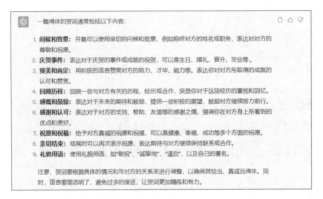

图 7-12

步骤 02 提出需求，拟写贺词：在同一个输入框中继续输入提示词，如 "请拟写一份格式规范、得体的贺词，事件为祝贺好友新婚"，按 Enter 键确认，ChatGPT 会根据需求拟写贺词，如图 7-13 所示。

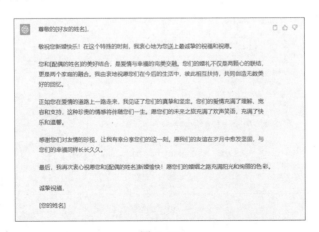

图 7-13

071 让 ChatGPT 生成节日祝福语

扫码看教学视频

逢年过节，人们大多习惯于用短信或微信给远在外地的亲朋好友送去祝福，且祝福的形式多样，文字和表情兼备，内容也不仅仅是"快乐"一词，还有许多美好的祝愿。但有时，祝福语的形式花样太多，可能掩盖了它本身传达的含义，少了一些诚意和创意。

此时，我们寻求 ChatGPT 的帮助，可以让 ChatGPT 生成有针对性、带有诚意的节日祝福语，再经过修改与润色，发送给好友，更能传达心意。本节将介绍让 ChatGPT 生成节日祝福语的操作步骤。

步骤 01 **设置背景，询问建议**：在 ChatGPT 输入框中输入提示词，如"怎样写新年祝福语更能够传达心意和表现诚意？"，按 Enter 键确认，ChatGPT 会给出写新年祝福语的建议，如图 7-14 所示。

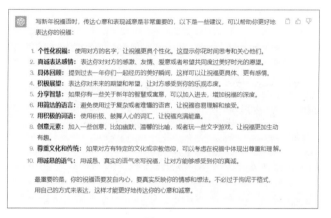

图 7-14

步骤 02 **提出需求，生成祝福语**：在同一个输入框中继续输入提示词，如"请加入创意元素，生成一些能够发送给朋友的新年祝福语"，按 Enter 键确认，ChatGPT 会生成新年祝福语，如图 7-15 所示。

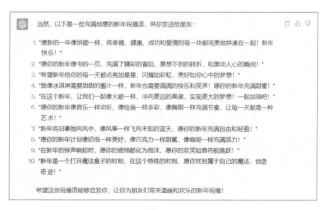

图 7-15

072 让 ChatGPT 指导旅游规划

从古至今，旅游都是一个很好的帮助人修身养性、建立自我意识的途径。在旅游出发之前，少不了要对目的地进行合理的规划，如选择哪条线路、采用哪种交通工具、打卡哪些景点等，对这些信息进行有效的梳理与掌握，能够让出游者不虚此行。

在 ChatGPT 的帮助下，出游者能够轻松地制定旅游规划。本节将介绍让 ChatGPT 指导旅游规划的操作步骤。

步骤 01 **赋予身份，询问信息**：在 ChatGPT 输入框中输入提示词，如"假设你是一个经验丰富的导游，擅长制定旅游规划和攻略。现在需要你制定一份去往广州的旅游攻略，我需要给你提供哪些信息？"，按 Enter 键确认，ChatGPT 会给出制定旅游规划的信息，如图 7-16 所示。

> 制定一份完整的旅游攻略需要一些基本信息，以便我可以根据您的喜好和需求为您量身定制一个愉快的旅程。以下是我通常会问到的一些信息：
>
> 1. **出行日期和时间**：您计划在哪个日期出发，以及大致的行程时长是多久？
> 2. **旅行人数**：您是独自旅行还是与家人、朋友同行？
> 3. **兴趣爱好**：您喜欢文化古迹、美食、购物、自然风光还是其他类型的体验？
> 4. **预算范围**：您的旅行预算大致是多少？这将有助于我安排适合您预算的活动和住宿。
> 5. **住宿要求**：您更倾向于入住高级酒店、舒适客栈还是其他类型的住宿？
> 6. **美食喜好**：您对当地美食有什么喜好或禁忌？
> 7. **活动偏好**：您有喜欢的特定活动，比如参观博物馆、走访历史古迹、购物血拼、参与户外活动等吗？
> 8. **交通方式**：您打算如何前往广州？火车、飞机、汽车等？
> 9. **旅行风格**：您偏向于安排紧凑的行程还是更喜欢悠闲自由的旅行？
> 10. **偏好时间分配**：是否有一些地方或活动让您特别想花更多的时间去体验？
> 11. **季节**：您计划在哪个季节前往广州？不同季节有不同的旅游特点。
> 12. **特殊需求**：您是否有特殊的健康需求或其他需要考虑的事项？

图 7-16

步骤 02 **提供提示，制定规划**：在同一个输入框中继续输入提示词，如"我计划下周去广州游玩，想自己一个人坐火车前往，游玩五天，可以安排更悠闲一些的行程，其他事项都可以，没有特殊要求"，按 Enter 键确认，ChatGPT 会生成旅游规划，如图 7-17 所示。

步骤 03 **提出要求，修改内容**：在同一个输入框中继续输入提示词，如"请重新生成规划，结合不同景点的特色打卡点、最佳观赏时间、门票时间等，提供详细的攻略"，按 Enter 键确认，ChatGPT 会结合要求修改规划，如图 7-18 所示。

太棒了！您的计划听起来非常令人期待。以下是一个悠闲五天的广州旅游行程安排，让您能够充分享受这座城市的风景、美食和文化：

第一天：抵达广州

- 抵达广州后，前往您预订的酒店办理入住手续。
- 如果时间充裕，您可以先在酒店附近漫步，熟悉周边环境。
- 晚上，尝试品味广州的特色美食，如广州烧鹅、白切鸡等。

第二天：城市文化漫步

- 早餐后，前往广州塔，欣赏城市全景。您可以选择搭乘观光电梯上塔顶，俯瞰珠江美景。
- 中午，在珠江边的餐馆品尝粤菜，体验地道的广州味道。
- 下午，前往荔枝湾景区，游览岭南传统民居，了解广州的历史文化。

第三天：古迹与博物馆之旅

- 早餐后，前往陈家祠，欣赏典型的岭南建筑，体验古老的建筑风格。
- 中午，尝试广州的传统点心，如广式早茶。
- 下午，前往广州博物馆，了解广州的历史和文化底蕴。

第四天：购物与休闲

- 早餐后，前往北京路步行街，享受购物的乐趣。这里有各种商店、精品店和小吃摊位。
- 中午，尝试广州的特色小吃，如肠粉、叉烧包等。
- 下午，您可以选择在珠江边漫步，欣赏夕阳下的美景，或者在酒店的休闲区放松身心。

第五天：自由活动与告别

- 这一天您可以根据自己的兴趣自由安排，可以选择继续探索城市的其他景点，或者在酒店附近的公园里放松。

图 7-17

当然，以下是一个更详细的广州五天旅游攻略，包括各个景点的特色、最佳观赏时间和门票信息，让您更好地计划行程：

第一天：探索城市起步

- 早上：抵达广州火车站，前往您的酒店办理入住。
- 下午：前往上下九步行街，这是一个历史悠久的商业区，有各种小吃、特色商店和手工艺品。
- 晚上：在珠江夜景灯光的映衬下，漫步珠江夜景带，感受城市的夜晚魅力。

第二天：历史与文化之旅

- 早上：前往陈家祠，欣赏典型的岭南建筑风格，了解广州的历史文化。
- 下午：游览广州博物馆，了解城市的历史、艺术和文化。最佳观赏时间是下午。
- 晚上：在沿江路的餐厅品尝美味的粤菜，然后可以在河边散步。

第三天：自然与现代结合

- 上午：前往白云山，享受自然风光。您可以搭乘缆车前往山顶，欣赏广州城市的全景。
- 下午：游览广州科学中心，尤其是广州塔的科学展览，了解现代科技和城市发展。
- 晚上：在珠江新城的夜景下，前往广州塔，观赏城市的夜景。

第四天：美食与购物之旅

- 早上：前往荔枝湾景区，游览岭南传统民居和文化。您可以在附近的餐馆品尝正宗的广东点心。
- 下午：漫步花城广场，欣赏广州塔和广州图书馆的现代建筑。
- 晚上：前往北京路步行街，购物和品尝各种小吃，体验繁华的商业街区。

第五天：自由活动与告别

- 早上：根据您的兴趣，可以选择继续探索之前的景点，或者去一些当地的市集逛逛。
- 下午：根据火车时间，安排好退房手续，然后前往火车站，结束这次广州之旅。

请注意，以上时间安排和景点仅供参考，实际情况可能会有变化。在前往景点前，最好确认一下最新的开放时间和门票信息。希望您在广州有一个愉快的旅行！

图 7-18

073 让 ChatGPT 总结沟通话语

扫码看教学视频

在人际交往中，好的沟通话语可以帮助我们结交优良好友、促成团队合作、实现共同目标等。但好的沟通话语并非人人都能掌握，大部分人都需要通过后天的学习与积累，而在 ChatGPT 的帮助下，可以让我们快速地积累到有效的沟通话语。

本节将介绍让 ChatGPT 总结沟通话语的操作步骤。

步骤 01 **询问建议，获得信息**：在 ChatGPT 输入框中输入提示词，如"好的沟通话语应当是怎样的？"，按 Enter 键确认，ChatGPT 会给出与沟通话语有关的信息，如图 7-19 所示。

好的沟通话语应当具备以下几个特点：

1. **清晰明了**：表达要简洁明了，避免使用模糊或难以理解的词汇和句子结构，确保对方能够准确理解你的意思。
2. **尊重和礼貌**：使用礼貌的措辞，避免使用冒犯或攻击性的语言，以建立积极的交流氛围。
3. **倾听与反馈**：不仅要表达自己的观点，也要认真倾听对方的意见，给予积极的反馈和回应，表现出尊重和关注。
4. **明确目的**：在交流开始时，明确你想要达到的目标或传达的信息，避免在交流过程中偏离主题。
5. **避免偏见和假设**：不要假设对方已经了解你的背景或观点，尽量避免使用可能引起误解或误会的词汇。
6. **引导问题**：如果你需要获取特定信息，可以使用开放性问题引导对方深入思考和回答，促进更有意义的对话。
7. **适当的表达情感**：在适当的情况下，可以表达自己的情感，但要注意情感表达不应过于激烈或占据主导地位。
8. **重复和总结**：在长时间或复杂的对话中，适时重复和总结已经讨论过的内容，以确保双方理解一致。
9. **适应对方**：根据与谁交流，选择合适的用词和语气。与专业同行交流可能需要更专业的词汇，而与非专业人士交流则需要更通俗易懂的表达。
10. **积极的非语言交流**：注意肢体语言、面部表情和声音的语调，它们也是沟通的重要部分，可以传递额外的信息和情感。

总之，好的沟通话语应当建立在尊重、理解、清晰和目标导向的基础上，以促进有效的信息传递和有意义的交流。

图 7-19

步骤 02 **提出问题，获得模板**：在同一个输入框中继续输入提示词，如"请提供一些能够在职场中有效沟通的话语模板"，按 Enter 键确认，ChatGPT 会生成有效的职场沟通话语模板，如图 7-20 所示。

步骤 03 **补充细节，优化模板**：在同一个输入框中继续输入提示词，如"请再提供一些沟通话语模板，能够用于向领导汇报工作"，按 Enter 键确认，ChatGPT 会针对需求生成更多的沟通话语，如图 7-21 所示。

当在职场中进行沟通时，以下是一些可以帮助你有效交流的话语模板：

1. **请求反馈：**
   - "我很重视您的意见，您能否就这个问题给我一些反馈呢？"
   - "我想听听您对这个计划的看法，您能提供一些建议吗？"
2. **传达清晰信息：**
   - "我想分享一些关于项目进展的信息。"
   - "我有一些关于会议时间和地点的重要信息需要告诉大家。"
3. **确认理解：**
   - "如果我没理解错的话，您的意思是…"
   - "您的意见是…是吗？"
4. **提出建议：**
   - "在我看来，我们或许可以考虑这样的方案…"
   - "我建议我们采取这个步骤来解决这个问题。"
5. **请求帮助：**
   - "我在这个任务上遇到了一些困难，您能给我一些建议吗？"
   - "我需要一些关于这个主题的资料，您能帮助我找找吗？"
6. **解决分歧：**
   - "我理解您的观点，但是我认为还有另一种方法可以考虑。"
   - "我希望我们可以找到一个平衡，以满足双方的需求。"
7. **感谢和认可：**
   - "非常感谢您的协助，这对项目进展非常有帮助。"
   - "我要表扬一下您的出色工作，您在这个任务上做得非常出色。"
8. **提醒和确认：**
   - "请记得明天的会议时间是…"
   - "为确保没有误解，我想确认一下我们的目标是…"
9. **协调安排：**
   - "我觉得我们需要一个会议来讨论这个问题，您什么时候方便？"
   - "我会将我们的讨论总结成邮件，并在下周一发送给大家。"
10. **结束交流：**
    - "非常感谢您抽出时间与我交流，我会考虑您的建议。"
    - "如果您有任何其他问题或意见，随时联系我。"

这些模板可以根据具体情况进行调整和扩展，以满足不同的沟通需要。记住，在职场中，与尊重、明确和合作的态度相结合，能够促进更加有效的交流和合作。

图 7-20

当向领导汇报工作时，需要使用清晰、简洁的话语来传达关键信息。以下是一些可以用于向领导汇报工作的话语模板：

1. **项目进展报告：**
   - "我想向您汇报一下项目的最新进展情况。目前我们已经完成了阶段 X，接下来的计划是…"
   - "项目的进展情况非常顺利，我们已经完成了预定的里程碑，并且在时间节点上超前。"
2. **问题和挑战汇报：**
   - "我希望能就一个正在出现的问题向您汇报，并讨论一下可能的解决方案。"
   - "在项目执行过程中，我们遇到了一些挑战，我想与您共同探讨如何克服这些困难。"
3. **成果和成就展示：**
   - "我很高兴地通知您，我们已经成功完成了客户的要求，实现了预期的目标。"
   - "我想与您分享一个好消息，我们的团队在上个季度取得了出色的业绩，实现了销售目标的超额完成。"
4. **提出建议和计划：**
   - "我准备了一个计划，旨在进一步提高我们的生产效率。我想请您审阅并提供意见。"
   - "鉴于市场的变化，我认为我们可以考虑调整营销策略，以更好地应对竞争。我已经准备了一份建议书，希望能得到您的反馈。"

图 7-21

> 5. **资源需求汇报：**
>   - "基于当前的工作量和项目需求，我们可能需要额外的资源来确保项目按计划进行。"
>   - "由于任务的增加，我认为我们需要考虑增加人力或调配其他资源，以确保项目的质量和进度不受影响。"
> 6. **总结和展望：**
>   - "总体来看，我们在过去的时间里取得了良好的进展。未来的计划包括继续优化流程，提高团队协作，并进一步扩大市场份额。"
>   - "我希望在未来几个月内继续密切关注市场动态，并根据变化调整我们的战略，以确保我们保持竞争优势。"
>
> 这些模板可以帮助你在向领导汇报工作时，保持清晰、有条理的结构，突出关键信息，从而使汇报更具有说服力和效果。当然，根据实际情况，你可以对这些模板进行调整和个性化。

图 7-21（续）

074 让 ChatGPT 生成高情商回复

扫码看教学视频

无论是在网络世界，还是在现实生活中，高情商回复都是极为受人追捧的一个技能。尤其是当人们面临着长辈的关心、领导的催促、好友的鼓励时，高情商回复能够营造一个平和的对话氛围。

在 ChatGPT 的帮助下，用户可以获得高情商回复的模板，再根据实际情况进行调整，便可以在人际沟通中达到良好的状态。本节将以家庭沟通为例介绍让 ChatGPT 生成高情商回复的操作步骤。

步骤 01 **引入话题，获得建议：** 在 ChatGPT 输入框中输入提示词，如"在面对亲戚的关心时如何给出高情商回复？"，按 Enter 键确认，ChatGPT 会根据提问给出高情商回复的建议，如图 7-22 所示。

> 面对亲戚的关心，展现高情商的回复可以让你更好地与他们建立良好的关系。以下是一些建议的回复方式：
>
> 1. **感谢关心：** 表达感激之情，让对方知道你珍惜他们的关心。比如，"谢谢你的关心，我真的很感激。"
> 2. **分享近况：** 以积极、乐观的态度分享一些近期的生活或工作进展，让他们知道你过得不错。例如，"最近工作很顺利，我正在努力学习新的技能，感觉非常充实。"
> 3. **关心他们：** 问问他们的近况，让对话变成双向交流。比如，"你最近怎么样？有什么新鲜事吗？"
> 4. **以幽默化解：** 如果有一些轻松的幽默话题，可以适当运用幽默化解尴尬或不适的局面，但要确保不伤害对方感情。
> 5. **表达困扰：** 如果有什么事情让你感到困扰，可以适度地分享，但不要过于沉重。例如，"有时候还是会遇到一些小挑战，但我正在学着怎么处理它们。"
> 6. **倾听和询问建议：** 如果对方提供了建议，可以表示你愿意倾听，并且询问更多细节。这显示出你尊重他们的意见。
> 7. **强调自主性：** 如果有亲戚提出的建议或关切与你的个人选择不一致，可以委婉地强调你的自主权。例如，"我会认真考虑你的建议，但我也在寻找适合你的方法。"
> 8. **回应个别关切：** 根据不同的亲戚，可以适当调整回应的内容。如果某人对你的职业或学业特别关心，你可以在这方面多分享一些。
> 9. **感性表达：** 在适当的情况下，可以表达自己的情感，让对方更深入地了解。比如，"我很庆幸有你们一直在我身边支持我。"
> 10. **避免冲突：** 如果有人的关心带有批评或负面情绪，尽量避免争论，而是以平和的语气回应。
>
> 总之，高情商的回复是基于尊重、理解和善意的交流。尽量保持积极、平和的态度，倾听对方，与他们建立更深层次的连接。

图 7-22

步骤 02 设置情境，提出问题：在同一个输入框中继续输入提示词，如"请根据以上建议，对以下情境进行回复（另起一行）情境为：春节假期回家，亲戚问刚工作不久的我一个月的工资是多少啊，我有点羞于启齿，不知道应该怎么回复"，按 Enter 键确认，ChatGPT 会针对情境给出高情商回复，如图 7-23 所示。

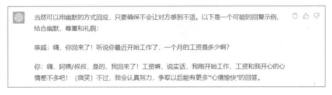

图 7-23

步骤 03 提出要求，优化回复：在同一个输入框中继续输入提示词，如"如果用幽默的方式对以上情境进行回复，可以给出怎样的回复呢？要求表现出尊重和礼貌"，按 Enter 键确认，ChatGPT 会按照要求优化回复，如图 7-24 所示。

图 7-24

步骤 04 提出需求，获得更多建议：在同一个输入框中继续输入提示词，如"请给我提供更多高情商回复的建议"，按 Enter 键确认，ChatGPT 会给出更多的回复建议，如图 7-25 所示。

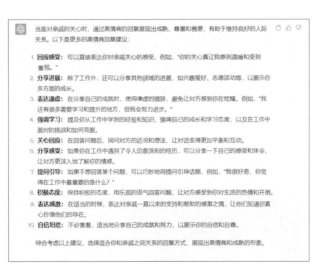

图 7-25

扫码看教学视频

075 让 ChatGPT 提供辩论素材

在辩论场合中，能言善辩是辩手的一大优势，但能言善辩的前提是思维缜密和知识渊博，而巧妙地运用 ChatGPT，能够为辩手提供辩论素材，从而增加辩论胜利的概率。本节将介绍让 ChatGPT 提供辩论素材的操作步骤。

步骤 01 **提供辩题，询问建议：**在 ChatGPT 输入框中输入提示词，如"针对'美是主观感受'这一论点，可以从哪些方面进行论证？"，让 ChatGPT 针对辩题给出论证思路，按 Enter 键确认，ChatGPT 会根据提问给出辩论的建议，如图 7-26 所示。

针对"美是主观感受"这一论点，可以从以下几个方面进行论证：

1. **个体差异：** 不同人对于美的感受因为文化、背景、生活经历等各种因素的影响而产生差异。同一个事物可能会在不同人眼中呈现出不同的美感，这种差异性说明美是主观的。
2. **审美相对性：** 不同时代、不同文化都有不同的审美标准。例如，古代的艺术作品与现代的艺术作品在审美上有很大的差异，这表明美是基于特定背景和环境的主观感受。
3. **情感与主观感受：** 美通常与情感紧密相关，个体的情感状态会影响其对事物的美感评价。一个人在不同情绪状态下可能会对同一件事物产生不同的美感体验，这也支持美是主观感受的论点。
4. **主观评价的主导：** 人们在评价美时往往依赖主观的判断和个人的喜好。个体的认知和感知在美的评价中起着至关重要的作用，这意味着美是依赖于个人主观体验的。
5. **难以量化和定义：** 美是一个难以量化和精确定义的概念。尽管有许多美学理论和标准，但没有一个普适的标准可以完全涵盖所有人对美的感受，这进一步说明美是主观的。
6. **审美争议：** 对于很多事物的美感评价存在争议，人们可以在同一件事物上产生完全相反的看法。这种争议表明，美是个体在评价事物时产生的主观看法。

图 7-26

步骤 02 **提出要求，获得素材：**在同一个输入框中继续输入提示词，如"请综合古今中外的知识，为每个论据提供具体的实例"，按 Enter 键确认，ChatGPT 会按照要求提供辩论素材，如图 7-27 所示。

当论证"美是主观感受"这一论点时，我们可以结合古今中外的知识来提供具体的实例来支持每个论据：

1. **个体差异：** 在文学作品中，不同人对同一景物的描写常常是多样的。例如，英国作家约翰·拉斯金在小说《亨利四世》中描述了一片美丽的花园，但不同角色的描写却体现出了他们各自独特的美感。这显示出个体对于美的感受因为人们的性格和经历而异。
2. **审美相对性：** 古代中国的山水画与现代西方的写实画风截然不同。中国山水画注重抒发情感和意境，而写实画则追求准确描绘，这种区别突显了不同文化和时代审美标准的相对性。
3. **情感与主观感受：** 莫扎特的音乐作品中常常带有强烈的情感表达。例如，他的交响曲《第四十号》中充满了激情和紧张感，但不同听众可能会因为个人情感状态的不同而产生不同的体验，有人可能感受到激情，有人可能感受到忧郁。
4. **主观评价的主导：** 比如，印象派艺术家克洛德·莫奈的作品，如《睡莲》系列，强调色彩和光线的表现，以捕捉瞬间的印象。不同人对这些作品的评价因个人对颜色、光线、自然的感受和情感反应而异。
5. **难以量化和定义：** 中国古代的文人画强调意境和抒发情感，而印象派的画作着重捕捉光线与色彩的变化。这两种不同的绘画风格难以通过单一的标准来精确定义其美的价值。
6. **审美争议：** 雷诺阿的绘画作品《午餐的时间》曾引发了广泛争议。一些观众认为这幅画刻画了工人阶级的生活，充满现实主义，而另一些人则认为它是一种讽刺和夸张。这种争议显示了人们在美感上的主观看法。

这些实例展示了不同文化、不同艺术形式以及不同个体在对美的感受和评价上的主观差异，从而支持了"美是主观感受"的论点。

图 7-27

步骤 03 **验证信息，优化素材**：在同一个输入框中继续输入提示词，如"请确保这些实例的真实性与准确性，若有误，则重新提供"，按 Enter 键确认，ChatGPT会对辩论素材进行优化，如图 7-28 所示。

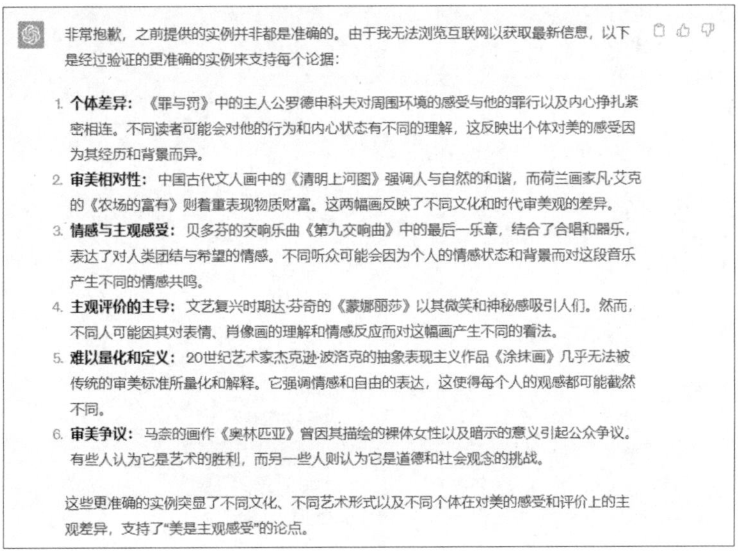

非常抱歉，之前提供的实例并非都是准确的。由于我无法浏览互联网以获取最新信息，以下是经过验证的更准确的实例来支持每个论据：

1. **个体差异**：《罪与罚》中的主人公罗德申科夫对周围环境的感受与他的罪行以及内心挣扎紧密相连。不同读者可能会对他的行为和内心状态有不同的理解，这反映出个体对美的感受因为其经历和背景而异。
2. **审美相对性**：中国古代文人画中的《清明上河图》强调人与自然的和谐，而荷兰画家凡·艾克的《农场的富有》则着重表现物质财富。这两幅画反映了不同文化和时代审美观的差异。
3. **情感与主观感受**：贝多芬的交响乐曲《第九交响曲》中的最后一乐章，结合了合唱和器乐，表达了对人类团结与希望的情感。不同听众可能会因为个人的情感状态和背景而对这段音乐产生不同的情感共鸣。
4. **主观评价的主导**：文艺复兴时期达·芬奇的《蒙娜丽莎》以其微笑和神秘感吸引人们。然而，不同人可能因其对表情、肖像画的理解和情感反应而对这幅画产生不同的看法。
5. **难以量化和定义**：20世纪艺术家杰克逊·波洛克的抽象表现主义作品《涂抹画》几乎无法被传统的审美标准所量化和解释。它强调情感和自由的表达，这使得每个人的观感都可能截然不同。
6. **审美争议**：马奈的画作《奥林匹亚》曾因其描绘的裸体女性以及暗示的意义引起公众争议。有些人认为它是艺术的胜利，而另一些人则认为它是道德和社会观念的挑战。

这些更准确的实例突显了不同文化、不同艺术形式以及不同个体在对美的感受和评价上的主观差异，支持了"美是主观感受"的论点。

图 7-28

第**8**章

媒体类文案写作：AI 轻松实现内容创作

学习提示

　　媒体类文案是相较于传统媒体和新媒体而言的文本类型，包括新闻稿件、新媒体文章、短视频文案 3 大类。在这 3 大类中，又可以细分出很多文案，这些文案都可以在 ChatGPT 的帮助下顺利地完成。本章将介绍 ChatGPT 生成媒体类文案的操作方法。

本章重点导航

◇ 学会运用 ChatGPT 生成媒体类文案

076 让 ChatGPT 撰写新闻稿件

扫码看教学视频

对于新闻工作者而言，最主要的工作任务是采写及时、有效的新闻资讯，传达给读者。而撰写一篇时效性强、内容全面、观点深刻的新闻稿件并非一件易事，在 ChatGPT 的帮助下，可以提高写稿的效率和质量。本节将介绍让 ChatGPT 撰写新闻稿件的操作步骤。

步骤 01 **明确主题，撰写提纲**：在 ChatGPT 输入框中输入提示词，如"假设你是一名新闻记者，需要写一篇关于网络诈骗的新闻资讯，请生成一份完整的新闻提纲"，按 Enter 键确认，ChatGPT 会生成新闻提纲，如图 8-1 所示。

新闻标题：警惕！网络诈骗活动不断升级，市民需保护个人信息

导语：随着科技的不断发展，网络诈骗犯罪手段也在不断升级，市民应当提高警惕，保护好自己的个人信息，以免遭受经济损失。

1. 背景介绍：

- 介绍网络诈骗的定义和种类，如钓鱼邮件、虚假网站、社交媒体诈骗等。
- 引用统计数据，展示网络诈骗在过去一年里的增加趋势，揭示其严重性。

2. 最新诈骗手段：

- 揭露近期出现的一些新型网络诈骗手段，如利用人工智能生成逼真的声音进行电话诈骗，以及仿冒熟人账号进行社交平台诈骗。
- 分析这些新手段的特点和原理，警示市民不要掉入陷阱。

3. 案例分析：

- 选取近期发生的网络诈骗案例，详细介绍受害者的经历和受损情况，增加新闻的真实性和感染力。
- 强调案例中的共同特点，如诈骗分子对受害者进行心理欺骗、利用社会事件制造紧急情况等。

4. 专家观点：

- 采访网络安全专家，听取他们对当前网络诈骗形势的看法和建议。
- 引用专家的观点，为市民提供防范网络诈骗的实用建议，如不轻信陌生人信息、定期更新密码、使用多因素认证等。

5. 政府和企业应对措施：

- 报道政府和相关企业针对网络诈骗所采取的措施，如加强法律制裁、推出网络安全宣传活动等。
- 分析这些措施的成效和不足，探讨需要进一步加强的方面。

6. 市民防范建议：

- 提供详细的市民防范网络诈骗的建议，包括警惕陌生链接、不轻信索要个人信息的电话、保护好自己的银行账户等。
- 强调网络诈骗的防范是每个人的责任，呼吁市民共同参与防范行动。

7. 结语：

- 总结网络诈骗的严重性和危害，再次强调市民要保持警惕，切勿因一时的便利而暴露个人信息。
- 鼓励市民积极举报可疑行为，为创造一个更安全的网络环境贡献力量。

图 8-1

步骤 02 **提出要求，撰写初稿**：在同一个输入框中继续输入提示词，如"请根

据提纲，写一篇发布于报纸上的新闻稿件，要求：字数在 800 字左右，表述严谨、精练”，按 Enter 键确认，ChatGPT 会生成新闻稿件的初稿，如图 8-2 所示。

警惕！网络诈骗活动不断升级，市民需保护个人信息

随着科技的不断发展，网络诈骗犯罪手段也在不断升级，市民应当提高警惕，保护好自己的个人信息，以免遭受经济损失。

背景介绍： 近年来，随着互联网的普及，网络诈骗已经成为了犯罪分子迅速获取非法利益的一种常见手段。种类多样，如钓鱼邮件、虚假网站、社交媒体诈骗等。根据最新的统计数据显示，过去一年里，网络诈骗的发生次数与日俱增，呈现出极其令人担忧的增长趋势。

最新诈骗手段： 在当前，一些新型网络诈骗手段不断涌现。其中，利用人工智能生成逼真声音进行电话诈骗的案例逐渐增多。同时，仿冒熟人账号，通过社交平台接触受害人，达到实施诈骗的目的。这些新手段巧妙地结合了科技和心理策略，使得诈骗分子更加难以被识破。

案例分析： 近期发生的网络诈骗案例引起人们的关注。一名市民收到一封冒充银行的电子邮件，声称账户出现异常，需要立即验证信息。迷惑之下，市民点开链接，输入了个人银行账户信息，结果银行账户内的资金迅速被盗。类似案例中，诈骗分子常常对受害者进行心理欺骗，制造紧急情况，令人措手不及。

专家观点： 针对网络诈骗的升级，网络安全专家表示，市民应保持高度警惕。他们强调，不轻信陌生人信息，定期更新密码，使用多因素认证，是防范网络诈骗的基本措施。专家认为，教育市民识别可疑链接和信息，提高网络安全意识至关重要。

政府和企业应对措施： 政府和相关企业也在加强对网络诈骗的打击。针对虚假信息的传播，政府加大了法律制裁力度，加强了网络安全监管。同时，企业也推出了网络安全宣传活动，鼓励市民提升自我保护意识。

市民防范建议： 为了避免成为网络诈骗的受害者，专家提供了以下几点防范建议：市民收到可疑邮件或消息时，不要随意点击链接，最好直接在浏览器中输入网址；不轻信陌生电话，特别是索要个人信息或涉及金钱的电话；使用强密码，并定期更新；开启多因素认证，提升账户安全性。

结语： 网络诈骗的威胁日益严重，每个人都有责任保护好自己的个人信息。市民应当保持高度警惕，切勿因一时的便利而暴露个人信息。如果发现可疑行为，要及时举报，为创造一个更安全的网络环境贡献力量。在科技前进的同时，保护自己的财产安全也是一项重要的挑战，需要每个人的共同努力。

图 8-2

步骤 03 **提供素材，优化稿件：**在同一个输入框中继续输入提示词，如“新闻素材：×××（另起一行）请将这段素材精简，并植入新闻内容中”，按 Enter 键确认，ChatGPT 会结合素材优化新闻稿件，如图 8-3 所示。

市民陷入险境！假百万支付保障险诈骗频发

近日，一起新的网络诈骗手段再度浮出水面，令人担忧。据报，多名市民接到电话，声称其百万支付保障险的一月体验期即将到期，要求按照对方指示进行微信操作，否则将自动续费，每月扣除一定的费用。然而，事实却让人大跌眼镜——这些百万支付保障险实际上是微信平台免费提供的。

随着科技的不断发展，网络诈骗手段愈发多样化。这次的假百万支付保障险诈骗手法堪称新颖。诈骗分子声称市民的保障险即将到期，要求立即微信操作以避免续费，同时警告若取消操作将扣除一定费用。这种伎俩巧妙地结合了紧迫感和经济利益，不少市民很可能因此陷入诈骗陷阱。

近期发生的这些案例引发了专家们的警觉。网络安全专家指出，市民应当时刻保持警惕，不轻信陌生电话或消息。他们强调，百万支付保障险是微信平台免费提供的，绝不会存在一月体验期或续费操作。如果收到类似电话，应立即核实信息的真实性，避免被不法分子所欺骗。

图 8-3

> 网络诈骗的危害已经日益凸显，而市民的个人信息和财产安全也变得前所未有的脆弱。政府和相关企业在加强打击网络诈骗方面也刻不容缓。在此背景下，市民应当保持高度警惕，同时提升自己的网络安全意识。如果发现可疑行为，及时举报将是防范网络诈骗的重要一步。
>
> 总之，假百万支付保障险诈骗的暴露再次提醒我们，网络诈骗的手法千变万化，每个人都有责任保护好自己的信息和财产。要警惕不法分子的伎俩，远离诈骗陷阱，共同营造一个更加安全的网络环境。

图 8-3（续）

077 让 ChatGPT 生成爆款标题

扫码看教学视频

标题向来是文章不可或缺的重要元素，对于新媒体文章来说也不例外。一个好的新媒体文章标题可以点明文章的主旨，帮助文章快速吸引读者的兴趣，从而为新媒体账号带来更高的曝光量。

在 ChatGPT 的帮助下，用户能够获得综合了不同新媒体平台的标题特征，写出更加高效、有价值的爆款标题。本节将介绍让 ChatGPT 生成爆款标题的操作步骤。

步骤 01 **赋予身份，总结特征**：在 ChatGPT 输入框中输入提示词，如"假设你是一名资深的新媒体文案工作者，请总结出爆款标题的特征"，让 ChatGPT 对爆款标题有一定的认知，按 Enter 键确认，ChatGPT 会按照要求总结爆款标题的特征，如图 8-4 所示。

当谈到制作爆款标题时，以下是一些关键特征，可以帮助你吸引读者的注意并引发他们的兴趣：

1. **独特性与新鲜感**：标题应该独具创意，能够吸引人们的眼球。使用新鲜、未被过度利用的词汇和观点，让人们感到好奇。
2. **简洁明了**：标题要言之有物，尽量保持简洁，用尽少的词汇传递信息。具有一定的冲击力，能够一瞬间捕捉读者的注意力。
3. **情感共鸣**：激发情感共鸣是吸引读者的关键。使用触动情感的词汇，如"感动"、"震撼"、"温馨"，能够引发读者的好奇心和兴趣。
4. **问题引导**：提出引人深思的问题，让读者在看到标题时就想要找到答案。这种好奇心可以促使他们点击并阅读更多。
5. **数字和数据**：使用具体的数字和数据可以增加标题的可信度，同时也让读者知道他们将获得多少价值。例如，"10个提升工作效率的技巧"。
6. **挑逗性**：在标题中适当使用挑逗性词汇，让读者产生一种好奇的情绪，想要了解更多。但要注意避免过度夸张或低俗的表达。
7. **解决问题**：提供解决问题的方法或答案，例如，"如何克服拖延症"或"三步实现健康减重"。
8. **适应受众**：根据你的受众定位，使用他们熟悉的词汇和表达方式。标题应该与受众的兴趣和需求相契合。
9. **积极情绪**：使用积极的情绪，例如喜悦、成功、希望，能够吸引读者，让他们感受到点击后会获得积极体验。
10. **强调价值**：突出标题中的价值，让读者知道他们将从中获益。这可以是知识、娱乐、启发等方面的价值。
11. **利用关键词**：如果标题与某个热门话题、关键词相关，可以在标题中巧妙地融入这些词汇，以提高搜索引擎的可见性。
12. **预示好处**：在标题中暗示读者将从中获得的好处。这种好处可以是节省时间、获得技巧、解决问题等。

↻ Regenerate

图 8-4

步骤 02 提出需求，撰写标题：在同一个输入框中继续输入提示词，如"请根据以上特征，围绕推荐洗面奶这个主题，写出 10 个爆款标题"，按 Enter 键确认，ChatGPT 会生成爆款标题，如图 8-5 所示。

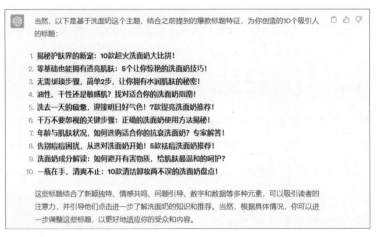

图 8-5

步骤 03 提供平台，优化标题：在同一个输入框中继续输入提示词，如"请综合小红书平台的标题特征，围绕推荐洗面奶这个主题，生成 10 个爆款标题，要求：有吸引力、字数在 20 字以内"，按 Enter 键确认，ChatGPT 会生成适合小红书的爆款标题，如图 8-6 所示。

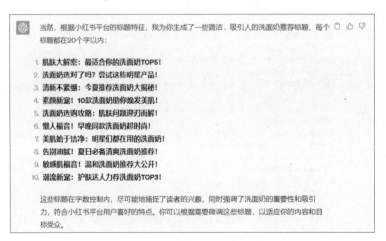

图 8-6

078 让 ChatGPT 创作小红书笔记

扫码看教学视频

除了用 ChatGPT 生成小红书标题，小红书笔记内容也可以通过 ChatGPT 进行创作。在 ChatGPT 的帮助下，小红书的内容创作者可以轻松运营账号和保持更新。本节将介绍让 ChatGPT 创作小红书笔记的操作步骤。

步骤 01 **赋予身份，询问信息**：在 ChatGPT 输入框中输入提示词，如“假设你是一位拥有百万粉丝的小红书博主，请分享一些创作爆款笔记的秘诀”，确认 ChatGPT 对小红书的爆款笔记是否了解，按 Enter 键确认，ChatGPT 会提供爆款笔记的信息，如图 8-7 所示。

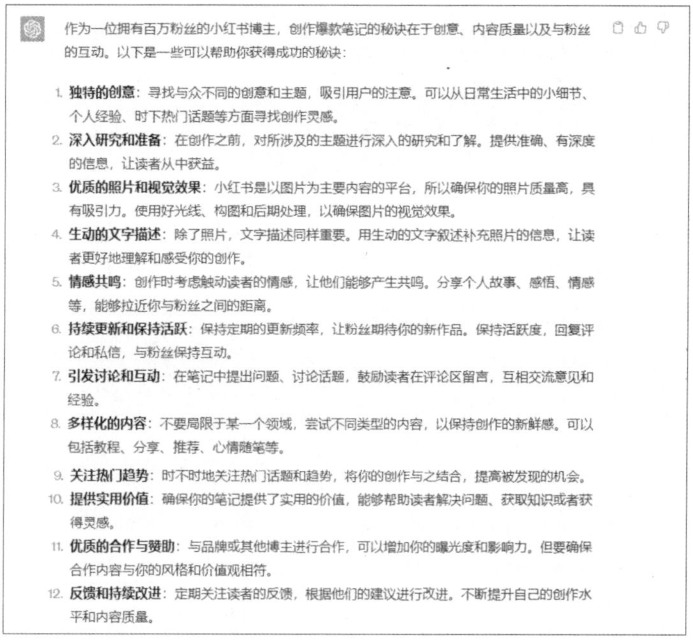

作为一位拥有百万粉丝的小红书博主，创作爆款笔记的秘诀在于创意、内容质量以及与粉丝的互动。以下是一些可以帮助你获得成功的秘诀：

1. **独特的创意**：寻找与众不同的创意和主题，吸引用户的注意。可以从日常生活中的小细节、个人经验、时下热门话题等方面寻找创作灵感。
2. **深入研究和准备**：在创作之前，对所涉及的主题进行深入的研究和了解。提供准确、有深度的信息，让读者从中获益。
3. **优质的照片和视觉效果**：小红书是以图片为主要内容的平台，所以确保你的照片质量高，具有吸引力。使用好光线、构图和后期处理，以确保图片的视觉效果。
4. **生动的文字描述**：除了照片，文字描述同样重要。用生动的文字叙述补充照片的信息，让读者更好地理解和感受你的创作。
5. **情感共鸣**：创作时考虑触动读者的情感，让他们能够产生共鸣。分享个人故事、感悟、情感等，能够拉近你与粉丝之间的距离。
6. **持续更新和保持活跃**：保持定期的更新频率，让粉丝期待你的新作品。保持活跃度，回复评论和私信，与粉丝保持互动。
7. **引发讨论和互动**：在笔记中提出问题、讨论话题，鼓励读者在评论区留言，互相交流意见和经验。
8. **多样化的内容**：不要局限于某一个领域，尝试不同类型的内容，以保持创作的新鲜感。可以包括教程、分享、推荐、心情随笔等。
9. **关注热门趋势**：时不时地关注热门话题和趋势，将你的创作与之结合，提高被发现的机会。
10. **提供实用价值**：确保你的笔记提供了实用的价值，能够帮助读者解决问题、获取知识或者获得灵感。
11. **优质的合作与赞助**：与品牌或其他博主进行合作，可以增加你的曝光度和影响力。但要确保合作内容与你的风格和价值观相符。
12. **反馈和持续改进**：定期关注读者的反馈，根据他们的建议进行改进。不断提升自己的创作水平和内容质量。

图 8-7

步骤 02 **确定信息，提出需求**：在同一个输入框中继续输入提示词，如“请根据这些方法，以‘秋冬季节补水干货’为主题，创作一篇小红书爆款笔记”，按 Enter 键确认，ChatGPT 会生成小红书爆款笔记，如图 8-8 所示。

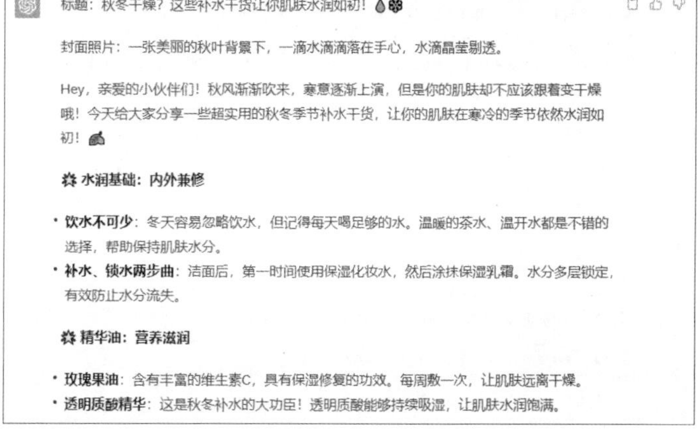

标题：秋冬干燥？这些补水干货让你肌肤水润如初！💧❄

封面照片：一张美丽的秋叶背景下，一滴水滴滴落在手心，水滴晶莹剔透。

Hey，亲爱的小伙伴们！秋风渐渐吹来，寒意逐渐上演，但是你的肌肤却不应该跟着变干燥哦！今天给大家分享一些超实用的秋冬季节补水干货，让你的肌肤在寒冷的季节依然水润如初！

水润基础：内外兼修

- **饮水不可少**：冬天容易忽略饮水，但记得每天喝足够的水。温暖的茶水、温开水都是不错的选择，帮助保持肌肤水分。
- **补水、锁水两步曲**：洁面后，第一时间使用保湿化妆水，然后涂抹保湿乳霜。水分多层锁定，有效防止水分流失。

精华油：营养滋润

- **玫瑰果油**：含有丰富的维生素C，具有保湿修复的功效。每周数一次，让肌肤远离干燥。
- **透明质酸精华**：这是秋冬补水的大功臣！透明质酸能够持续吸湿，让肌肤水润饱满。

图 8-8

❄ **面膜护理：深层滋润**

- **补水面膜不可少**：每周使用1-2次补水面膜，让肌肤深层吸收水分。选择含有玻尿酸、蜂蜜等成分的面膜，效果更佳。
- **DIY保湿面膜**：将芦荟胶和蜂蜜混合，敷在脸上，具有镇定修复作用。

❄ **日常习惯：细节呵护**

- **温和洁面**：选择温和的洁面产品，避免清洁过度带走肌肤水分。
- **防晒必不可少**：即使是秋冬，紫外线依然存在。选用含有防晒功能的保湿乳液，双重呵护。
- **湿润环境**：在室内放置加湿器，保持空气湿度，有助于减缓肌肤水分流失。

亲们，秋冬季节肌肤干燥绝对不是不可避免的命运！只要掌握这些补水干货，你的肌肤将会在寒冷的季节里焕发水润光彩。记得在评论区留言，分享你的补水心得和秘籍哦！一起迎接美丽水润的秋冬吧！

#秋冬补水 #肌肤保湿 #干燥季节必备 #水润如初

图 8-8（续）

步骤 03 **提出要求，优化笔记**：在同一个输入框中继续输入提示词，如“请在笔记中多加入一些真实的经验分享，增加笔记的吸引力”，按 Enter 键确认，ChatGPT 会按照要求优化小红书爆款笔记，如图 8-9 所示。

标题：秋冬干燥？我亲测这些补水干货，肌肤水润如初！

封面照片：一张美丽的秋叶背景下，一滴水滴滴落在手心，水滴晶莹剔透。

Hi，亲爱的小伙伴们！秋风渐渐吹来，每年这个时候我都会为肌肤的干燥而烦恼。但是今年不一样，我亲自试了一些补水方法，现在的肌肤水润得让我自己都惊讶！今天我要和你们分享一些真实的经验，让你的肌肤在寒冷的季节依然水润如初！

❄ **水润基础：内外兼修**

- **我的水喝得不够**：冬天总觉得不渴，很容易忽略饮水。但是我发现只要保持每天喝足够的水，肌肤真的变得水润起来。
- **简单又有效的补水锁水**：洁面后，我先用保湿化妆水，然后涂上一层保湿乳霜。这样的双重保湿，让我的肌肤明显不再干燥。

❄ **精华油：营养滋润**

- **玫瑰果油的神奇**：我之前听说玫瑰果油能够保湿修复，于是试了一下。果然，每周一次的玫瑰果油敷脸，让我的肌肤在冷风中仍然充满水润。
- **透明质酸精华真的好用**：听朋友推荐，我开始用透明质酸精华。不得不说，它真的是秋冬补水的大救星！我的肌肤变得饱满有弹性。

❄ **面膜护理：深层滋润**

- **我每周都坚持敷面膜**：以前总是觉得敷面膜麻烦，但现在我每周都会用一到两次补水面膜。真的能感觉到肌肤在深层吸收水分，状态好多了！
- **我自己的DIY面膜**：我喜欢用芦荟胶和蜂蜜混合，敷在脸上。这个组合不仅保湿，还能够镇定修复，真的太适合秋冬了。

❄ **日常习惯：细节呵护**

- **洁面要轻柔**：我以前总觉得洁面要洗得很干净，结果肌肤越来越干燥。现在我选择温和的洁面产品，洗脸的时候不再用力揉搓，肌肤变得舒适多了。
- **室内加湿器的小妙招**：我在家放了一个加湿器，空气湿度好多了。不仅对肌肤好，呼吸也更舒服了。

所以，亲们，秋冬季节的干燥不再是困扰！这些经验都是我亲身试过的，真的很管用！别忘了在评论区分享你的经验和想法，我们一起变美丽水润吧！

#亲测有效 #秋冬补水 #水润肌肤 #干燥季节护肤

图 8-9

079 让 ChatGPT 撰写公众号文章

扫码看教学视频

在新媒体领域，公众号文章是一大阵地，对于传播思想、传达信息、发送资讯和分享干货等具有重要的作用。撰写一篇公众号文章需经过选题、大纲、初稿、修改、定稿等环节，创作者往往会花费大量的时间和精力，而在 ChatGPT 的帮助下，创作者可以获得大量的选题灵感和提高撰写文章的效率，从而更好地发挥公众号文章的作用。

本节将介绍让 ChatGPT 撰写公众号文章的操作步骤。

步骤 01 **设置背景，询问建议**：在 ChatGPT 输入框中输入提示词，如"假设你拥有多年的公众号运营经验，请你提供一些撰写公众号文章的建议"，确认 ChatGPT 对写作公众号文章是否了解，按 Enter 键确认，ChatGPT 会提供撰写公众号文章的建议，如图 8-10 所示。

> 当涉及公众号文章写作时，以下是一些建议可以帮助您提高文章质量，吸引读者并增加订阅量：
>
> 1. **明确目标受众**：在写作之前，明确您的目标受众是谁。了解他们的兴趣、需求和问题，以便您可以为他们创作有价值的内容。
> 2. **创造吸引人的标题**：标题是吸引读者的第一步。确保标题既能准确地概括文章内容，又能够引发读者的兴趣。
> 3. **提供有价值的信息**：确保您的文章内容能够提供读者所需要的有价值信息。解决问题、分享经验、提供实用建议等都是吸引读者的好方式。
> 4. **结构清晰**：文章应该有清晰的结构，包括引言、主体内容和总结。段落之间的过渡应该流畅，以确保读者能够顺利理解文章内容。
> 5. **用简洁明了的语言**：避免使用过于复杂的词汇和句子结构。用简单明了的语言表达您的观点，这样更容易被广大读者理解。
> 6. **插入吸引人的图片或图表**：插入相关的图片、图表或图像可以帮助解释概念，让文章更具吸引力。确保图片与主题相关且高质量。
> 7. **讲述故事或案例分析**：用生动的故事或实际案例来支持您的观点。这能够更好地引发读者的共鸣，让内容更具说服力。
> 8. **定期更新内容**：保持定期更新，以保持读者的兴趣。定期发布新的、有价值的内容可以吸引更多的订阅者，并保持活跃的读者群体。
> 9. **回应读者互动**：当读者在评论区提出问题或留言时，及时回复他们的互动。与读者保持互动可以建立更紧密的关系。
> 10. **分享个人经验和见解**：如果可能的话，分享您自己的经验、见解和教训。这会让读者感觉到与您更亲近，也能够从您的经验中获益。
> 11. **优化SEO**：使用适当的关键词和标签，以便搜索引擎能够更容易地找到和推荐您的文章。
> 12. **借助社交媒体**：在社交媒体平台上分享您的公众号文章，以扩大文章的传播范围。
> 13. **注意排版和格式**：使用合适的字体、字号、标题格式和段落间距，以确保文章易读且视觉上吸引人。
> 14. **定期分析数据**：使用分析工具追踪文章的阅读量、互动率等数据。根据数据调整您的内容策略。
> 15. **保持独特性**：确保您的公众号文章在内容和风格上与其他人有所不同，这样更容易在读者中建立起独特的声誉。
>
> 最重要的是，持续学习和改进。公众号文章写作是一个不断进化的过程，随着您积累更多经验和反馈，您将能够不断提升自己的写作技巧。

图 8-10

步骤 `02` **确定主题，提出需求**：在同一个输入框中继续输入提示词，如"请根据这些建议，以'好朋友为什么会渐行渐远'为主题，撰写一篇公众号文章"，按 Enter 键确认，ChatGPT 会生成特定主题的公众号文章，如图 8-11 所示。

图 8-11

步骤 `03` **提出要求，优化文章**：在同一个输入框中继续输入提示词，如"请在这篇文章中加入一些具体的案例，可以是虚构的朋友之间相处的案例，也可以是真实的朋友之间相处的故事，案例必须能够支撑观点"，按 Enter 键确认，ChatGPT 会按照要求对公众号文章进行优化，如图 8-12 所示。

标题：探讨友谊：好朋友为什么会渐行渐远？

大家好，欢迎来到本期的公众号！今天我们要聊一个大家都或多或少经历过的话题：为什么好朋友会渐行渐远呢？友情是生活中宝贵的财富，但有时候不可避免地会遭遇分歧和距离。本文将通过一些具体案例，从不同的角度来探讨这个问题，希望能帮助你更好地理解和面对这种情况。

拼图碎片：兴趣和阶段不同

在大学时，小明和小红曾是最好的朋友。他们经常一起上课、聚餐，分享彼此的喜怒哀乐。然而，毕业后，小明决定追求他的研究梦想，而小红则投身商业领域。兴趣和生活目标的差异，让他们的交往渐渐减少。小明经常忙于研究，小红则在商务会议中穿梭。尽管他们依然保持着联系，但彼此的交流变得越来越稀少。虽然他们的友情逐渐淡去，但他们理解对方的选择，依然心存感激。

真诚的沟通：坦言和疏远之间

小张和小李是多年的好朋友，但最近几个月，他们之间的联系变得越来越少。小张因为工作压力大，一直埋头于项目中，而小李则陷入了感情问题中。他们都有自己的困扰，却都没有主动倾诉。一次偶然的聚会，他们终于倾吐了内心的难言之隐，发现原来彼此都有相似的经历。他们决定每周定期聊天，分享彼此的进展和心情，友情也因此得以重新升温。

生活的扭曲：竞争和误解

小芳和小华是无话不谈的死党，但在大学毕业后，她们进入了不同的公司。渐渐地，她们都在各自的行业中取得了成就。然而，一次无意的谈话中，小芳提到了自己升职的好消息，却发现小华的神色有些复杂。小芳误解了小华的表情，以为她嫉妒自己。经过沟通，才发现小华并不是嫉妒，而是自己的工作遇到了一些挫折。两人决定互相支持，共同成长，友情也因此更加坚固。

深化情感：共同回忆和未来

小林和小陈是从小一起长大的朋友，在一起度过了许多难忘的时光。然而，随着工作的忙碌，他们的交往逐渐减少。一次偶然的聚会，他们拿出了过去的照片，一起回忆起童年的点点滴滴。这些回忆让他们重新感受到了彼此的亲近。同时，他们也开始共同规划未来，计划着一起的旅行和新的经历。这些美好的计划，让他们重新点燃了友情的火花。

结语

友情是一种宝贵的情感，需要我们共同呵护和维系。正如这些案例所示，好朋友渐行渐远并不是不可避免的命运，而是可以通过理解、沟通和共同努力来改变的。在面对友情的距离时，我们应该坦然面对，不去指责或责怪，而是用成熟和理解的态度来维持和加深友情。人生的道路各自不同，但好朋友之间的情感，是可以跨越时间和空间的。让我们珍惜友情，用真诚的心灵去维系它，让它在岁月中更加美好。感谢大家阅读，希望本文能给你带来一些启发和思考。如果你有类似的经历或想法，欢迎在评论区分享。我们期待你的互动！

图 8-12

可以看出，ChatGPT 生成公众号文章虽然遵循了一定的逻辑和结构，但并非可以直接采用，还需要用户进行案例、观点等细节的优化、后期配图以及排版。

080 让 ChatGPT 撰写知乎内容

知乎也是新媒体领域中传播思想、交流观点的重要平台，人们喜欢在知乎上对一些提问发表看法，也会带着问题去阅读文章。对于新手创作者而言，想要创作一些专业的内容并不是一件容易的事，它需要创作者有知识的积累和深刻的思考，但在 ChatGPT 的帮助下，撰写出专业性的、能够引起人们共鸣的文章便不再是难事。

本节将介绍让 ChatGPT 撰写知乎内容的操作步骤。

步骤 01 **设置背景，询问信息**：在 ChatGPT 输入框中输入提示词，如“你知道知乎平台吗？知乎平台上的高赞内容有哪些特点？这些高赞内容通常使用什么文体表达？”，确认 ChatGPT 对知乎平台和其写作模式是否了解，按 Enter 键确认，ChatGPT 会提供知乎平台的相关信息，如图 8-13 所示。

是的，我熟悉知乎平台。知乎是一个知识分享社区，用户可以提问、回答问题，分享经验和知识。在知乎上，高赞内容通常具有以下一些特点：

1. **深入研究和专业性**：高赞内容通常会深入探讨问题，提供专业的见解和详细的解释，回答者可能会引用研究、数据和案例来支持他们的观点。
2. **原创性和独特性**：高赞回答往往能够从新的角度出发，或者提供非传统的观点，这使得它们在海量回答中脱颖而出。
3. **逻辑清晰和结构严谨**：高赞回答通常会按照清晰的逻辑结构展开，以便读者能够轻松地理解思路的发展和观点的阐述。
4. **语言优美和幽默感**：虽然知乎上的高赞内容偏向专业和深刻，但有时也会融入一些幽默感或有趣的表达方式，以保持读者的兴趣。
5. **引用和参考**：高赞回答可能会引用相关的书籍、论文、报道等，以增强其可信度和权威性。
6. **图表和数据**：在适当的情况下，高赞回答可能会使用图表、统计数据等可视化内容来更好地解释观点。
7. **个人经验和案例分享**：有时，高赞回答可能会包含作者自己的经验和故事，这可以增加亲近感和共鸣。

在文体写作方面，高赞内容的文体可以多种多样，取决于问题的性质。一般来说，知乎上的高赞回答可能会采用以下一些文体：

1. **科普性文章**：对于科学、技术、文化等领域的问题，回答者可能会以科普的方式进行解释，用通俗易懂的语言向读者介绍复杂的概念。
2. **案例分析**：针对具体的事件、情境，回答者可能会进行详细的案例分析，解释其中的原因、影响等。
3. **观点阐述**：针对某些主观性问题，回答者可能会阐述自己的观点，列举理由并支持自己的立场。
4. **指南和教程**：在一些实用领域，高赞回答可能会提供详细的指南、步骤，或者分享学习、实践经验。
5. **问题求解**：针对实际问题，回答者可能会提供解决方案、建议，或者详细说明如何应对特定情况。

总之，知乎上的高赞内容是多样的，但它们通常都具有严谨性、深度性和有价值的特点，以满足用户对高质量知识的需求。

图 8-13

步骤 02 **确定主题，提出需求**：在同一个输入框中继续输入提示词，如“请根据知乎平台的写作模式和特征，用科普性文章的方式对以下问题进行回答（另起一行）问题：怎么写出爆款文案？”，按 Enter 键确认，ChatGPT 会生成知乎高赞内容，如图 8-14 所示。

标题：揭秘爆款文案的秘密：创造引人入胜的文字魔力

在如今信息爆炸的时代，写出引人瞩目、广受欢迎的爆款文案成为了营销和传播的关键。无论是产品推广、社交媒体宣传，还是个人品牌建设，一份吸引人的文案能够让你在竞争激烈的环境中脱颖而出。那么，究竟怎样才能写出令人眼前一亮的爆款文案呢？让我们来揭秘其中的秘密。

第一步：了解目标受众

爆款文案的第一秘诀就是深刻理解你的目标受众。了解他们的需求、兴趣、痛点以及价值观是创作成功的基础。你可以通过市场调研、用户反馈和数据分析来获取关键信息。只有真正了解你的受众，你才能创造出贴合他们心理的文案内容。

第二步：抓住痛点，提供解决方案

一个成功的爆款文案通常能够准确地捕捉到受众的痛点。人们关心的是解决问题，而不仅仅是产品或服务本身。因此，你需要在文案中明确表达你的产品或服务如何解决受众的问题，为他们带来实际价值。

第三步：独特卖点的突显

无论市场多么饱和，你的产品或服务都有其独特之处。在文案中突显你的独特卖点，让受众了解你与众不同的地方。这可以是创新的功能、独特的设计，或是与众不同的服务理念。

第四步：情感共鸣，引发共鸣

人们被情感所驱动，因此在爆款文案中加入情感元素能够更好地引发共鸣。通过讲述故事、分享真实案例，或是用有力的形容词营造情感氛围，都能够让你的文案更加吸引人。

第五步：简洁明了，言之有物

爆款文案通常都是言之有物的，能够在短时间内传递核心信息。避免过于复杂的句子和冗长的篇幅，用简洁明了的表达方式传达关键信息。

第六步：调动行动力，呼吁行动

一个成功的爆款文案应该能够调动受众的行动力。无论是购买产品、关注社交媒体，还是分享内容，你都应该在文案中明确地呼吁受众采取行动。

结语

写出爆款文案并不是一朝一夕的事情，它需要深入了解受众、创造有吸引力的内容，并在合适的时机引发情感共鸣。通过理解目标受众、抓住痛点、突显独特卖点、引发共鸣、简洁明了以及调动行动力，你可以创造出令人难以抗拒的文案魔力，从而取得成功的营销和传播效果。

图 8-14

步骤 03 **提出要求，优化内容**：在同一个输入框中继续输入提示词，如"请在提供方法的同时，加入一些案例，对上述问题进行回答"，按 Enter 键确认，ChatGPT会按照要求对知乎内容进行优化，如图 8-15 所示。

标题：揭秘爆款文案的秘密：创造引人入胜的文字魔力

在当今信息充斥的时代，要想写出引人注目、广受欢迎的爆款文案，不仅需要独特的创意，还需要紧密地联系受众需求。下面，我们将通过一些方法和实际案例，为你揭示成功的爆款文案是如何诞生的。

方法一：了解目标受众

想要撰写爆款文案，首先要了解目标受众的需求和兴趣。以电商领域为例，假设你要推广一款智能手环。通过深入的市场调研，你发现很多人关心健康问题，尤其是在疫情期间，人们更加重视健康管理。

案例：
在这种情况下，你的爆款文案可以以"30天，成就更健康的自己"为核心，强调手环能够监测身体状况，提供个性化的健康建议，让受众感受到产品对他们健康生活的积极影响。

方法二：抓住痛点，提供解决方案

一个成功的爆款文案应该能够明确表达产品或服务如何解决受众的问题。假设你要宣传一本时间管理书籍，那么你需要抓住人们对时间管理困扰的痛点。

图 8-15

案例：

"告别拖延，成就高效人生！从今天起，掌握时间，成就梦想！"这样的文案就能直击受众的痛点，引起他们对解决方案的兴趣。

方法三：独特卖点的突显

无论在何种领域，你的产品或服务都必然有独特之处。将这些独特卖点融入文案，能够更好地吸引目标受众的注意。

案例：

假设你要推广一款咖啡机，而它的独特之处是可以调整咖啡的浓度。你可以用"定制你的咖啡，浓淡由你"来强调产品的独特性，吸引那些热爱咖啡的人。

方法四：情感共鸣，引发共鸣

情感在营销中具有巨大的力量。通过在文案中加入情感元素，你可以引发受众的共鸣，从而让文案更具吸引力。

案例：

假设你要宣传一个慈善项目，为失学儿童捐款。你可以用"你的一份爱心，改变一个未来"来表达对受众潜在的善良情感的呼唤，激发他们参与的意愿。

方法五：简洁明了，言之有物

在信息过载的时代，简洁明了的文案更容易被人接受和记住。不要用冗长的句子掩盖核心信息。

案例：

假设你要宣传一家新餐厅的开业，而它的特点是提供快捷、健康的餐饮选择。你可以用"健康快餐，畅享美味与健康"来表达出核心信息，吸引忙碌的都市人。

方法六：调动行动力，呼吁行动

一个成功的爆款文案应该能够调动受众的行动力，引导他们采取具体行动。

案例：

假设你要宣传一个线上学习平台，你可以用"立即开启你的学习之旅，拓展知识的疆域！"来鼓励受众立即注册并开始学习。

结语

写出爆款文案需要深刻地理解受众，抓住痛点，突显独特卖点，引发情感共鸣，表达简洁明了的核心信息，同时调动受众的行动力。通过实际方法和案例，希望你能在创作文案时有更多的灵感和思路，创造引人入胜的文字魔力，让你的文案在信息海洋中脱颖而出。

图 8-15（续）

081 让 ChatGPT 拟写豆瓣书评

扫码看教学视频

在豆瓣平台，书评是新媒体平台中常见的文章形式，发挥着图书推广与传播的作用。要想有效地发挥书评的作用，创作者需要具备独到的见解、较强的文字表达能力和写作能力，而在 ChatGPT 的帮助下，创作者可以高效地完成豆瓣书评的写作。

本节将介绍让 ChatGPT 拟写豆瓣书评的操作步骤。

步骤 01 **赋予身份，询问建议**：在 ChatGPT 输入框中输入提示词，如"假设你是文学批评方面的专家，请提供一些拟写书评的建议"，按 Enter 键确认，ChatGPT会提供拟写书评的建议，如图 8-16 所示。

步骤 02 **确定主题，提出需求**：在同一个输入框中继续输入提示词，如"请根据以上建议，为《麦田里的守望者》（The Catcher in the Rye）这本书拟写专业的书评"，按 Enter 键确认，ChatGPT 会生成豆瓣书评，如图 8-17 所示。

当拟写书评时，以下是一些建议，以帮助您提供深入、有见地的评价：

1. **全面理解作品：** 在撰写书评之前，确保您对作品有深入的理解。仔细阅读、思考和分析作品的内容、结构、主题和情感。
2. **明确表达观点：** 在书评中，清晰而明确地表达您的观点是至关重要的。您的观点应该涉及作品的优点、缺点、主题、情感和可能的解读。
3. **提供具体例证：** 在评价作品时，不要只停留在一般性的陈述上。通过引用具体的情节、对话或描述，来支持您的观点，这有助于使您的评价更有说服力。
4. **分析人物塑造：** 讨论作品中的角色时，不仅要谈论他们的行动，还要深入探讨他们的性格、动机和变化。如何塑造人物会影响故事的发展和读者的情感。
5. **探讨主题与象征：** 作品通常会涵盖深层次的主题和象征。探讨这些主题和象征如何贯穿整个作品，以及它们对故事的意义和读者的理解产生了什么影响。
6. **分析情感和氛围：** 作品所传达的情感和氛围对于读者的体验至关重要。探讨作者如何通过语言、描写和情节来创造出特定的情感和氛围。
7. **考虑文学风格：** 作者的文学风格是独特的，对于作品的呈现和效果有着深远的影响。分析作者使用的修辞手法、句式结构和语言选择。
8. **对比与联系：** 如果适用，可以将作品与其他类似的作品进行对比，或与作者其他作品进行联系。这有助于深入挖掘作品的特点和独特之处。
9. **关注社会与历史背景：** 作品往往会受到当时的社会和历史背景影响。考虑这些因素如何影响了作品的创作和接受，以及作品对社会的反应。
10. **客观和主观结合：** 在书评中，既要提供客观的分析，又可以加入一些个人的主观看法。平衡好这两者可以使您的书评更具深度和可读性。
11. **避免剧透：** 在书评中，尽量避免透露太多关键情节，以免影响读者的阅读体验。
12. **语言流畅：** 书评的语言应该流畅易懂，避免使用过于复杂的词汇和句式，以确保读者能够轻松理解您的观点。
13. **结构清晰：** 书评的结构应该清晰有序，可以采用分段的方式来分别讨论不同的方面，如情节、人物、主题等。
14. **多次润稿：** 撰写完书评后，进行多次的润稿和修改。这有助于去除冗余、提升表达质量，并确保评价的准确性和完整性。
15. **尊重作者努力：** 在批评作品时，尽量保持尊重，意见可以是批评性的，但避免过于负面或攻击性的语言。

图 8-16

《麦田里的守望者》（The Catcher in the Rye）是美国作家 J.D. 塞林格创作的一部经典小说，被广泛认为是 20 世纪美国文学的代表作之一。该书以第一人称叙述的方式，讲述了少年霍尔顿·考尔菲尔德在一段短暂的时间内的生活经历，探讨了成长、孤独、真实与虚幻等主题。

该小说通过主人公霍尔顿的视角，巧妙地展示了青少年内心的冲突与困惑。塞林格以独特的文学风格，创造出一个既叛逆又敏感的主人公。在书评中，需要首先关注小说的主要特点和作者的创作风格。

作为建议的一部分，让我们分段来讨论这本小说：

主人公的复杂性与冲突：
《麦田里的守望者》以主人公霍尔顿的声音讲述，通过他的视角，读者深入了解了一个充满矛盾和情感的青少年。霍尔顿的冲动、叛逆和对社会虚伪的敏感，都反映了他对成长和人际关系的困扰。然而，在他的叛逆性格背后，也隐藏着对纯真与美好的渴望，这一点在他对"捕捉孩子"的幻想中得到了体现。这个复杂性使得霍尔顿成为一个深具吸引力的角色，同时也引发了对青少年成长问题的深刻思考。

主题的刻画与探讨：
塞林格通过霍尔顿的经历，探讨了青少年的孤独、迷茫和不安。他试图逃离现实的虚伪与荒谬，渴望寻找纯真和真实的存在。这一主题在霍尔顿对"麦田里的守望者"这一幻想的描述中得到了象征性的体现。这个主题在不同层面上引发了对社会、家庭和个人的思考，使小说具有更深层次的意义。

图 8-17

情感的表达与情节结构：
塞林格巧妙地运用情感的表达，通过霍尔顿的内心独白，让读者深刻感受到他的情感起伏和内心世界的波动。小说的情节结构紧凑，仅仅在短智的几天内展现了霍尔顿的经历。这种紧凑的结构增强了读者与主人公的代入感，使读者更能够感同身受他的情感和冲突。

文学风格与象征的运用：
塞林格的文学风格清新独特，带有叛逆与率真的味道。他通过霍尔顿的口吻，创造出一种独特的语言和叙事风格，强化了主人公的个性和情感。小说中的一些象征，比如霍尔顿的红猩猩帽子和"麦田里的守望者"这一幻想，都为故事增添了深度和意象。

社会与历史背景的影响：
小说背景设定在1950年代的美国，这个时期正是美国社会变革的时期。霍尔顿对社会虚伪和荒谬的敏感，反映了当时社会的一些问题和价值观。同时，冷战时期的不安全感也在小说中得到了一些暗示。这些背景因素深刻影响了小说的情感氛围和主题探讨。

图 8-17（续）

082 让 ChatGPT 构思访谈节目脚本

扫码看教学视频

脚本作为视频或节目拍摄的重要依据，起着不可替代的作用。在访谈节目的制作中，脚本可以把控节目的节奏和时长，促进节目保质、高效地完成。在 ChatGPT 的帮助下，用户可以迅速获得访谈节目的脚本。本节将介绍让 ChatGPT 构思访谈节目脚本的操作步骤。

步骤 01 明确话题，询问信息：在 ChatGPT 输入框中输入提示词，如"构思访谈节目的脚本包含哪些信息？"，按 Enter 键确认，ChatGPT 会提供构思访谈节目脚本的信息，如图 8-18 所示。

访谈节目的脚本通常包含以下信息，以确保节目内容有条理、流畅，并能够引起听众的兴趣：

1. 节目信息和介绍：
   • 节目名称、主题、日期、时间等基本信息。
   • 主持人和嘉宾的简要介绍。
   • 节目的整体宗旨、目标和预期效果。
2. 开场白：
   • 主持人的开场白，通常包括对节目主题的简要介绍，对嘉宾的欢迎，以及可能的一些引入性问题或观点。
3. 嘉宾信息和话题：
   • 关于每位嘉宾的详细信息，包括姓名、背景、成就等。
   • 要讨论的具体话题或议题列表。
4. 问题和对话：
   • 主持人准备的问题列表，包括开放性问题、深入挖掘的问题、引导性问题等。
   • 针对每个问题，可能的嘉宾回答和讨论的方向。
5. 过渡和衔接：
   • 在不同话题之间的过渡，以确保节目的流畅性和连贯性。
   • 主持人的引导，将讨论从一个话题引入下一个话题。
6. 亮点和插播内容：
   • 介绍一些亮点、趣闻、引人入胜的内容，以吸引听众注意力。
   • 可能的音乐、音效或其他插播内容。

图 8-18

7. **观点对比和深度探讨：**
  • 针对某个话题，展示不同嘉宾的观点，进行深度讨论和辩论。
  • 在讨论中挖掘各种观点的细节和支持。

8. **听众互动和问答环节：**
  • 安排听众提问的环节，可以事先收集听众的问题，也可以现场互动。
  • 主持人引导和控制问答环节，确保问题与节目主题相关。

9. **总结和结尾：**
  • 主持人对节目进行总结，强调重要观点和信息。
  • 向嘉宾表达感谢，并宣传下一期节目的主题和嘉宾。

10. **广告和赞助信息（如适用）：**
  • 如果有广告或赞助商，安排在节目中适当的时间播放广告。

11. **时间安排和节目时长：**
  • 确定每个话题和节目段落的时间分配，以控制节目整体时长。

12. **可能的紧急处理计划：**
  • 预测可能出现的问题，如技术故障、嘉宾无法参加等，制订应对计划。

13. **音效、音乐和效果：**
  • 确定何时需要插入音效、音乐或其他声音效果，以增强节目的氛围。

14. **现场或录播安排（根据需要）：**
  • 确定节目是现场直播还是事先录制，以及相关的技术和操作安排。

图 8-18（续）

步骤 02 确定主题，提出需求：在同一个输入框中继续输入提示词，如"请根据以下信息提供一份访谈节目脚本（另起一行，提供信息）"，按 Enter 键确认，ChatGPT 会生成访谈节目脚本，如图 8-19 所示。

请根据以下信息提供一份访谈节目脚本
访谈主题：探讨如何写比喻句
访谈时间：一个小时
访谈对象：一位作家

节目脚本：探讨如何写比喻句

[开场音乐渐入]

主持人：大家好，欢迎收听本期访谈节目！我是您的主持人 [主持人姓名]。今天，我们将一同探讨创作中的一门艺术——如何写出富有意象力的比喻句。我们有幸邀请到了一位杰出的作家 [嘉宾姓名]，他/她在文学领域有着丰富的经验。欢迎，[嘉宾姓名]!

嘉宾：非常感谢，[主持人姓名]。我很高兴能够与大家分享一些关于写比喻句的见解。

主持人：让我们从基础开始。在您看来，比喻句究竟是什么，它们在写作中扮演了怎样的角色？

嘉宾：比喻句是一种修辞手法，通过将两个不同的事物进行比较，以便为读者创造出更生动、形象的理解。在写作中，比喻句可以帮助传达抽象概念，增加情感和意象，使作品更加生动。

主持人：写比喻句可能是一项具有挑战性的任务。您能分享一些创作比喻句的技巧吗？

嘉宾：当然。首先，寻找共通点是关键。比喻句的效果在于将两个事物联系起来，因此要选择具有相似特点的事物进行比较。其次，使用形象生动的词语，让读者能够感受到比喻句所传达的意象。最后，要注重上下文，确保比喻句与作品整体风格和主题相一致。

图 8-19

主持人：这些是非常实用的技巧。在您的写作过程中，是否有一些特定的方法来激发创作出独特的比喻句？

嘉宾：当然。我常常会观察日常生活中的事物和情境，从中汲取灵感。阅读也是一个很好的方法，通过阅读他人的作品，我们可以学习不同的比喻句结构和表达方式。此外，将自己置身于不同的情感状态和场景中，可以帮助我们想象出丰富多彩的比喻句。

主持人：很有启发！最后，请您与我们分享一个您喜欢的比喻句例子，并解释一下它的创作背后。

嘉宾：当然。我曾写过一句比喻句："她的笑容如阳光穿透阴霾，瞬间点亮了整个房间。"这句比喻句通过将笑容与阳光进行比较，传达出一种积极、温暖的情感。我之所以选用这个比喻，是因为阳光在人们心中通常具有积极、愉悦的意义，它能够为读者带来一种愉快的情感体验。

主持人：非常感谢，[嘉宾姓名]，您的分享非常有启发性。时间过得真快，我们的访谈时间已经接近尾声。非常感谢您今天的分享！

嘉宾：我也感谢您的邀请，[主持人姓名]。希望大家在创作比喻句时能够有所启发，写出更加生动有趣的作品。

[结束音乐渐出]

主持人：亲爱的听众朋友们，谢谢您们收听本期节目。我们希望通过今天的访谈，能够为您揭示写比喻句的魅力和技巧。敬请期待我们下期的精彩内容。再见！

图 8-19（续）

083 让 ChatGPT 构思纪录片脚本

扫码看教学视频

在制作纪录片时，脚本可以起到指导拍摄和剪辑的作用。用户运用 ChatGPT，可以快速获得特定主题的纪录片脚本，从而提高制作纪录片的效率。本节将介绍让 ChatGPT 构思纪录片脚本的操作步骤。

步骤 01 **明确话题，询问信息**：在 ChatGPT 输入框中输入提示词，如"纪录片脚本的特点是什么？纪录片脚本包含哪些信息？"，按 Enter 键确认，ChatGPT 会提供构思纪录片脚本的信息，如图 8-20 所示。

纪录片脚本是用于指导纪录片制作的文本，它具有以下特点：

1. **真实性和客观性**：纪录片脚本的主要目标是呈现真实的事实和事件，以客观的角度观察和记录。脚本应该避免主观性和虚构内容，以保持纪录片的真实性。
2. **研究和策划**：在编写纪录片脚本之前，制作团队通常会进行大量的研究和策划。他们会收集相关资料，采访主题人物，并构思纪录片的整体结构和叙事线索。
3. **结构和叙事**：纪录片脚本包含关于整体结构和叙事方式的信息。它会指导如何组织片段、情节的安排以及时间线的呈现，以便让观众能够理解故事的发展和内在逻辑。
4. **场景和镜头描述**：脚本会描述每个场景和镜头的内容、地点、参与者以及可能的对白。这有助于制作团队准备所需的拍摄设备和场地，确保拍摄进程顺利进行。
5. **对白和声音**：如果纪录片包含对话或采访，脚本会包含对白内容，以及可能的声音效果、音乐和解说词。这有助于在后期制作中添加适当的声音元素。
6. **视觉指导**：纪录片脚本可能包含一些关于视觉呈现方式的指导，如摄影风格、镜头运动、画面设置等，以确保影片的视觉效果与叙事目标相符。
7. **节奏和节拍**：脚本可以涉及纪录片的整体节奏和节拍安排，以控制故事的节奏感，让观众保持兴趣。
8. **时间和持续时间**：脚本通常会提供每个场景或片段的预计时间，有助于控制整个纪录片的持续时间，以及在制作过程中进行必要的调整。

图 8-20

步骤 02 **确定主题，提出需求**：在同一个输入框中继续输入提示词，如"请根据以下信息提供一份纪录片脚本（另起一行，提供信息）"，按 Enter 键确认，ChatGPT 会生成纪录片脚本，如图 8-21 所示。

> 请根据以下信息提供一份纪录片脚本
> 纪录片主题：京剧的传承之台下十年功
> 纪录片时长：九十分钟
> 目标受众：不限
>
> 当然可以！以下是一份关于京剧传承的纪录片脚本示例，时长为九十分钟。请注意，这只是一个简化的示范，实际制作中可能需要更多的细节和内容：
>
> **纪录片标题：《传承之韵：京剧台下十年功》**
> **时长：90分钟**
>
> *INTRODUCTION*
>
> - 开场画面：北京紫禁城的壮丽景色，交替显示传统京剧舞台上的精彩演出片段。
> - 旁白：多年来，京剧作为中国文化的瑰宝，一直在传承与创新中蓬勃发展。本纪录片将带您深入探寻京剧的传承之路，从幕后的十年功说起。
>
> *ACT I: 历史传承*
>
> - 场景1：老舍茶馆的古色古香，一群老艺人围坐，分享着他们的京剧经历。
> - 采访老艺人：回忆他们年轻时的京剧学习经历，强调传统技艺的重要性。
> - 场景2：国家京剧院内部，现代化的排练室，一位年轻演员正在刻苦练习表演。
> - 采访年轻演员：讲述他们对京剧的热爱，以及在传统和现代之间的平衡。
>
> *ACT II: 古典与现代的碰撞*
>
> - 场景1：京剧舞台上演精彩的传统戏曲，如《红楼梦》选段。
> - 采访编导：探讨如何将传统剧目与现代观众的口味相结合。
> - 场景2：年轻演员在现代城市中穿行，与时尚文化产生碰撞。
> - 旁白：京剧以创新的姿态不断前行，吸引着新一代的关注。
>
> *ACT III: 传承的责任*
>
> - 场景1：学院内部，一位老师正在传授京剧的基本功。
> - 采访老师：谈论自己长期以来培养学生的经历，以及对传承责任的理解。
> - 场景2：学生们在练功室里努力练习，展示出他们的热情和毅力。
> - 采访学生：分享他们对京剧传承的想法，以及对未来的展望。
>
> *CONCLUSION*
>
> - 画面回到紫禁城，展示京剧演员在舞台上翩翩起舞的画面。
> - 旁白：通过不懈努力，京剧在现代社会仍然绽放出绚烂的光芒。
> - 结尾画面：纪录片制作团队的名单，感谢各界支持。
>
> 这个脚本的目标是在九十分钟内深入探索京剧传承的过程，从历史传承、古典与现代的碰撞，到年轻一代的责任与使命。具体的内容、场景和采访对象可以根据实际情况进行调整和添加。

图 8-21

扫码看教学视频

084 让 ChatGPT 构思短视频脚本

借助 ChatGPT，用户可以快速获得短视频脚本，指导短视频作品的拍摄与剪辑，从而提高制作短视频的效率。本节将介绍让 ChatGPT 构思短视频脚本的操作步骤。

步骤 01 **赋予身份，询问建议**：在 ChatGPT 输入框中输入提示词，如"假设你是一位资深的短视频编导，请提供一些构思短视频脚本的建议"，按 Enter 键确认，ChatGPT 会提供构思短视频脚本的建议，如图 8-22 所示，用户可以获得一些拍摄短视频的选题参考。

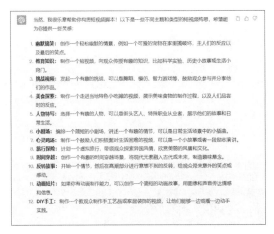

图 8-22

步骤 02 **确定主题，提出需求**：在同一个输入框中继续输入提示词，如"请以美食探索为主题，提供一个短视频脚本，要求：以表格的形式呈现，包含分镜序号、景别（中、近、远、特写等镜头）、画面描述、对话台词（包括人物对话时的动作、语言、神态等）和背景音乐"，按 Enter 键确认，ChatGPT 会生成短视频脚本，如图 8-23 所示。

当然，以下是一个以美食探索为主题的短视频脚本示例，以表格形式呈现，包含分镜序号、景别、画面描述、对话台词和背景音乐建议：

分镜序号	景别	画面描述	对话台词与动作	背景音乐
1	特写	餐桌上摆满了各种色香味俱佳的美食。	（无对话）	轻快的钢琴音乐
2	中远景	主持人站在餐桌旁，兴奋地介绍美食。	主持人：大家好！欢迎来到今天的美食探索！这里有来自世界各地的美味佳肴，让我们一起开启一场味蕾的盛宴！（神情兴奋）	轻快的节奏感音乐
3	特写	镜头聚焦在一盘色彩斑斓的沙拉上。	（无对话）	清新的吉他旋律
4	中近景	主持人拿起叉子，夹起一口沙拉品尝。	主持人：让我们先来品尝这道色彩斑斓的沙拉吧！（主持人尝试了一口，满意的表情）	轻松愉悦的背景音乐

图 8-23

5	特写	镜头切换至一锅滚热的火锅，食材在锅中翻滚。	（无对话）	欢快的节奏音乐
6	近景	主持人拿起筷子，夹起一片涮牛肉。	主持人：来到这里，怎能错过这美味的火锅呢？看着这涮牛肉在锅中翻滚，真是让人垂涎欲滴！（主持人品尝，满足的表情）	活力四溢的音乐
7	特写	镜头聚集在一块诱人的巧克力蛋糕上。	（无对话）	轻柔的钢琴旋律
8	中近景	主持人拿起叉子，切下一块巧克力蛋糕。	主持人：甜品时间到啦！这块诱人的巧克力蛋糕，每一口都是幸福的滋味。（主持人品尝，微笑）	柔和的背景音乐
9	特写	镜头切换至厨师手中的烹饪过程。	（无对话）	轻快的厨房音效和节奏音乐
10	中远景	厨师将装满美食的盘子端到餐桌上。	（无对话）	轻松愉悦的音乐
11	中近景	大家围坐在餐桌旁，开怀笑语，享受美食。	主持人：美食就是连接人与人之间的桥梁，希望大家在这次美食探索中度过一个美好的时光！（大家举杯，干杯）	欢乐祥和的背景音乐
12	中近景	画面逐渐淡出，结束视频。	（无对话）	渐渐平和的音乐

请注意，这只是一个示例脚本，你可以根据自己的创意和实际制作情况进行修改和调整。同时，背景音乐的选择也要根据场景和情感变化进行合理的搭配，以增强观众的观赏体验。

图 8-23（续）

用户可以在 ChatGPT 给出的短视频脚本的基础上，进行场景的细化和修改，以确保每个镜头的实操性和有效性。另外，用户也可以让 ChatGPT 根据口播视频的特点，生成短视频口播文案。

085 让 ChatGPT 生成短视频标题

扫码看教学视频

"题好一半文"是指好的标题对于文章的重要性，这个理念同样适用于短视频。在短视频的制作中，标题也是不可忽视的元素，好的标题可以为短视频吸引到更多的受众。在 AI 的帮助下，短视频标题可以自动化创作和生成，从而节省短视频创作者的时间。

本节将介绍让 ChatGPT 生成短视频标题的操作步骤。

步骤 01 提供实例，总结特点：在 ChatGPT 输入框中输入提示词，如"抖音上的短视频标题文案通常是'一不小心把眉毛画歪了，结果变成了……''你知道这个字是什么意思吗？''如果你想学好英语，一定要试试这个方法！'等语言风格。请总结出这些标题的特点"，按 Enter 键确认，ChatGPT 会总结出短视频标题实例的特点，如图 8-24 所示。

步骤 02 提供主题，提出需求：在同一个输入框中继续输入提示词，如"请按照以上短视频标题的特点，提供主题为美食探店的短视频标题文案，并添加 tag 标签"，按 Enter 键确认，ChatGPT 会生成短视频标题，如图 8-25 所示。

这些抖音上的短视频标题文案具有一些共同的特点，主要是为了吸引用户的注意并激发他们的好奇心，以增加视频的点击率和观看量。以下是这些标题的主要特点：

1. **引发好奇心：** 标题常常使用一些引人瞩目的情节，如"一不小心把眉毛画歪了"，从而引发观众的好奇心，使他们想要了解更多关于视频内容的细节。
2. **制造意外和笑点：** 这些标题通常会在一开始创造一种意外或者滑稽的情境，比如"结果变成了……"，这种情节设置在一定程度上引发观众的笑点和愉悦感。
3. **问题式引导：** 使用问题来引导观众思考，比如"你知道这个字是什么意思吗？"，这种方式可以激发观众的求知欲，促使他们点击视频以获取答案。
4. **利用情感关键词：** 标题可能使用一些情感关键词，比如"学好英语"中的"学好"，来触发观众的兴趣和需求，引导他们点击视频。
5. **使用命令或建议：** 标题可能会使用一些命令或建议，比如"一定要试试这个方法！"，这种方式鼓励观众采取行动，增加他们观看视频的意愿。

总的来说，这些标题文案的目标是通过制造悬念、调动情感、提出问题以及使用命令等手法，引导观众主动点击观看视频，并且在短短的几个字中传达出视频内容的趣味性和吸引力。

图 8-24

当然！以下是符合美食探店主题的短视频标题文案，每个标题都附带一个相关的tag标签：

1. **标题：** 一口咬下，意想不到的味蕾盛宴！
   标签： #美食探店 #意想不到的味道
2. **标题：** 这家隐秘小店藏着城市的味道密码！
   标签： #美食探秘 #城市味道
3. **标题：** 你猜得出这道甜点的特别配料吗？
   标签： #美食挑战 #甜点配料
4. **标题：** 美味与艺术的融合，竟然在这个角落！
   标签： #美食艺术 #角落惊喜
5. **标题：** 如果你想尝遍世界美食，一定要看这个攻略！
   标签： #美食攻略 #世界美食
6. **标题：** 垂涎欲滴！这家街边摊居然做出星级大厨的味道！
   标签： #街边美食 #星级大厨
7. **标题：** 挑战辣度极限！你敢尝试这道魔鬼级辣翅吗？
   标签： #辣食挑战 #魔鬼辣翅
8. **标题：** 不只是食物，更是家乡的情怀！
   标签： #家乡美食 #情怀味道
9. **标题：** 一碗汤的温暖，让你瞬间回到童年的味道！
   标签： #温馨美食 #童年味道
10. **标题：** 美食与文化交融，品味古老传统的美味！
    标签： #美食文化 #古老传统

图 8-25

086 让 ChatGPT 创作短视频剧本

扫码看教学视频

　　短视频剧本是用于辅助剧情类短视频拍摄的文本内容，与影视剧本的内容相似，包括一些剧情介绍、人物的对话台词等。在 AI 的帮助下，剧情类短视频的创作者可以更快地创作出短视频剧本。本节将介绍让 ChatGPT 创作短视频剧本的操作步骤。

　　步骤 01 **赋予身份，询问建议：** 在 ChatGPT 输入框中输入提示词，如"假设你是抖音上知名的剧情类短视频博主，请提供一些创作短视频剧本的建议"，让

ChatGPT 从专业角度给出建议，按 Enter 键确认，ChatGPT 会给出创作短视频剧本的
建议，如图 8-26 所示。

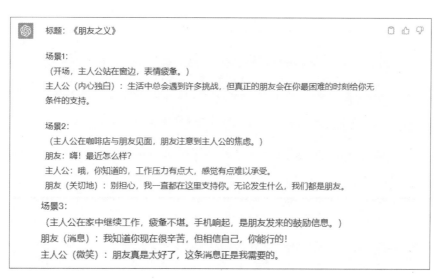

当创作抖音剧情类短视频剧本时，以下是一些建议，可以帮助你制作引人入胜的内容：

1. **鲜明的情感核心**：每个好的剧情都围绕着情感展开。确定你的故事的情感核心，这可以是
   爱、友情、冒险、成长等。让观众能够与角色的情感共鸣。
2. **简洁的情节**：抖音视频时长有限，所以剧情要保持简洁紧凑。选择一个清晰的情节线索，避
   免太多复杂的情节。
3. **引人入胜的开头**：在最初几秒钟内吸引观众的注意力是关键。一个引人入胜的开场能够迅速
   介绍背景、角色和冲突。
4. **角色刻画**：塑造鲜明的角色，使观众能够轻易分辨他们，并对他们的命运产生兴趣。你可以
   使用服装、行为、对白等手段来展现角色特点。
5. **紧张感和冲突**：冲突是推动故事发展的引擎。为角色设置挑战、困境或障碍，制造紧张感，
   让观众想要知道结果如何。
6. **高潮和转折点**：故事的高潮是剧情的巅峰，是观众期待的时刻。在适当的时候引入转折点，
   让故事变得更加扣人心弦。
7. **情感起伏**：剧情需要有情感的起伏，从愉快到悲伤，从紧张到松弛，以保持观众的兴趣。
8. **意想不到的结局**：一个令人意想不到的结局可以让你的剧情脱颖而出。这不一定是戏剧性的
   转折，也可以是一个温馨的收尾。
9. **音乐和配乐**：音乐可以加强情感的传达，选择适合场景和情感的背景音乐和音效。
10. **剧本和拍摄计划**：在开始制作之前，先写好简要的剧本和拍摄计划。这有助于你在拍摄时更
    加高效地捕捉所需镜头。
11. **视觉呈现**：利用创意的拍摄角度、镜头切换和特效来增强故事的视觉表现力。
12. **节奏和编辑**：编辑是让剧情连贯流畅的关键。把握好剪辑的节奏，避免过度拖沓或过于急促。
13. **互动和参与**：利用抖音的互动功能，鼓励观众参与到故事中来，例如投票、评论或选择角色
    的决定。

图 8-26

步骤 02 **明确主题，创作剧本**：在同一个输入框中继续输入提示词，如 "请根
据以上建议，围绕'真正的朋友会给你无条件的支持'这个主题，创作一个短视频剧本"，
按 Enter 键确认，ChatGPT 会生成短视频剧本，如图 8-27 所示。

标题：《朋友之义》

场景1：
（开场，主人公站在窗边，表情疲惫。）
主人公（内心独白）：生活中总会遇到许多挑战，但真正的朋友会在你最困难的时刻给你无
条件的支持。

场景2：
（主人公在咖啡店与朋友见面，朋友注意到主人公的焦虑。）
朋友：嗨！最近怎么样？
主人公：哦，你知道的，工作压力有点大，感觉有点难以承受。
朋友（关切地）：别担心，我一直都在这里支持你。无论发生什么，我们都是朋友。

场景3：
（主人公在家中继续工作，疲惫不堪。手机响起，是朋友发来的鼓励信息。）
朋友（消息）：我知道你现在很辛苦，但相信自己，你能行的！
主人公（微笑）：朋友真是太好了，这条消息正是我需要的。

图 8-27

场景4:

(主人公在办公室收到一个重要的项目,时间紧迫。朋友突然出现在门口。)

朋友:听说你有一个重要项目,我来帮你一起完成!

主人公(感动):真的吗?太谢谢你了!

(他们开始并肩工作,互相支持。)

场景5:

(项目完成后,主人公和朋友在咖啡店庆祝。)

主人公:没有你的帮助,我真不知道怎么办才好。

朋友:朋友就是为了在你需要的时候给你支持。无论什么困难,我们都一起面对。

场景6:

(剧情高潮,主人公收到一个工作上的好消息。)

主人公(兴奋):我得到了提升的机会!

朋友(激动):太棒了!我一直相信你能做到!

(两人高兴地拥抱在一起。)

场景7:

(结尾,主人公站在窗边,微笑着。)

主人公(内心独白):我有幸拥有一个真正的朋友,他在我最困难的时刻给了我无条件的支持。无论未来带来什么,我都知道我们会一直在一起。

(画面逐渐淡出,结束。)

通过这个短视频剧本,展现了朋友之间真挚无私的支持和友情的力量。情感核心集中在朋友的支持上,场景切换使剧情流畅,音乐与情节相呼应,强化了情感传达。剧本通过主人公的成长和朋友的陪伴,传递出无论在何时何地,真正的朋友都会始终相伴相随的主题。

图 8-27(续)

步骤 03 提出要求,修改剧本:在同一个输入框中继续输入提示词,如"这个剧本略显平淡,请设置一些冲突和反转,让情节更加吸引人",按 Enter 键确认,ChatGPT 会对短视频剧本进行修改,如图 8-28 所示。

标题:《朋友之谜》

场景1:

(开场,主人公在一家咖啡店里与朋友碰面。)

主人公:最近真是不顺利,工作也没进展,感觉有点失望。

朋友:别担心,我一直都在这里支持你。无论发生什么,我们都是朋友。

场景2:

(主人公在家中继续努力,突然发现朋友的手机掉在他家。打开手机,看到一条陌生的消息。)

陌生人(消息):计划进行中,别让他怀疑。

主人公(疑惑):这是什么意思?

场景3:

(主人公开始偷偷观察朋友的行动。发现朋友有时会神秘地离开,情况变得越来越诡异。)

主人公(内心独白):难道朋友有什么秘密?

场景4:

(在一个晚上,主人公决定跟踪朋友。朋友前往一个偏僻的地方,主人公跟了上去。)

主人公(发现):这是一个废弃的仓库?

图 8-28

场景5：

（主人公在仓库里偷偷观察，看到朋友与陌生人交谈。）

朋友：我已经完成你交代的任务了，别再纠缠我了。

陌生人：好，我们会按约定支付你的报酬。

（主人公疑惑且震惊，不知所措。）

场景6：

（朋友离开后，主人公决定找朋友谈一谈。）

主人公：发生了什么？你有什么秘密？

朋友（沉默片刻）：其实，我在做一份危险的工作，但我不想让你卷入其中。

主人公：你怎么可以不告诉我？

朋友：我知道我错了，但我不想让你受到威胁。

场景7：

（剧情高潮，主人公决定帮助朋友完成最后一次任务。）

主人公：我们是真正的朋友，无论什么困难，我都会陪着你。

朋友（感动）：谢谢你，我真的很感激。

场景8：

（任务成功完成后，主人公和朋友坐在咖啡店里。）

主人公：我知道你为了保护我，才隐瞒了这个秘密。

朋友：是的，我不想让你卷入其中，但我没想到你会这么坚决地支持我。

（两人微笑着，友情更加深厚。）

场景9：

（结尾，主人公在家中，回想起这一切。）

主人公（内心独白）：真正的朋友会在关键时刻给你无条件的支持，哪怕是面对生死。我们的友情经历了一次考验，变得更加坚不可摧。

（画面逐渐淡出，结束。）

通过在故事中引入朋友的秘密和冲突，以及主人公的跟踪和决定帮助朋友的反转，为这个剧本增加了紧张感和引人入胜的因素。同时，友情的核心主题也得到了强化，最终展现出无论在何种困境下，真正的朋友都会相互支持和保护的情感。

图 8-28（续）

087 让 ChatGPT 进行画面设计

扫码看教学视频

在视频脚本中，画面内容的设计能够让视频效果更加出彩，因此创作者要想制作出优质的短视频，可以在画面设计中稍下功夫。创作者巧妙地运用 ChatGPT，可以借助 AI 设计出更多有创意的画面。本节将介绍让 ChatGPT 进行画面设计的操作步骤。

步骤 01 提供信息，提出需求：在 ChatGPT 输入框中输入提示词，如"请提供一些短视频画面内容策略，以七夕为主题，视频时长为 40 s"，让 ChatGPT 直接根据信息进行画面设计，按 Enter 键确认，ChatGPT 会生成短视频画面内容策略，如图 8-29 所示。

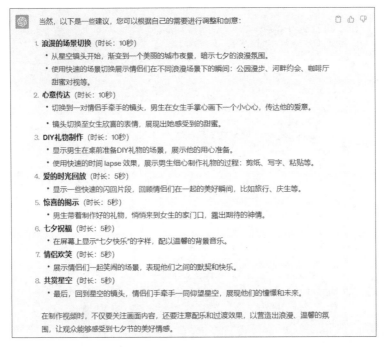

图 8-29

步骤 02 提出要求，优化画面：在同一个输入框中继续输入提示词，如"请重新提供短视频画面内容策略，将视频画面的主角聚焦到一对情侣身上，并围绕他们之间发生的浪漫事件来突出七夕主题"，按 Enter 键确认，ChatGPT 会重新提供短视频画面内容策略，如图 8-30 所示。

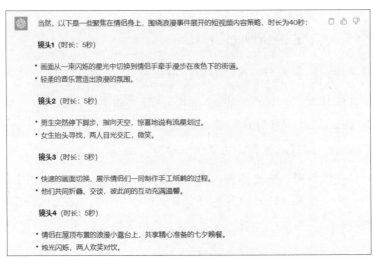

图 8-30

镜头5（时长：5秒）

- 男生递给女生一个精美包装的礼物，眼神中充满期待。
- 女生小心翼翼地打开，露出一个精心准备的项链，女生感动得眼眶湿润。

镜头6（时长：5秒）

- 情侣手牵手坐在河边的长椅上，远处是绚丽的烟火。
- 两人并肩而坐，静静地欣赏烟火，表情充满幸福。

镜头7（时长：5秒）

- 最后的画面是情侣依偎在一起，眺望远方的星空。
- 画面逐渐模糊，背景音乐渐弱，营造出深情的氛围。

在制作视频时，关键是要展现情侣之间的互动和情感交流，突出他们的浪漫故事，以及在七夕这个特殊日子里所共同经历的美好时光。同时，选择恰当的背景音乐和过渡效果，以增强视频的情感共鸣。

图 8-30（续）

用户在让 ChatGPT 进行画面设计时，应尽可能多地提供给 ChatGPT 关于画面内容的信息，如主题、初步构想、视频时长、目标受众等，确保 ChatGPT 顺利完成任务。

088 让 ChatGPT 进行故事设计

扫码看教学视频

ChatGPT 可以根据主题设计出视频的画面，同样地，也可以根据主题设计出故事，给予视频创作者或节目制作人一些帮助。本节将介绍让 ChatGPT 进行故事设计的操作步骤。

步骤 01 **提供信息，提出需求**：在 ChatGPT 输入框中输入提示词，如"请为微电影设计一个温馨的故事，主题为大学毕业，场景为校园，微电影时长为 15 分钟"，让 ChatGPT 直接根据信息进行故事设计，按 Enter 键确认，ChatGPT 会为微电影设计故事，如图 8-31 所示。

微电影标题：《青春的足迹》

简介：《青春的足迹》是一部温馨的微电影，讲述了三位大学毕业生在校园中的友情、成长和离别的故事。通过回忆和现实交织的叙述，展现了他们在大学时光中经历的点点滴滴，以及他们面对毕业后各自前行的心情和勇气。

角色：

- 李俊：憨厚可爱的计算机系学生，他的幽默和乐观总是为朋友们带来笑声。
- 张婷：文艺气息浓厚的艺术设计系学生，对生活充满热情，热衷于捕捉美好瞬间。
- 王涛：认真努力的商学院学生，是朋友们的中流砥柱，总能给予理智的建议和支持。

情节梗概：

第一幕：共同的回忆
微电影从毕业典礼前夕开始，三位主角在校园中不同的角落，分别回忆起大学时的点滴。他们共同经历了宿舍的趣事、图书馆的熬夜，还有毕业设计的艰辛。在回忆中，三人的友情得到了深化。

第二幕：毕业前夜
三人相约在校园湖边的长椅上，谈论着即将来临的离别。李俊建议拍下他们的足迹，留作纪念。他们从图书馆到食堂，从教室到操场，用手机记录下一段段青春的瞬间。

图 8-31

图 8-31（续）

步骤 02 提出要求，深化主题：在同一个输入框中继续输入提示词，如"这个故事略显平淡，可以适当地加入一些矛盾或冲突、人物的对话、创意构思等，以不同的方式来表现'温馨'的主题"，按 Enter 键确认，ChatGPT 会重新进行微电影的故事设计，如图 8-32 所示。

图 8-32

步骤 03 提出要求，优化故事：在同一个输入框中继续输入提示词，如"请加入具体的人物对话，以表现出人物的性格和形象特征"，按 Enter 键确认，ChatGPT

会按照要求优化故事内容，如图 8-33 所示。

微电影标题：《足迹与追逐》

简介：《足迹与追逐》是一部以大学毕业为背景的微电影，围绕三位性格迥异的好友展开，通过矛盾、对话和创意构思为故事增添了深度，最终以温馨的情感串联，表达了友情和成长的主题。

角色：

* 李俊（计算机系学生）：乐观、有创意，总是带着笑容，坚持追逐自己的创业梦想。
* 张婷（艺术设计系学生）：敏感、热情，热衷于捕捉生活中的美好瞬间，对未来充满迷茫。
* 王涛（商学院学生）：理性、稳重，善于分析问题，一直是朋友们的中流砥柱。

情节梗概：

第一幕：矛盾的萌芽
宿舍里，李俊激情四溢地向张婷和王涛分享他的创业想法。

李俊： 你们想象一下，我们自己创业，可以做出有意思的APP，改变人们的生活！

张婷：（疑虑）创业风险很大，要考虑稳定性和未来。

王涛：（理性）确实，创业不容易，要考虑市场、资金等诸多因素。

第二幕：挑战与考验
摄影比赛中，他们开始讨论创意，意见分歧愈发明显。

张婷：（兴奋）我们可以捕捉到校园的美丽瞬间，用照片传达我们的情感！

李俊：（坚定）我想突出创业梦想，展现我们对未来的追逐。

王涛：（平和）也许我们可以从友情的角度切入，让照片表达我们共同的回忆。

第三幕：情感的交流
在比赛准备中，三人通过对话渐渐解开心结，彼此开始更深入地理解。

王涛：（认真）刚刚我有点过于理性，其实我也能感受到你们的激情，我们可以结合一下。

张婷：（坦诚）我虽然迷茫，但我知道现在要珍惜的是这份友情。

李俊：（笑看）对，创业是重要，但我们也不能忽视了这四年的点滴。

第四幕：创作与成长
在合作的过程中，他们将各自的创意融合，创作出一组富有创意的照片。

李俊：（拿着相机）张婷，我理解你了，让我们一起捕捉校园美好，同时展现我们的梦想！

张婷：（微笑）嗯，我愿意为这个合作付出我的热情和努力。

王涛：（点头）我相信我们一定能够创作出独特而有意义的作品。

结尾：
微电影以他们在摄影比赛中的合作作品为节点，展现了他们通过合作、交流和成长，克服了分歧，将彼此不同的理想和追求融合在一起的过程。最终，他们在毕业典礼上共同分享了这段经历，并以真诚的祝福，迎接各自的未来。通过对话和创意的表现，微电影更加生动地展现了三位角色的性格和变化。

图 8-33

089 让 ChatGPT 创编人物台词

台词在视频制作中也发挥着重要的作用，好的台词设计可以表现

扫码看教学视频

人物的性格、推动故事情节的发展。创作者巧用 ChatGPT，可以实现 AI 创编人物台词，提供创作灵感的目的。本节将介绍让 ChatGPT 创编人物台词的操作步骤。

步骤 01 **设置情境，提出需求**：在 ChatGPT 输入框中输入提示词，如"请创编一些悬疑剧的人物台词，角色为警察队长和警察助手的对话，角色性格分别为沉稳老练和意气风发，此时的场景背景为江边发生了一起溺水事件"，按 Enter 键确认，ChatGPT 会按照情境创编人物台词，如图 8-34 所示。

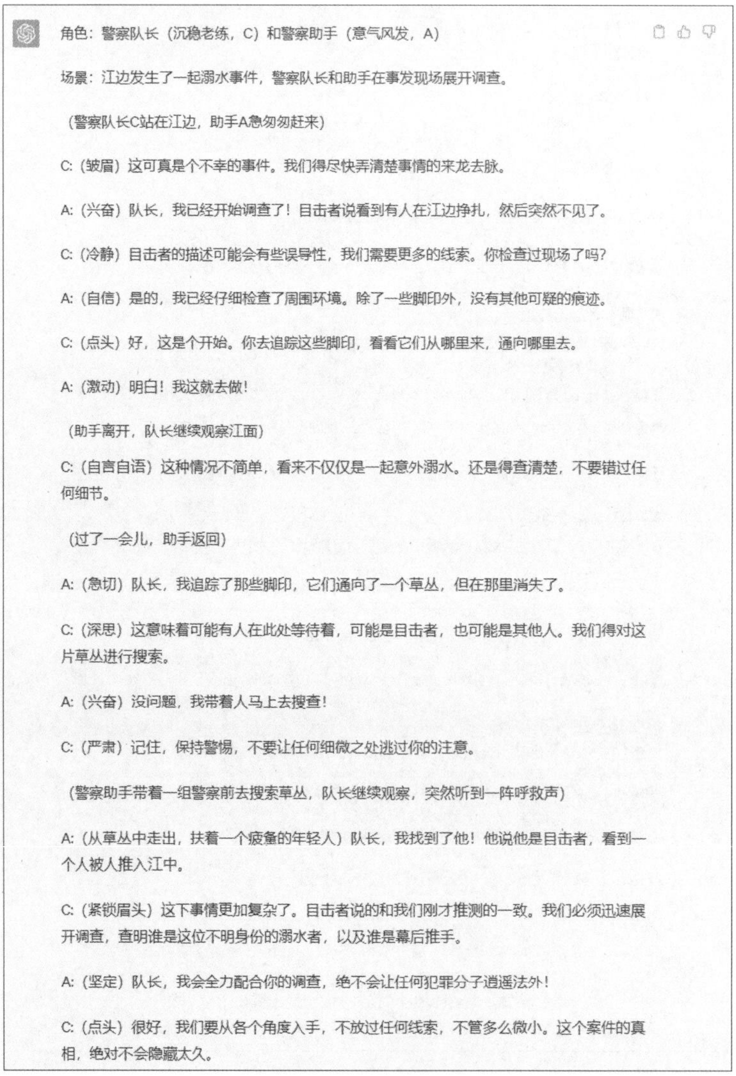

角色：警察队长（沉稳老练，C）和警察助手（意气风发，A）

场景：江边发生了一起溺水事件，警察队长和助手在事发现场展开调查。

（警察队长C站在江边，助手A急匆匆赶来）

C：（皱眉）这可真是个不幸的事件。我们得尽快弄清楚事情的来龙去脉。

A：（兴奋）队长，我已经开始调查了！目击者说看到有人在江边挣扎，然后突然不见了。

C：（冷静）目击者的描述可能会有些误导性，我们需要更多的线索。你检查过现场了吗？

A：（自信）是的，我已经仔细检查了周围环境。除了一些脚印外，没有其他可疑的痕迹。

C：（点头）好，这是个开始。你去追踪这些脚印，看看它们从哪里来，通向哪里去。

A：（激动）明白！我这就去做！

（助手离开，队长继续观察江面）

C：（自言自语）这种情况不简单，看来不仅仅是一起意外溺水。还是得查清楚，不要错过任何细节。

（过了一会儿，助手返回）

A：（急切）队长，我追踪了那些脚印，它们通向了一个草丛，但在那里消失了。

C：（深思）这意味着可能有人在此处等待着，可能是目击者，也可能是其他人。我们得对这片草丛进行搜索。

A：（兴奋）没问题，我带着人马上去搜查！

C：（严肃）记住，保持警惕，不要让任何细微之处逃过你的注意。

（警察助手带着一组警察前去搜索草丛，队长继续观察，突然听到一阵呼救声）

A：（从草丛中走出，扶着一个疲惫的年轻人）队长，我找到了他！他说他是目击者，看到一个人被人推入江中。

C：（紧锁眉头）这下事情更加复杂了。目击者说的和我们刚才推测的一致。我们必须迅速展开调查，查明谁是这位不明身份的溺水者，以及谁是幕后推手。

A：（坚定）队长，我会全力配合你的调查，绝不会让任何犯罪分子逍遥法外！

C：（点头）很好，我们要从各个角度入手，不放过任何线索，不管多么微小。这个案件的真相，绝对不会隐藏太久。

图 8-34

步骤 02 **提出要求，优化台词**：在同一个输入框中继续输入提示词，如"在对话中加入一些特别的词汇，让角色的性格特征更加鲜明"，按 Enter 键确认，ChatGPT 会对人物台词进行修改，如图 8-35 所示。

角色：警察队长（沉稳老练，C）和警察助手（意气风发，A）

场景：江边发生了一起溺水事件，警察队长和助手在事发现场展开调查。

（警察队长C站在江边，助手A急匆匆赶来）

C：（皱眉）这可真是个不幸的事件。我们得尽快弄清楚事情的来龙去脉。

A：（兴奋）队长，我已经开始调查了！目击者说看到有人在江边挣扎，然后突然不见了。

C：（冷静）目击者的描述可能会有些误导性，我们需要更多的线索。你检查过现场了吗？

A：（自信）是的，我已经仔细检查了周围环境。除了一些脚印外，没有其他可疑的痕迹。

C：（点头）好，这是个开始。你去追踪这些脚印，看看它们从哪里来，通向哪里去。

A：（激动）明白！我这就去做！

（助手离开，队长继续观察江面）

C：（自言自语）这种情况不简单，看来不仅仅是一起意外溺水。还是得查清楚，不要错过任何细节。

（过了一会儿，助手返回）

A：（急切）队长，我追踪了那些脚印，它们通向了一个草丛，但在那里消失了。

C：（深思）这意味着可能有人在此处等待着，可能是目击者，也可能是其他人。我们得对这片草丛进行搜索。

A：（兴奋）没问题，我带着人马上去搜查！

C：（严肃）记住，保持警惕，不要让任何细微之处逃过你的注意。

（警察助手带着一组警察前去搜索草丛，队长继续观察，突然听到一阵呼救声）

A：（从草丛中走出，扶着一个疲惫的年轻人）队长，我找到了他！他说他是目击者，看到一个人被人推入江中。

C：（紧锁眉头）这下事情更加复杂了。目击者说的和我们刚才推测的一致。我们必须迅速展开调查，查明谁是这位不明身份的溺水者，以及谁是幕后推手。

A：（坚定）队长，我会全力配合你的调查，绝不会让任何犯罪分子逍遥法外！

C：（点头）很好，我们要从各个角度入手，不放过任何线索，不管多么微小。这个案件的真相，绝对不会隐藏太久。

（在对话中，队长C使用了词汇"误导性"、"微小"等表达他的沉稳老练，而助手A则使用了"急匆匆"、"自信"、"意气风发"等词汇来突出他的充满活力和决心。）

图 8-35

090 让 ChatGPT 安排视频时长

扫码看教学视频

作为人们喜闻乐见的娱乐方式之一，视频的时间把控相当重要，尤其是在快节奏时代的当下。好的视频不仅仅是画面内容为人所赞赏，时间与画面恰到好处的结合也能够为人所赞叹。在 ChatGPT 的帮助下，创作者可以获得准确、高效的视频时长设计方案。

本节将介绍让 ChatGPT 安排视频时长的操作步骤。

短视频的时间安排：提供给 ChatGPT 尽可能多的视频信息，在 ChatGPT 输入框中输入提示词，如"请根据以下信息提供一份有效的视频时间设计方案（另起一行，提供视频信息）"，按 Enter 键确认，ChatGPT 会结合视频信息对视频时长进行安排，如图 8-36 所示。

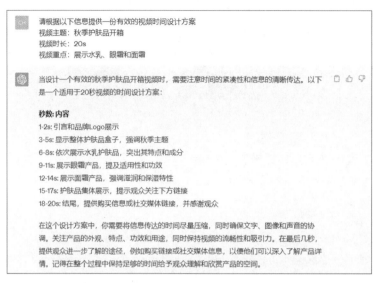

图 8-36

企业宣传片的时间安排：新建一个聊天窗口，在 ChatGPT 输入框中输入提示词，如"请帮我设计一个企业宣传片的时间节奏设计方案，主题为宣传电动汽车的研发公司，宣传片时长为 5 分钟，重点宣传公司提供环保主题"，按 Enter 键确认，ChatGPT 会给出企业宣传片的时间安排，如图 8-37 所示。

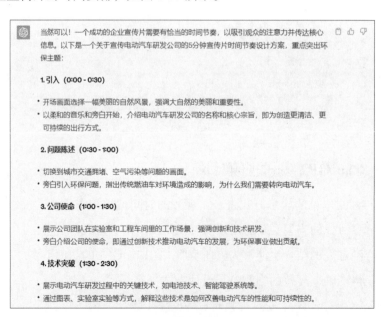

图 8-37

5. 创新设计 (2:30 - 3:00)

- 展示公司设计团队的工作，突出电动汽车的外观和内饰设计。
- 强调环保材料的使用，以及如何在设计中融入可持续元素。

6. 用户体验 (3:00 - 3:30)

- 显示电动汽车在城市和自然环境中行驶的场景，强调静谧、零排放的驾驶体验。
- 描述用户使用电动汽车后的反馈，以及如何改善他们的出行方式。

7. 可持续未来 (3:30 - 4:30)

- 展望未来，展示公司在电动汽车领域的发展计划，包括更高续航里程、更快充电技术等。
- 强调公司致力于创造一个更绿色、更可持续的未来，为下一代提供更好的生活环境。

8. 结尾 (4:30 - 5:00)

- 回到开场的自然风景，以一幅明亮的未来城市画面作为结束。
- 旁白强调观众的作用，鼓励他们支持电动汽车和环保事业。
- 展示公司标志和联系方式，提供进一步了解的途径。

以上是一个大致的宣传片时间节奏设计方案，你可以根据实际需要进行调整和修改。记得确保每个部分流畅过渡，音乐和旁白的选择也要与宣传片的主题和情感相符。

图 8-37（续）

微电影故事的时间安排：新建一个聊天窗口，在 ChatGPT 输入框中输入提示词，如"请提供一个微电影故事的时间设计方案，微电影时长为 10 分钟，主题为一见钟情的爱恋，故事有起承转合和对话"，按 Enter 键确认，ChatGPT 会给出微电影故事的时间安排，如图 8-38 所示。

当然可以！以下是一个适用于10分钟微电影的时间设计方案，主题为一见钟情的爱恋：

片名：《初心》

时长设计：

1. 引子 (0:00 - 0:45)：
- 开场画面：美丽的城市风景，柔和的阳光。
- 主人公女孩小涵（化名）骑着自行车，急匆匆地赶往一个目的地，手上拿着一本书。
- 通过一段旁白，介绍小涵是一个热爱阅读和摄影的女孩，但内心孤独。

2. 一见钟情 (0:45 - 2:30)：
- 小涵骑车经过一个公园，远远地看到一个正在弹吉他的男孩李轩（化名）。
- 小涵被他的音乐和阳光般的笑容所吸引，不由自主地停下来观看。
- 李轩弹奏完毕，和小涵的目光在空中交汇，两人产生了一瞬间的眼神交流。

3. 承接 (2:30 - 6:00)：
- 小涵内心动容，但羞涩地继续前行，心神不宁。
- 她找到了一个坐在咖啡馆里的安静角落，拿出书本开始阅读。
- 李轩意识到小涵的存在，走进咖啡馆，买了杯咖啡坐在她旁边。
- 两人开始尝试对话，刚开始有些生涩，但逐渐进入状态，谈论起音乐、书籍和彼此的兴趣爱好。

4. 转折 (6:00 - 8:30)：
- 李轩鼓起勇气，邀请小涵一起去公园散步。
- 两人在公园里漫步，渐渐地建立了更深的情感联系。
- 李轩用吉他弹奏出一首简单而动人的曲子，表达出对小涵的感情。

5. 高潮和结局 (8:30 - 10:00)：
- 在公园的一个花园角落，两人终于坦白了彼此的心意。
- 小涵告诉李轩她一直以来的内心孤独，而李轩则告诉她音乐和她的出现给了他新的灵感。
- 两人相拥，初吻在微风中发生，落日映照下他们的笑容。
- 微电影以两人手牵手，一起望向远方的镜头结束。

图 8-38

总结：
这个微电影时间设计方案充分展现了一见钟情的爱恋，通过起承转合的剧情安排，呈现了两位主人公从初次见面到逐渐产生情感，最终走到一起的过程。对话部分突出了两人之间的默契和共鸣。场景选择以城市风景和公园为主，强调了浪漫与自然的结合。通过音乐、眼神交流和细致的情感描写，能够营造出温馨感人的氛围。

图 8-38（续）

用户在让 ChatGPT 进行视频时间安排时，应注意以下事项。

（1）用户应注意故事画面的连贯性和逻辑性，无论是短视频、宣传片，还是微电影，视频内容的连贯性和逻辑性始终是重要的。

（2）用户应注意时长与画面内容的匹配性，根据时长来调整画面内容，并保证在有限时间内表达完整的故事。

（3）用户采用 ChatGPT 提供的时间方案时，可以加入适当的音效，增加视频的视听效果。

第9章

营销类文案写作：AI 高效提炼产品卖点

学习提示

营销类文案是指用于产品推广、品牌宣传、企业营销等活动的文字内容，旨在用文字打动人心，促使消费者产生购买行为的决策。在 ChatGPT 的帮助下，创作者可以高效地完成营销类文案的写作。本章将介绍 ChatGPT 生成营销类文案的操作方法。

本章重点导航

◈ 学会运用 ChatGPT 生成营销类文案

091 让 ChatGPT 拟写产品推广文案

扫码看教学视频

产品推广文案通常是指用于概括产品亮点、展示产品优势的文本，旨在通过文字打动消费者，提高产品的购买力。在 ChatGPT 的帮助下，用户可以迅速获得推广文案，从而增加产品的影响力和销售量。本节将介绍让 ChatGPT 拟写产品推广文案的操作步骤。

步骤 01 **提供信息，分析卖点**：在 ChatGPT 输入框中输入提示词，如"一款电脑的特点是运算速率高、性能优、机身轻薄，请结合电脑的目标受众，分析出这款电脑的卖点"，按 Enter 键确认，ChatGPT 会总结出特定产品的卖点，如图 9-1 所示。

> 这款电脑拥有高运算速率、优越性能以及轻薄的机身，其卖点可以从不同受众的角度来分析。
>
> 1. **专业人士**：对于需要处理复杂任务和大量数据的专业人士，高运算速率和优越性能是至关重要的。他们可能需要运行虚拟机、进行视频编辑、设计3D模型或者进行科学计算。这款电脑能够以高效率完成这些任务，提升工作效率，节省时间。
> 2. **游戏玩家**：对于游戏玩家来说，优越的性能和高运算速率意味着他们可以畅玩最新、要求最高性能的游戏，享受更加逼真的画面和流畅的游戏体验。轻薄的机身也意味着他们可以随时随地享受游戏乐趣，无须担心沉重的设备。
> 3. **学生和学术研究者**：对于学生和学术研究者来说，高运算速率和优越性能意味着他们可以轻松地进行复杂的数学建模、数据分析和编程任务。机身的轻薄设计也使他们能够在校园、实验室和图书馆之间便捷移动。
> 4. **商务人士**：对于需要经常出差的商务人士来说，轻薄的机身设计使得携带这款电脑变得更加方便。高运算速率和性能则能够满足他们处理工作任务、参加远程会议和展示演示文稿的需求。
> 5. **创意设计师**：对于需要处理高分辨率图像、视频和设计文件的创意设计师来说，优越的性能将有助于他们更加流畅地进行设计工作，同时高效渲染和处理创意成果。
>
> 综上所述，这款电脑的卖点在于它的高运算速率和性能，适用于各种不同领域的专业人士和创意人群，而其轻薄的机身设计则增加了便携性，使得用户能够在不同场景中随时随地发挥其强大的计算能力。

图 9-1

步骤 02 **确定卖点，拟写文案**：在同一个输入框中继续输入提示词，如"请根据这款电脑的卖点，拟写一篇产品推广文案"，按 Enter 键确认，ChatGPT 会生成产品推广文案，如图 9-2 所示。

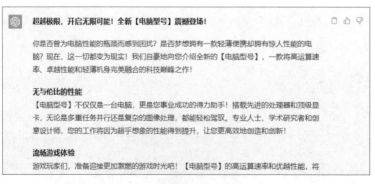

图 9-2

带给您前所未有的畅快体验。无论是最新的大作还是要求高性能的竞技游戏，都能在无拘无束的环境中尽情畅玩。让游戏世界的每一幅画面都变得栩栩如生，每一场战斗都充满激情！

轻薄便携设计
随时随地，无限可能！【电脑型号】的轻薄设计，使您不再被笨重的设备束缚。无论是在旅途中、会议室内还是创意灵感突发时，它都是您的忠实伴侣。将高性能带入您的背包，让您在任何场景都能随心所欲地发挥最佳表现！

从专业人士到游戏玩家，从学术研究者到商务差旅者，【电脑型号】将满足您对性能和便携性的追求。它不仅仅是一台电脑，更是您事业成功和娱乐愉悦的不二选择！现在，让我们一起超越极限，开启无限可能吧！

前沿性能，纤薄外观，尽在【电脑型号】！抢先体验，成就非凡！马上点击链接了解更多：[链接]

图 9-2（续）

步骤 03 **提出要求，优化文案**：在同一个输入框中继续输入提示词，如"请修改以上文案，采用简洁、专业的写作风格，并适当地运用修辞手法来描述电脑的亮点"，按 Enter 键确认，ChatGPT 会按照要求修改产品推广文案，如图 9-3 所示。

突破性能，超越期待！全新【电脑型号】震撼登场！

尖端性能，无与伦比
【电脑型号】，汇聚领先技术，为您呈现卓越性能。高速处理器与顶级显卡的完美融合，便多任务处理和图像渲染犹如行云流水。在工作、创意和娱乐中，尽显无限潜能。

畅享游戏，动感体验
游戏世界，尽在指尖。【电脑型号】的卓越计算力与响应速度，让每一场游戏都臻于完美。从震撼画面到紧张竞技，感受游戏的魅力与深度，畅享非凡游戏之旅。

纤薄巧设计，无限便携
轻薄之美，助您开创未来。【电脑型号】以精湛工艺，创造出惊人的纤薄机身。从商务会议到创意工坊，它始终伴随，释放高效能量。高性能，随行可至。

从专业领域到娱乐世界，【电脑型号】助您跃升巅峰。体验极致性能，领略纤薄魅力。从今天起，重新定义您与科技的纽带。了解更多，点击链接：[链接]。

图 9-3

092 让 ChatGPT 生成直播标题文案

直播标题文案是指发布直播活动的时间、主题等信息的文字内容，能够起到宣传直播活动、吸引受众注意力的作用。在直播活动的标题文案中，一般会直接写明直播开始的时间、直播的主题和受众的利益点，吸引受众关注直播。在 ChatGPT 的帮助下，用户能够轻松获得直播标题文案。

扫码看教学视频

本节将介绍运用 ChatGPT 生成直播标题文案的操作方法。

步骤 01 **设定平台，分析特点**：在 ChatGPT 输入框中输入提示词，如"抖音上的直播活动的标题文案有哪些特点？"，确认 ChatGPT 是否熟悉平台特性和文案的写法，按 Enter 键确认，ChatGPT 会总结出特定平台中直播标题文案的特点，如图 9-4 所示。

抖音上的直播活动标题文案通常具有以下特点，以吸引用户关注和参与：

1. **简洁明了**：标题通常很短，一般不超过20个字，以便快速传达信息。
2. **吸引眼球**：使用吸引人的词汇、表情符号或者特殊字符，以引起用户的注意。例如，使用感叹号、emojis、引人入胜的形容词等。
3. **情感共鸣**：使用情感化的词汇，触发用户的情感共鸣，使他们更有兴趣参与。例如，用积极、激励、幽默等情感元素。
4. **独特性**：突出直播活动的独特性和特点，让用户觉得这个活动与众不同，值得一看。
5. **即时性**：使用诸如"现在直播"、"马上开始"等词汇，强调直播活动的即时性，引发用户参与的紧迫感。
6. **奖励和福利**：如果有奖励、福利或优惠活动，务必在标题中提及，以吸引更多用户参与。
7. **问题引发兴趣**：使用疑问句或悬念，引发用户的好奇心，激发他们点击观看。
8. **标点符号**：适度使用标点符号来分隔信息，增加标题的可读性和吸引力。
9. **明确内容**：标题应该清楚地传达直播内容，让用户一目了然。
10. **适应流行话题**：如果有相关的热门话题或趋势，可以在标题中融入，吸引对该话题感兴趣的用户。
11. **互动性**：使用诸如"和你互动"、"与你一起"等词汇，强调用户可以参与互动，增加他们的参与意愿。
12. **呼唤行动**：使用鼓励行动的词汇，例如"点击"、"参与"、"分享"等，促使用户采取行动。

总的来说，抖音直播活动标题文案需要简洁、吸引人，并能准确传达直播内容和活动特点，同时具备情感共鸣、独特性和即时性，以吸引更多用户的关注和参与。

图 9-4

步骤 02 **确定主题，生成文案**：在同一个输入框中继续输入提示词，如"请结合以上特点，提供以农产品为主题的直播标题文案"，按 Enter 键确认，ChatGPT 会生成直播标题文案，如图 9-5 所示。

当然，以下是一些结合以上特点的以农产品为主题的抖音直播标题文案的例子：

1. 新鲜果蔬来袭！🍎🥦 限时直播，品尝自然的美味！
2. 农场直播倒计时⏳：与农夫亲临田间，了解有机种植的秘密！
3. 农家乐大揭秘！🌾 亲临现场，亲手采摘，感受农村的宁静与乐趣！
4. 农产品福利！🎁 限时特惠，惊喜连不停！快来抢购你喜爱的健康好食材！
5. 农舍风光，农产品大放送！🌻 品质保证，与你一起分享田园生活！
6. 农产品达人分享！👩‍🌾 专家现场解读，了解背后的种植技巧和故事！
7. 美食烹饪直播！🍳 用新鲜农产品，为你带来美味佳肴的制作过程！
8. 农货直播限时特惠！🚚 送上农场好味道，让你的餐桌更健康丰盛！
9. 稻香村农场体验直播！亲近自然，感受农耕的乐趣与成果！
10. 农产品抽奖大放送！🎁 亲临直播，有机会赢取丰收的喜悦！

这些标题文案尝试结合了简洁、吸引、明了、表达价值、使用表情符号等特点，希望能够吸引用户的关注，激发他们对农产品直播活动的兴趣。根据实际情况，你可以对文案进行微调或加入特定的信息来更好地适应你的直播内容和目标受众。

图 9-5

093 让 ChatGPT 生成报纸广告词

对于传播手段而言，报纸是其中一种有效的手段，在报纸上刊登广告也有助于产品的销售、品牌的推广。运用 ChatGPT 的功能，用户

扫码看教学视频

能够直接获得报纸广告词，从而减少一定的宣传成本。本节将介绍让 ChatGPT 生成报纸广告词的操作步骤。

步骤 01 **引入话题，分析特点**：在 ChatGPT 输入框中输入提示词，如"报纸上刊登的广告词有哪些特征？"，确认 ChatGPT 是否熟悉报纸广告词的写法，按 Enter 键确认，ChatGPT 会总结出报纸广告词的特征，如图 9-6 所示。

报纸上刊登的广告词通常具有以下特征：

1. **简洁明了**：广告词需要简洁明了，用尽可能少的词语表达清楚产品或服务的核心信息，吸引读者的注意力。
2. **吸引眼球**：广告词常使用独特、引人注目的词汇、短语或表达方式，以吸引读者的眼球，激发他们的兴趣。
3. **突出特点**：广告词通常会突出产品或服务的独特特点、优势和卖点，使其在同类竞争中脱颖而出。
4. **情感共鸣**：广告词往往通过情感化的表达方式，触发读者的情感共鸣，让他们更容易产生共鸣和情感联系。
5. **解决问题**：广告词可以强调产品或服务如何解决特定问题或满足需求，以吸引具有相关需求的潜在客户。
6. **呼唤行动**：广告词常使用行动性的词语，鼓励读者采取具体的行动，如购买、预订、访问网站等。
7. **精准定位**：广告词需要根据目标受众的特征和兴趣进行定位，以确保广告能够吸引最合适的人群。
8. **声称价值**：广告词可能会使用具有说服力的语言，声称产品或服务的价值和效果，让读者觉得有所收益。
9. **诚信和可信度**：广告词应该传达真实的信息，避免夸大和虚假宣传，以建立信任和可信度。
10. **适应版面**：广告词需要适应广告版面的大小和格式，确保文字内容清晰可读，不会因版面限制而显得拥挤或难以理解。
11. **联系方式**：如果适用，广告词应该包含联系方式，以便潜在客户可以获取更多信息或采取进一步行动。

图 9-6

步骤 02 **确定主题，生成文案**：在同一个输入框中继续输入提示词，如"请结合以上特点，提供相机产品的广告词"，按 Enter 键确认，ChatGPT 会生成报纸广告词，如图 9-7 所示。

当然，以下是一个结合以上特点的相机产品广告词示例：

"捕捉时光，留住美好。XYZ相机，专为热爱摄影的您而设计。拥有高分辨率镜头，让每一个细节都清晰可见；独特的画面稳定技术，让您的瞬间更加稳定流畅。无论是微光夜景还是高速动态，我们的相机都能带您穿越时空，记录下珍贵的瞬间。不只是相机，更是您的创作伙伴。立即行动，点击访问www.XYZcamera.com，探索更多关于如何点亮您的摄影之旅的信息。"

这个广告词简明扼要地突出了相机产品的几个核心特点：高分辨率镜头、稳定性、适应多种拍摄场景、创意性等。同时，通过情感化的表达方式，鼓励读者捕捉美好时光，建立相机与用户之间的情感联系，并通过呼唤行动来引导读者访问网站了解更多信息。

图 9-7

步骤 03 **提出要求，优化文案**：在同一个输入框中继续输入提示词，如"请修改文案，要求语言精练，突出产品的亮点"，按 Enter 键确认，ChatGPT 会对报纸广告词进行修改，如图 9-8 所示。

"瞬间定格，永恒留存。XYZ相机，高分辨率镜头，稳定画面技术，让每帧成为视觉珍宝。微光或高速，一览无余，创作源于此。从此刻开始，重新定义摄影体验。探索：www.XYZcamera.com"

图 9-8

094 让 ChatGPT 策划电视广告文案

扫码看教学视频

在媒体领域，电视是提供娱乐、传播信息的主要媒介之一，同时也能够助力产品的推广。在 ChatGPT 的帮助下，用户可以通过输入提示词获得满足需求的广告文案。本节将介绍让 ChatGPT 策划电视广告文案的操作步骤。

步骤 01 **赋予身份，明确主题**：在 ChatGPT 输入框中输入提示词，如"假设你是一位经验丰富的广告策划专员，请你提供一些关于冰箱的广告语"，按 Enter 键确认，ChatGPT 会给出相关产品的广告文案，如图 9-9 所示。

当然可以！以下是一些关于冰箱的广告语的示例：

1. "冰爽时刻，从这一刻开始！让我们的冰箱为您的生活带来清凉与便利。"
2. "新鲜食材，美味生活！选择智能冰箱，享受每一口的新鲜与美味。"
3. "冰箱内外，精心呵护您的食材。新鲜保存，健康享受！"
4. "智能科技，冷藏未来。掌控您的食材，尽在指尖。"
5. "365天，无间断的新鲜。选择可靠伙伴，从餐桌到心底。"
6. "节能省电，环保生活。我们的冰箱与地球同呼吸，为绿色家庭助力。"
7. "空间大如宇宙，满足您的所有储藏需求。整齐有序，一切尽在掌握。"
8. "简约外观，不简单内涵。让我们的冰箱成为您现代生活的完美补充。"
9. "智能感应，智造未来厨房。体验智能生活，从冰箱开始。"
10. "冰冻时光，珍藏味道。每一次打开，都是对美味的全新期待。"
11. "保鲜高手，延长美味。让食材的新鲜和营养，始终陪伴您的家庭。"
12. "冰箱，家的港湾。为您的家庭创造一个完美的食物保存空间。"

无论您希望强调冰箱的功能、外观、节能性能还是智能科技，都可以根据您的产品特点来选择合适的广告语。记得让广告语简洁、引人入胜，能够吸引目标消费者的注意力并传达出您想要的信息。

图 9-9

步骤 02 **确定广告语，策划广告方案**：在同一个输入框中继续输入提示词，如"请根据'冰冻时光，珍藏味道。每一次打开，都是对美味的全新期待'这则广告语来策划一个创意广告，要带有情境和生活画面，对受众有感染力"，按 Enter 键确认，ChatGPT 会策划出关于冰箱产品的电视广告文案，如图 9-10 所示。

当然，我可以帮您构思一个带有情绪和生活画面的创意广告，以展现"冰冻时光，珍藏味道。每一次打开，都是对美味的全新期待"这个广告主题。以下是一个可能的创意：

场景： 黄昏时分，家中的厨房灯光温暖明亮。摄像机慢慢从餐桌上的精美餐具拉开，焦点落在一台时尚的冰箱上。镜头透过冰箱的透明门，展现出多层整齐的食材摆放，有新鲜水果、蔬菜、肉类等。

画面描述： 轻柔的背景音乐响起，画面切换到一位女主角，她是一位爱亨饪的年轻妈妈。她正在厨房里忙碌着，轻轻拿起一颗新鲜的草莓，微笑着将它放入冰箱里的专属区域。镜头逐渐拉近，捕捉到她眼中的期待和满足感。

叙述： 此时，女主角的声音开始响起，她温柔地说道："冰冻时光，珍藏味道。每一次打开，都是对美味的全新期待。"画面渐变，展示她几天前为家人准备的美味晚餐。她打开冰箱的瞬间，层层食材的变化：新鲜的食材经过冷冻保存后，依然保持着色泽和营养。

情感连接： 广告画面转向家庭成员，他们坐在餐桌旁，期待地看着女主角端上桌的美食。镜头捕捉到他们品尝的神情，眼神中流露出对食物的惊喜和满足。

结束画面： 广告画面再次回到女主角，她站在冰箱前，微笑着望向镜头。背景音乐渐弱，她说："每一道味道都值得期待，因为冰箱，一直都在珍藏。"广告的最后几秒，品牌标志出现在屏幕上，伴随着品牌口号："让美味与时光相伴。"

这个创意广告通过一个家庭的生活场景，巧妙地传达出了冰箱的食材保存功能，以及每次打开冰箱时带来的新鲜感受和期待。通过情感共鸣，观众可以深刻地体会到冰箱在日常生活中的重要性，以及它对家庭美味的贡献。同时，背景音乐的选择和镜头切换的设计，也增强了广告的感染力和吸引力。

图 9-10

095 让 ChatGPT 生成网络广告文案

扫码看教学视频

网络广告文案是指以互联网为媒介进行广告信息传播的文字内容，它主要以各种媒体平台为传播媒介，具有传播范围广和传播速度快的特点。用户可以在 ChatGPT 的帮助下，让 ChatGPT 结合平台特性和网络热词来生成广告文案，以实现广告的目的。本节将介绍让 ChatGPT 生成网络广告文案的操作步骤。

步骤 01 提供热词，建立认知：在 ChatGPT 输入框中输入提示词，如"'显眼包'是一个网络热词，形容一个人或者物件爱出风头，非常张扬，带有丢人现眼和喜剧效果的意味。你理解了吗？"，按 Enter 键确认，ChatGPT 会对网络热词建立认知，如图 9-11 所示。

是的，我理解了。"显眼包"是一个网络流行词汇，用来形容一个人或物件非常引人注意，喜欢吸引眼球，而且可能因此而表现出夸张、张扬甚至有些滑稽可笑的特点。这个词通常带有一些贬义，暗示着这种行为可能让人感到尴尬、失态或者出现一些令人哭笑不得的情况。总之，"显眼包"强调的是对他人而言过于突出和引人注目，有时可能带有一些自我吹嘘或炫耀的成分。

图 9-11

步骤 02 明确主题，撰写文案：在同一个输入框中继续输入提示词，如"很好，请你用'显眼包'一词来写一篇关于陶瓷水杯的广告文案"，按 Enter 键确认，ChatGPT 会生成网络广告文案，如图 9-12 所示。

揭开时尚新潮，与平凡说再见！

引领潮流，不凡之选：陶瓷水杯

别再满足于平凡，让你的生活充满鲜活的色彩！时尚的你，绝对值得拥有一款与众不同的陶瓷水杯，让每一天都充满惊喜与活力。

显眼包风范，绝不隐忍！

这不仅仅是一只水杯，更是彰显你独特品味的标志。每一次抿嘴间，陶瓷杯壁带来的温润触感，仿佛时光倒流，回归自然的怀抱。而其独特的设计，绝对是眼球的焦点，让你成为人群中最耀眼的存在。

轻奢典雅，尽显品位

不论是上班、休闲还是约会，这款陶瓷水杯都将是你的绝佳搭配。精致的工艺，使其成为一件艺术品般的存在，让你在细节中展现出与众不同的品味。每一次举杯，都是一次对生活的赞美。

独特礼物，传递心意

不知送什么礼物？陶瓷水杯绝对是独特而温馨的选择。不仅可以满足对方日常饮水的需求，更能表达你对他们与众不同的欣赏。让他们成为"显眼包"，在平凡中散发不凡的光芒。

不要再为平庸而浪费生活的每一刻！选择陶瓷水杯，成为生活的主角，展现出你与众不同的风采。从现在起，与平凡说再见，与显眼包的时尚风潮相约！

图 9-12

步骤 03 **明确平台，修改文案**：在同一个输入框中继续输入提示词，如“请根据微博文案的特点，修改以上文案”，按 Enter 键确认，ChatGPT 会对网络广告文案进行修改，如图 9-13 所示。

陶瓷界的"显眼包"，给你不一样的喝水方式！

哇！这款陶瓷水杯绝对是喝水界的"显眼包"！不再墨守成规，不再隐忍低调，喝水也可以如此时尚张扬！

不凡造型，绝不平庸！
别再用普通水杯来拘束你的个性。我们的陶瓷水杯，造型独特，绝对是桌上的焦点，让你成为茶水间的时尚风向标！别人的眼光都会被这个"显眼包"吸引住！

艺术品般的质感，点亮你的生活！
不仅仅是水杯，更是一件艺术品。陶瓷材质带来的质感，让喝水也变成一种享受。每一口都是对生活品味的诠释，让你的生活更加丰富多彩。

与平凡水杯说再见，展现不一样的自我！
不要再让那些平凡无奇的水杯占据你的生活。选择我们的陶瓷水杯，让你的个性、品味、与众不同在每一次抿嘴间展现无遗。告别平庸，让"显眼包"成为你生活的一部分！

#与平凡说再见 #陶瓷显眼包 #个性喝水新方式

图 9-13

096 让 ChatGPT 生成户外广告文案

户外广告文案是指用于室外宣传产品、推广品牌或呼吁行动的文字内容，它通常以固定广告牌的形式呈现。用户运用 ChatGPT 可以获得 AI 创作的户外广告文案参考。本节将介绍让 ChatGPT 生成户外广告文案的操作步骤。

步骤 01 **设置背景，询问信息**：在 ChatGPT 输入框中输入提示词，如"户外的固定广告牌上的文案有哪些特点？"，按 Enter 键确认，ChatGPT 会提供户外广告文案的特点，如图 9-14 所示。

户外的固定广告牌上的文案具有一些特点，旨在吸引行人和车辆的注意力，传达信息并促便他们采取相应的行动。以下是一些常见的户外广告牌文案特点：

1. 简洁明了：户外广告牌的观看时间通常很短，所以文案必须简洁明了，用尽可能少的字数传达核心信息。

2. 强烈的信息传递：文案应当醒目且有力地传达广告的主要信息，让人一目了然。使用简单的词汇和短语，以确保信息能够快速传达给观众。

3. 大字体：为了确保远处的行人和车辆也能够轻松阅读，广告牌上的文字通常会使用大号字体，以增加可读性。

4. 引起兴趣：文案应该能够引起观众的兴趣，激发他们进一步了解产品、服务或活动的欲望。

5. 清晰的呼吁动作：广告牌的目标是促便观众采取行动，因此文案中需要明确的呼吁动作，如"现在购买"、"点击了解更多"等。

6. 独特性和差异化：如果广告是为了宣传产品或服务，文案应强调其独特性和与竞争对手的差异化。

7. 色彩和视觉效果：使用吸引人的色彩和视觉效果，可以增加广告的视觉吸引力。但要确保颜色和设计与品牌形象一致。

8. 地理位置相关性：如果广告牌的位置与特定地区或周围环境相关，文案可以与该地区的文化、习惯或特点有关。

9. 可识别的品牌标识：文案中需要包含品牌的标识或名称，以确保观众能够将广告与特定品牌联系起来。

10. 考虑观众群体：文案的语言和内容应该考虑到目标观众的特点和兴趣，以便更好地吸引他们的注意力。

总之，户外广告牌上的文案需要在有限的空间内传达信息，同时具备吸引力、清晰性和行动性。这样才能有效地吸引目标观众并传达广告的目的。

图 9-14

步骤 02 **明确主题，撰写文案**：在同一个输入框中继续输入提示词，如"请根据以上特点，提供关于床垫产品的文案"，按 Enter 键确认，ChatGPT 会生成户外广告文案，如图 9-15 所示。

步骤 03 **提出要求，修改文案**：在同一个输入框中继续输入提示词，如"请融入更多创意、调动多种感官，修改以上文案，增加文案的吸引力"，按 Enter 键确认，ChatGPT 会对户外广告文案进行修改，如图 9-16 所示。

休息，由此开始！
(大号字体，醒目的颜色)

睡眠质量重要吗？
(引起兴趣，激发好奇心)

舒适睡眠，从一款优质床垫开始
(简洁明了，核心信息传达)

让每个夜晚都成为享受
(呼吁行动，强调改善生活质量)

探索我们的创新床垫系列
(呼吁动作，鼓励了解更多)

个性化支持，完美融合
(差异化，强调产品特点)

令人难以抗拒的睡眠体验
(情感诉求，引发共鸣)

充电好，才有无限可能
(与品牌形象相关，创造品牌联系)

品质睡眠，品味生活
(简洁有力的口号，突出品牌价值)

图 9-15

"梦幻之上，床垫新境界"
(用词华丽，引起好奇心)

感受云般蓬松，睡眠焕然一新
(多感官体验，触感和睡眠的联想)

沉浸式睡眠，如身临其境
(创意性的描绘，呼应感官体验)

床垫，也能是音乐的节奏
(跨足听觉体验，与睡眠的契合)

舒适挚爱，从床垫开始
(情感诉求，将床垫与关爱联系)

演绎美梦，从床垫出发
(鼓励想象，与梦境相呼应)

每一夜，都是一场奇妙之旅
(增添神秘感，与夜晚的联系)

触摸寝梦，品味轻奢
(强调触感，创造奢华情境)

在柔软中醒来，每一天都不同
(多感官体验，触感与觉醒的感受)

这个修改后的文案尝试通过更具创意的表达方式，引发观众的好奇心，创造多感官的参与
感，以及将床垫与美好的睡眠体验和奢华生活联系起来。当然，文案设计需要根据品牌和受
众的特点进行微调，以确保传达出预期的情感和吸引力。

图 9-16

扫码看教学视频

097 让 ChatGPT 撰写电商主图文案

在电商领域，主图文案能够用于凸显产品的亮点和优势，从而激发消费者的购买欲望。撰写主图文案需要分析产品的特点、受众的需求、市场趋势等多方面的因素，同时还需要一定的网感和文字功底。此时，用户巧用 ChatGPT，便可以借助 AI 快速获得电商主图文案。

本节将介绍让 ChatGPT 撰写电商主图文案的操作步骤。

步骤 01 **分析受众需求**：在 ChatGPT 输入框中输入提示词，如"请帮我分析一下年轻人对枕头产品的需求和喜好"，按 Enter 键确认，ChatGPT 会提供特定产品的受众需求，如图 9-17 所示。

年轻人对枕头产品的需求和喜好通常受到多种因素的影响，包括生活方式、健康意识、个人偏好和科技发展等。以下是一些可能影响年轻人需求和喜好的因素：

1. **舒适度和支持性**：年轻人对枕头的舒适度和支持性有很高的要求。他们希望能在睡眠中获得良好的头颈支撑，以减少颈部和背部的不适感。

2. **材料选择**：自然材料、有机材料和可持续材料受到年轻人的青睐。他们对环保和健康问题更为关注，因此可能更愿意选择不含化学物质的材料。

3. **个性化**：年轻人越来越喜欢定制化的产品。一些枕头品牌提供个性化的选择，例如不同的高度、硬度和形状，以满足不同人的需求。

4. **科技应用**：随着科技的发展，一些枕头产品整合了科技元素，如记忆泡沫、智能感应技术等，以提供更好的睡眠体验。年轻人可能更愿意尝试这些创新产品。

5. **敏感性和过敏问题**：年轻人中过敏问题较为普遍，因此他们可能更倾向于选择防过敏、抗菌等特性的枕头产品。

6. **价格和价值**：尽管年轻人对质量有要求，但在购买决策中价格也是一个重要因素。他们倾向于寻找性价比较高的产品。

7. **社交媒体和口碑影响**：年轻人常常受到社交媒体和朋友之间的影响。如果某款枕头在社交媒体上获得好评或得到朋友的推荐，他们更有可能选择购买。

8. **便捷性**：购物便捷性对年轻人来说很重要。在线购物、免费试用和方便的退换货政策可能会影响他们的购买决策。

9. **时尚和外观**：一些年轻人可能会关注枕头的外观和设计，尤其是如果枕头能够与床上用品或卧室的整体风格相匹配。

总的来说，年轻人对枕头产品的需求和喜好强调舒适性、健康、个性化、科技创新和环保等因素。品牌可以通过了解这些趋势，提供适应年轻人需求的产品，从而满足他们的购买欲望。

图 9-17

步骤 02 **提炼产品亮点**：在同一个输入框中继续输入提示词，如"请结合受众需求，提炼出纯棉枕头的亮点和优势"，按 Enter 键确认，ChatGPT 会提炼出特定产品的亮点，如图 9-18 所示。

步骤 03 **撰写主图文案**：在同一个输入框中继续输入提示词，如"请根据以上信息，撰写纯棉枕头的电商主图文案，要求语言精简、突出产品亮点"，按 Enter 键确认，ChatGPT 会生成电商主图文案，如图 9-19 所示。

针对年轻人对枕头产品的需求和喜好，纯棉枕头具有以下亮点和优势：

1. **自然舒适**：纯棉是一种自然的、透气性强的材料，能够在夜间保持头部的舒适温度，减少过多的热量积聚，为年轻人提供更好的睡眠环境。
2. **健康和无过敏**：纯棉是低过敏性的材料，适合那些对化学物质敏感的人群，尤其是对合成材料过敏的年轻人。这有助于减少皮肤刺激和不适感。
3. **可持续和环保**：年轻人对环保问题越来越关注，选择纯棉枕头符合他们的价值观。纯棉是可再生的天然材料，对环境影响较小，与塑料制品相比更环保。
4. **吸湿排汗**：纯棉材料具有良好的吸湿性能，能够有效吸收头部的汗水，保持干燥清爽的睡眠环境，减少细菌滋生的可能性。
5. **耐用性**：纯棉是一种耐用的材料，经过适当的保养，纯棉枕头可以使用较长时间而不失去原有的质感和舒适度，对于预算有限的年轻人而言，这是一项重要优势。
6. **简约时尚**：纯棉枕头通常具有简约、自然的外观，与现代年轻人日常的生活方式和审美趋势相符合。它们可能更容易与床上用品和卧室的整体风格相协调。
7. **可机洗**：大多数纯棉枕头可以方便地进行机洗，这对于年轻人来说是一项便利的特点，无需过多烦琐的护理步骤。

总的来说，纯棉枕头以其自然舒适、健康、环保、吸湿排汗和耐用等特点，满足了年轻人对枕头产品的多重需求，是一个有吸引力的选择。品牌可以强调这些优势，以满足年轻人在枕头选择方面的期望。

图 9-18

"自然舒适，健康睡眠选择！🍃
我们的纯棉枕头，给你一个与众不同的睡眠体验。

　💨 透气纯棉材质，为你创造夜晚清凉的头枕环境。
　🌿 健康护航，无过敏困扰，让你的睡眠更加安心。
　♻ 环保之选，选择纯棉，关爱地球家园。
　💧 吸湿排汗，保持干爽，迎接每一个新的清晨。
　🛡 耐用品质，陪伴你悠长时光，不减舒适体验。
　✿ 简约时尚设计，与你的个人风格相得益彰。

图 9-19

098 让 ChatGPT 编写详情页文案

扫码看教学视频

详情页文案是电商领域用于描述产品详细特征的文字内容，包括产品的具体功能、设计特点、规格包装、使用说明、注意事项等元素，能够以文字的形式全面地介绍产品。

借助 ChatGPT，用户可以快速获得特定产品的详情页文案内容，从而节省人力成本。本节将介绍让 ChatGPT 编写详情页文案的操作步骤。

步骤 01 **赋予身份，询问信息**：在 ChatGPT 输入框中输入提示词，如"假设你是一名经验丰富的广告策划师，拥有多年的电商文案策划经验。现在需要你为一款蓝牙耳机策划详情页文案，我需要向你提供哪些信息？"，按 Enter 键确认，ChatGPT会罗列出撰写详情页文案所需的信息，如图 9-20 所示。

要为一款蓝牙耳机策划详情页文案，以下是我需要的一些信息：

1. **产品信息**：
   - 产品名称
   - 品牌名称
   - 产品型号/系列
   - 产品颜色、设计特点
   - 主要功能（无线连接、降噪、触控操作等）
2. **产品特点**：
   - 强调产品的独特卖点（比如卓越音质、长续航时间、舒适佩戴等）
3. **目标受众**：
   - 你希望吸引的客户群体是谁？（运动爱好者、音乐发烧友、上班族等）
4. **竞争优势**：
   - 与同类产品相比，你的产品有什么独特之处？（性价比、技术创新等）
5. **核心价值**：
   - 这款蓝牙耳机能为用户带来什么样的体验或价值？（自由、便捷、高品质音乐等）
6. **使用场景**：
   - 用户在什么情况下会使用这款耳机？（跑步、通勤、旅行等）
7. **技术规格**：
   - 蓝牙版本、驱动单元尺寸、频率响应范围等技术细节。
8. **包装内容**：
   - 产品包装中包含哪些物品？（充电盒、充电线、耳塞套等）
9. **用户案例**：
   - 是否有用户使用故事或案例可以展示？（可以强调产品在真实生活中的应用）
10. **保证与支持**：
    - 产品的保修政策、售后服务等信息。
11. **价格与购买渠道**：
    - 产品的价格范围以及在哪些渠道可以购买（官网、电商平台、线下门店等）。
12. **图像素材**：
    - 提供产品的高质量图片，包括不同角度、细节等。

基于这些信息，我可以帮助你撰写一个吸引人的蓝牙耳机详情页文案，突出产品的特点、优势和价值，以吸引目标受众并促使他们进行购买。

图 9-20

步骤 02 **提供信息，撰写文案**：在同一个输入框中继续输入提示词，如"（提供信息，另起一行）请根据以上信息，撰写蓝牙耳机的详情页文案"，按 Enter 键确认，ChatGPT 会生成详情页文案，如图 9-21 所示。

产品信息：cc蓝牙耳机，无线半入耳式，适用于所有型号的手机，有白色、浅紫色和黑色三种颜色选择
产品特点：28小时长续航，无损降噪音质，轻巧贴耳，低延迟，防丢失定位
目标受众：不限
使用场景：场景不限，可调换音质
技术规格：搭载抗干扰芯片、蓝牙芯片
包装内容：蓝牙耳机、充电仓、说明书、包装盒和充电线
保证与支持：1年质保
请根据以上信息，撰写蓝牙耳机的详情页文案

图 9-21

探索自由音乐世界，尽在CC蓝牙耳机

产品亮点：

- **续航畅享，随心而动**：超长28小时续航，让音乐始终陪伴，无拘无束的享受。
- **极致音质，无损降噪**：感受音乐的深度，高级降噪技术让您尽情沉浸，享受无与伦比的音质体验。
- **贴耳轻巧，不觉其存在**：精心设计的半入耳式，舒适佩戴，不压耳朵，让您长时间戴着也感觉自在。
- **即刻连结，低延迟**：高效蓝牙芯片确保稳定连接，畅享流畅音乐、游戏和通话，毫无延迟。
- **智能防丢，一目了然**：防丢失定位功能，让您随时掌握耳机位置，再也不必为耳机的下落烦恼。

技术规格：

- **卓越性能，抗干扰芯片**：搭载高级抗干扰芯片，稳定连接，畅享稳定的音质与通话体验。
- **蓝牙通信，零束缚**：先进的蓝牙技术，兼容各型手机，让您随时随地连接音乐世界。

多样色彩，个性自由：CC蓝牙耳机提供白色、浅紫色和黑色三款颜色，让您随心选择，展现独特个性。

包装内容：

- CC蓝牙耳机 ×1
- 充电仓 ×1
- 说明书 ×1
- 充电线 ×1
- 精美包装盒 ×1

质保与支持：

- 我们为您提供高品质的产品，享受1年质保，让您购买无忧。

CC蓝牙耳机，点亮音乐之旅，尽在指尖。立即体验，感受卓越音质，释放自由。

图 9-21（续）

步骤 03 **提出要求，修改文案**：在同一个输入框中继续输入提示词，如“请修改以上文案，要更加突出蓝牙耳机的亮点和优势”，按 Enter 键确认，ChatGPT 会对详情页文案进行修改，如图 9-22 所示。

发现音乐新境界，翱游自由旋律，CC蓝牙耳机震撼登场！

突破之作，独享音乐奇迹：

- **续航巅峰，音乐不停歇**：28小时超长续航，随心倾听，音乐陪伴不间断，让您畅享无限音乐魅力。
- **声音之极，降噪掌控一切**：世界静谧，音乐更动人。卓越降噪技术，纯净音质，带您逃离尘嚣，进入心灵宁静的音乐世界。
- **轻盈时尚，穿戴舒适**：精心打造的半入耳式设计，舒适轻巧，贴心贴耳，让您享受时尚的外观和毫不累赘的佩戴体验。

无以伦比，立体沉浸音乐之旅：

- **零时延，即刻奏响激情**：蓝牙连接毫无延迟，音乐与您的心跳同频共鸣，畅快奔放。
- **失而复得，智能防丢守护**：借助防丢失定位，再也不用担心遗失耳机，一切尽在掌握之中。

科技巅峰，为您缔造完美听觉：

- **超强芯片，独立抗干扰**：抗干扰芯片保障通信稳定，音质清晰如见面。
- **全兼容，畅享多维音乐**：强大蓝牙技术，与所有型号手机兼容，畅快体验多重音乐场景。

图 9-22

自由表达，个性跃然耳畔：

- **缤纷选择，随心搭配**：白色、浅紫色、黑色，多色彩选择，尽显个性，让您的耳机与您的风格完美融合。
- **变幻场景，即刻适应**：适应不同场景的音质模式，让您的音乐时刻与您同行。

独一无二的奢华陪伴：

- **套装大放送**：CC蓝牙耳机×1，充电仓×1，说明书×1，精美包装盒×1，充电线×1。
- **无忧保障，持久陪伴**：享受1年质保，为您的音乐之旅保驾护航。

CC蓝牙耳机，突破常规，音乐新时代，由您主宰。立即体验，让音乐之翼，翱翔心灵的广阔天空！

图 9-22（续）

099 让 ChatGPT 创作商品海报文案

扫码看教学视频

商品海报文案是指放置于海报上的产品宣传文字，它具有语言简练、清晰明了、醒目的特点，能够引导消费者进行购买产品的决策。在 ChatGPT 的帮助下，用户可以获得创作商品海报文案的灵感和参考。本节将介绍让 ChatGPT 创作商品海报文案的操作步骤。

步骤 01 引入话题，提问信息：在 ChatGPT 输入框中输入提示词，如"商品海报文案有哪些特征？创作商品海报文案可以从哪些角度切入？"，按 Enter 键确认，ChatGPT 会提供创作商品海报文案的信息，如图 9-23 所示。

商品海报文案在吸引目标受众、传达产品信息和促进销售方面起着关键作用。下面是一些商品海报文案的特征，以及创作时可以从哪些角度切入的建议：

商品海报文案的特征：

1. **简洁明了**：文案应该言简意赅，一目了然，避免使用过多的文字，让人能够迅速了解产品的核心特点。
2. **吸引眼球**：使用引人注目的标题、颜色、图像等元素，从视觉上吸引目标受众的注意力。
3. **独特卖点（USP）**：突出产品的独特卖点，让人了解该商品相对于竞争对手的优势。
4. **情感共鸣**：利用情感化的文案，让受众在情感上产生共鸣，从而更容易建立与产品的联系。
5. **解决问题**：强调商品如何解决目标受众的问题或满足其需求，让人感受到购买的实际价值。
6. **呼吁行动**：包含明确的呼吁行动，如"立即购买"、"点击了解更多"等，鼓励受众采取行动。
7. **品牌风格**：文案应与品牌的风格和声音保持一致，以增强品牌认知和记忆。
8. **清晰的信息层次**：使用合适的排版和格式，将重要信息放在显眼位置，保持信息层次清晰。

创作商品海报文案的角度：

1. **产品特点**：突出产品的关键特点、功能和性能，使受众知道为什么选择这款产品。
2. **问题解决**：描述产品是如何解决受众问题或满足其需求的，强调实际效益。
3. **用户体验**：侧重描述购买该产品后的愉悦体验，例如舒适感、方便性等。
4. **社会影响**：如果产品有积极的社会影响，例如环保、慈善捐赠等，可以强调这一点。

图 9-23

5. **比较竞争对手**：比较产品与竞争对手的差异，凸显产品的优越性。
6. **用户见证**：引用用户的正面评价或见证，增加产品的可信度。
7. **限时优惠**：如果有促销活动或限时优惠，突出这些信息，创造购买紧迫感。
8. **故事叙述**：将产品融入一个引人入胜的故事中，增加受众的情感共鸣。

在创作商品海报文案时，要充分了解目标受众，明确产品的卖点，并选择最适合的切入角度，以吸引受众的兴趣并促进销售。同时，不断优化和测试文案效果，根据反馈进行调整，以获得最佳的营销结果。

图 9-23（续）

步骤 02 **明确信息，创作文案**：在同一个输入框中继续输入提示词，如"请结合海报文案的特征，从叙述故事的角度出发，提供一些香薰产品的海报文案"，按 Enter 键确认，ChatGPT 会创作出商品海报文案，如图 9-24 所示。

当然，请看以下从叙述故事角度创作的香薰产品海报文案示例：

海报标题：
探索自然之馈，重拾内心宁静

海报主图：
画面中展示一个宜人的家居环境，窗外的夕阳透过窗帘洒在放置着香薰瓶的桌子上。

文案：
每一天，都是一个独特的冒险。在这忙碌的世界中，我们常常忘记了停下来，聆听内心的声音。而今，我们为您带来了一份特殊的礼物，帮助您在繁忙的日常中找到宁静的一刻。

品牌名 的香薰系列，如同一本故事书，每一款都有着不同的篇章，等待着您去探索。从清晨的阳光，到夜晚的宁静，每一瓶香薰都是一段自然的旅程。

闭上眼睛，让香气带您穿越茂密的森林，漫步在细软的沙滩上，或是置身于绚丽的花海之中。每一个呼吸，都是一次深入自己的冒险。让 **品牌名** 的香薰成为您与自然对话的媒介，唤醒沉睡已久的心灵。

限时特惠：
在本月底前，购买任意一款香薰产品，即可获赠一个精美的香薰蜡烛，为您的夜晚增添更多温暖与美好。

呼吁行动：
点击下方链接，探索更多香薰系列，将自然的力量带回家中，重拾内心的平静与宁静。

底部品牌标识：
品牌名 香薰系列，让自然之馈温暖您的生活。

这个示例从叙述故事的角度出发，通过描述香薰产品为消费者创造的情感体验和内心的冒险，强调产品与自然的联系，以及如何在繁忙的日常中找到宁静。文案结合了品牌的独特卖点和限时特惠，同时通过呼吁行动鼓励读者立即行动。

图 9-24

步骤 03 **提出要求，修改文案**：在同一个输入框中继续输入提示词，如"这个文案的立意很好，但文字描述缺少生动性和说服力，请重新生成文案"，按 Enter 键确认，ChatGPT 会对商品海报文案进行修改，如图 9-25 所示。

当然，我会根据您的反馈重新生成一份更生动有力的香薰产品海报文案：

海报标题：
穿越香氛，找回自然的呼吸

海报主图：
画面中展示一个室内场景，窗帘轻轻飘动，香薰瓶散发出的幽香弥漫在空气中。

文案：
每一天，都是一段独特的旅程。在这喧嚣的都市中，我们总是忘记了静下心来，感受生活的美好。此刻，我们为您带来了一份迷人的礼物，帮助您重新与自然对话。

品牌名 的香薰系列，如同一本充满魔力的书，每一瓶都是一页独特的篇章，等待着您去翻阅。从清晨的第一缕阳光，到夜晚的恬静星空，每款香薰都是一段微妙的故事。

闭上双眼，让香氛带您穿越茂盛的森林，徜徉在绵软的沙滩上，或是漫步在绚丽的花海中。每一呼吸，都如同与大自然的深度对话。**品牌名** 的香薰，将带您回到内心深处，重新感受生命的美妙。

独家特惠：
仅此月，选购您钟爱的香薰，即可享受20%的折扣，以及限量赠送的精美香薰蜡烛，让您的空间更添温馨氛围。

立即行动：
点击下方链接，探索更多香薰系列，让自然的芬芳融入您的生活，与繁忙告别，迎接宁静。

底部品牌标识：
品牌名 香薰系列，用香氛唤醒您的灵感与感官。

这个版本更强调了香薰产品与大自然之间的联系，使用了更具描绘力的形容词和词语，以增加生动性和说服力。同时，重新设计的特惠信息和行动呼吁更能引发受众的购买兴趣。希望这个版本更符合您的期望。

图 9-25

100 让 ChatGPT 生成产品测评文案

扫码看教学视频

产品测评文案是侧面宣传产品的有效途径，一般包含专业、客观的产品信息，能够给消费者购买产品提供参考。借助 AI，用户可以获得比较全面、中肯的产品测评文案。本节将介绍让 ChatGPT 生成产品测评文案的操作步骤。

步骤 01 赋予身份，询问标准：在 ChatGPT 输入框中输入提示词，如"假设你是一位专业的护肤品测评博主，请说出测评护肤品有哪些维度"，按 Enter 键确认，ChatGPT 会提供产品测评的标准，如图 9-26 所示。

步骤 02 明确标准，整理信息：在同一个输入框中继续输入提示词，如"请根据以上维度，结合以下信息对产品进行测评（另起一行）产品信息：×××"，按 Enter 键确认，ChatGPT 会结合标准对产品进行测评，如图 9-27 所示。

步骤 03 补充信息，生成文案：在同一个输入框中继续输入提示词，如"（补充用户体验，另起一行）请结合已有的产品信息和用户体验生成一篇客观的产品测评文案"，按 Enter 键确认，ChatGPT 会生成产品的测评文案，如图 9-28 所示。

作为一位专业的护肤品测评博主，你可以从多个维度来评价护肤品，以便为你的读者提供全面准确的信息。以下是一些常见的测评维度：

1. **成分分析**：分析护肤品成分表，解释各成分的功能和效果，帮助消费者了解产品的配方是否符合他们的需求和肤质。
2. **肤质适用性**：评估护肤品是否适合不同肤质，如干性、油性、敏感性等，指出适用人群。
3. **功效与效果**：详细描述产品声称的功效，如保湿、抗衰老、淡化瑕疵等，根据实际使用经验评价产品的效果。
4. **质地与使用感**：描述产品的质地、吸收情况，以及使用后的触感和舒适度。
5. **气味与香氛**：评价产品的气味、香氛是否愉悦，以及是否会引起过敏反应。
6. **包装与外观**：评估产品的包装设计、便利性，以及是否符合品牌定位和消费者期待。
7. **使用方法与注意事项**：提供正确的使用方法和可能的注意事项，确保读者正确地使用产品并避免可能的不良反应。
8. **长期效果与变化**：如果可能，分享长期使用的体验，以便读者了解产品是否能够持续产生预期效果。
9. **价格与性价比**：对产品的价格进行评价，同时考虑其成分和效果，判断是否具有良好的性价比。
10. **用户反馈与评价**：搜集和整理其他用户的真实反馈和评价，为读者提供更多的参考意见。
11. **与竞品对比**：将该产品与类似产品进行比较，突出其特点和优势。
12. **科学依据与研究支持**：如果有相关的科学研究支持，可以引用这些研究来支持评价观点。
13. **可持续性与环保**：评估产品的环保性，包括包装材料、生产过程等方面。
14. **品牌背景与信誉**：了解品牌的背景、宗旨以及在护肤领域的信誉，为读者提供品牌背书的参考。

图 9-26

请根据以上维度，结合以下信息对产品进行测评
产品信息：
fe是XXX品牌推出的一款美白面膜，主打美白淡斑、提亮肤色的效果。
fe的成分有烟酰胺、微米珍珠粉、珍白因三种，包含锁水持久、液体吸附力强、亲肤柔软三大优势。
这款美白面膜的使用方法是"一涂二敷"，先补水保湿，再将珍珠膏均匀涂抹脸部，最后敷上面膜等待十分钟至十五分钟洗净。

针对这款名为"fe"的美白面膜，我们可以从各个维度进行测评：

1. **成分分析**：产品中含有烟酰胺、微米珍珠粉和珍白因等成分。烟酰胺被广泛用于美白产品中，具有抑制黑色素生成的作用。微米珍珠粉可能有轻微的磨砂效果，有助于去除角质层。珍白因的功效需要进一步了解。需要注意的是，针对敏感肌肤，可能需要谨慎考虑成分潜在的刺激性。
2. **肤质适用性**：产品主打美白淡斑，适用于希望改善肤色不均、淡化斑点的人群。然而，由于烟酰胺可能引起刺激，敏感肌肤可能需要进行过敏测试。
3. **功效与效果**：产品声称具有美白淡斑和提亮肤色的效果，这需要长期使用才能看到明显的效果。用户在使用一段时间后是否能够观察到皮肤变化，是一个需要关注的点。
4. **质地与使用感**：产品提到具有锁水持久、液体吸附力强、亲肤柔软等优势，这暗示了产品在质地和使用感方面的良好表现。使用过程中的舒适度以及是否会引起不适感都是需要关注的点。
5. **气味与香氛**：产品未提到气味和香氛，这也是用户关心的一个方面。产品是否具有愉悦的气味，或者是否有添加香料，可能会影响用户的选择。
6. **包装与外观**：关于包装和外观并没有提及，但产品的包装设计也是吸引消费者的一个重要因素。

图 9-27

7. **使用方法与注意事项：** 产品提供了详细的使用方法，即"一涂二敷"，同时指出了使用面膜的时间范围。这对于用户正确使用产品是非常有帮助的。同时，对于敏感肌肤用户，是否需要提前做过敏测试也需要注意。

8. **长期效果与变化：** 长期使用的效果是需要关注的，是否能够达到产品声称的美白淡斑、提亮肤色的效果，需要在一段时间后进行观察。

9. **价格与性价比：** 价格是影响用户购买的一个重要因素，需要考虑产品的成分、效果等因素，来判断其是否具有良好的性价比。

10. **用户反馈与评价：** 在测评中并没有提及其他用户的反馈和评价，这也是了解产品实际效果的一个重要途径。

11. **与竞品对比：** 缺乏与类似产品的对比，无法判断产品在市场中的竞争地位和优势。

12. **科学依据与研究支持：** 产品没有提及科学研究支持，是否有相关研究来支持产品的效果也是需要了解的。

13. **可持续性与环保：** 产品的可持续性和环保性未在信息中提及，这在当今消费者对环保问题越来越关注的背景下，可能会影响部分消费者的购买决策。

14. **品牌背景与信誉：** 产品所属品牌的背景和在护肤领域的信誉也是需要考虑的因素。

基于以上维度，我们可以得出一个初步的测评观点，但要全面了解产品，还需要进一步调查和了解用户真实使用体验以及可能的科学依据。

图 9-27（续）

这款面膜邀请了34名热心用户进行体验，在14天之后，80%的结果显示认同色斑痘印变淡了、皮肤更加透亮以及肤色不均匀问题有改善。
请结合已有的产品信息和用户体验生成一篇客观的产品测评文案

产品测评：fe美白面膜

在护肤的世界里，我们不断寻求能够为肌肤带来明显改变的产品。"fe"品牌的美白面膜似乎为我们带来了一个值得关注的选项。经过深入研究该产品的成分、使用方法以及热心用户的实际体验，我们希望能够为您带来一份客观的产品测评。

成分分析： 这款面膜含有烟酰胺、微米珍珠粉和珍白因等成分，其中烟酰胺被认为具有美白作用，而微米珍珠粉可能有助于去除角质层。但用户需注意，烟酰胺在某些情况下可能引起轻微的刺激。

肤质适用性： 主打美白淡斑的效果，适用于追求均匀肤色的人群。但对于敏感肌肤，建议进行过敏测试。

用户体验： 惊喜来自真实用户的声音。经过14天的使用体验，有80%的用户反馈，他们觉得色斑痘印变淡了，皮肤更加透亮，肤色不均匀的问题得到了改善。这个结果不仅表明产品在一定程度上实现了其声称的效果，也说明了用户的积极反应。

使用方法与效果： 使用方法简单明了，"一涂二敷"，在保湿后涂抹珍珠膏，然后敷上面膜。用户不仅提到质地柔软，还强调了其液体吸附力强的特点。经过10到15分钟的敷脸，用户可以感受到肌肤的改变。

长期效果与持续使用： 虽然短时间内获得了用户的正面反馈，但长期效果需要在持续使用后进行观察。美白是一个渐进的过程，对于持续使用，我们期待看到更加显著的效果。

价格与性价比： 尽管没有提及具体价格，但如果该产品能够在短时间内带来显著改善，那么其性价比可能会受到认可。

综合评价： "fe"美白面膜凭借其美白淡斑、提亮肤色的声称功效，吸引了众多热心用户的尝试。在14天的使用体验中，80%的用户表示色斑痘印变淡、肤色更均匀，这一结果令人振奋。产品使用方法简单，质地柔软，液体吸附力强，这为用户带来了愉悦的使用体验。然而，长期效果和敏感肌肤的适用性仍需要持续观察。总体而言，这款面膜在美白领域可能是一个值得尝试的选择。

图 9-28

> 最后，我们提醒用户在选购护肤产品时，根据自身肤质、需求和过敏情况做出明智的选择，并在使用新产品前进行适当的过敏测试，以确保皮肤的安全与健康。

图 9-28（续）

101 让 ChatGPT 创作活动策划文案

扫码看教学视频

活动策划文案是一种用于活动宣传的手段，能够提升活动的吸引力和推动活动的顺利开展。在 ChatGPT 的帮助下，用户可以写出更加有创造力、针对性的活动策划文案。本节将介绍让 ChatGPT 创作活动策划文案的操作步骤。

步骤 01 **赋予身份，询问信息**：在 ChatGPT 输入框中输入提示词，如"假设你是一位活动策划总监，我需要你帮我策划一场营销活动，你需要掌握哪些信息？"，按 Enter 键确认，ChatGPT 会提供活动策划的信息，如图 9-29 所示。

要为您策划一场成功的营销活动，我需要以下信息：

1. **目标和目的**：您想通过这场活动实现什么样的目标？是增加销售、提高品牌知名度、吸引新客户还是与现有客户互动？
2. **受众**：您的目标受众是谁？他们的年龄、性别、兴趣爱好、消费习惯等信息对活动内容和形式有很大影响。
3. **活动类型**：您是想举办线上活动、线下活动还是混合型活动？例如，网络研讨会、产品展示会、推广促销活动等。
4. **时间和地点**：您希望活动在什么时间举行？地点是在您的商店、会议中心、展览馆还是其他地方？
5. **预算**：您的活动预算是多少？这将影响活动规模、场地选择、宣传渠道等方面的决策。
6. **活动内容**：您希望活动包括哪些内容？例如，演讲、培训、互动游戏、抽奖、展示等。
7. **宣传策略**：您计划如何宣传活动？通过社交媒体、电子邮件营销、传统广告、合作伙伴推广等方式。
8. **参与互动**：您希望活动的参与者如何与您互动？是否有互动环节，例如提问环节、社交时间等？
9. **数据收集**：您是否希望从活动中收集数据，如参与者信息、反馈意见等？
10. **团队和合作伙伴**：您是否需要协调团队成员或合作伙伴来实施活动？他们的角色是什么？
11. **评估方法**：活动结束后，您如何评估活动的成功程度？是通过销售增长、参与人数、社交媒体反应还是其他指标？
12. **风险管理**：是否有可能的风险需要考虑，如天气问题、技术故障等？

通过了解这些信息，我可以更好地帮助您规划活动的细节，确保活动能够达到预期的营销目标。

图 9-29

步骤 02 **提供信息，生成方案**：在同一个输入框中继续输入提示词，如"活动信息：×××（另起一行）请根据这些信息撰写一份可行性的活动策划方案"，按 Enter 键确认，ChatGPT 会根据信息生成活动策划方案，如图 9-30 所示。

当然，以下是一份针对线下好物促销活动的初步策划方案。请注意，细节可以根据您的具体情况进行调整和定制。

活动名称： 精选好物狂欢盛典

活动目标： 提高品牌知名度，吸引新客户，促进销售增长

目标受众： 广大消费者，特别是关注零食、用品、服装的人群

活动时间： 两周（具体日期待定）

活动地点： 适宜的商业中心或购物中心

预算： 根据预期规模和宣传力度来决定

活动内容：

1. **产品陈列：** 在活动现场设置不同区域，分别展示零食、用品、服装等产品，通过精心设计的陈列方式吸引顾客目光。
2. **折扣促销：** 所有产品以8折优惠价格销售，吸引消费者参与。特价产品可以设定更低的折扣。
3. **互动游戏：** 设置有趣的互动游戏，如抽奖、猜价格等，参与游戏的顾客可以获得额外折扣券或小礼品。
4. **产品试用：** 提供部分产品的试用体验区域，让顾客亲身体验产品的品质，增加购买的信心。
5. **主题演讲：** 邀请相关行业专家或名人，进行与您产品相关的主题演讲，增加活动的知识性和吸引力。

宣传策略：

1. **社交媒体：** 利用各大社交平台发布活动预告、促销信息和互动内容，引发用户关注和参与。
2. **传统广告：** 在电视、广播、报纸等传统媒体上投放广告，覆盖更广泛的受众。
3. **宣传物料：** 制作海报、传单、宣传册等物料，在商业中心、咖啡馆等地方进行宣传。
4. **合作伙伴：** 与相关行业的合作伙伴合作，共同宣传活动，扩大影响力。

参与互动：

1. **抽奖环节：** 设置每天定时抽奖，购物顾客可获得参与资格，赢取丰富礼品。
2. **互动游戏：** 安排购物者参与有趣的互动游戏，增加活动的趣味性。

数据收集：

参与者信息： 在参与互动游戏、抽奖等环节收集参与者的基本信息，用于后续市场营销。

团队和合作伙伴：

1. **销售团队：** 为顾客提供专业的产品咨询和购买指导。
2. **活动志愿者：** 协助组织互动游戏、分发宣传物料等工作。

评估方法：

1. **销售数据：** 比较活动前后的销售数据，评估活动对销售的影响。
2. **参与人数：** 统计参与互动游戏、活动现场的人数，衡量活动吸引力。
3. **社交媒体反应：** 分析社交媒体上关于活动的讨论和反应，了解用户意见。

风险管理：

1. **天气风险：** 如果活动是在户外进行，需要制订应对不良天气的应急计划。
2. **人流管理：** 预防人流拥堵，确保购物体验流畅。

这只是一个初步的方案，具体细节和执行策略可以根据实际情况进行调整。希望这个方案能够帮助您规划一场成功的线下好物促销活动！

图 9-30

步骤 03 **明确目的，撰写文案**：在同一个输入框中继续输入提示词，如"请为这个线下好物促销活动撰写活动宣传文案，目的是吸引更多消费者购买"，按 Enter 键确认，ChatGPT 会生成活动宣传文案，如图 9-31 所示。

🎊【精选好物狂欢盛典】，折扣狂欢两周！🎊

尊敬的各位购物达人，为了回馈您一直以来的支持与厚爱，我们携手推出了一场【精选好物狂欢盛典】，让您的购物体验升级到极致！

🎁 活动亮点 🎁

🎁 **全场8折优惠！** 两周时间，不限商品，所有产品疯狂8折！从零食、用品到时尚服饰，您想要的好物，都在这里等着您！

💰 **每日惊喜抽奖！** 只要您参与活动，就有机会赢取丰富好礼！无论您是购物达人还是新顾客，每个人都有机会成为赢家！

🎮 **互动游戏嗨不停！** 活动现场，充满趣味的互动游戏等您参与！既有超值折扣，更有欢乐与惊喜等着您，让购物不再枯燥！

🎤 **名家主题演讲！** 知名行业专家将为您带来精彩主题演讲，揭秘各类好物背后的故事，让您不仅买到好物，还能了解其中的乐趣与智慧！

📅 活动时间：即将公布
📍 活动地点：敬请期待

🎁 您的满意是我们最大的心愿，这个夏天，与我们一起享受购物的狂欢！无论您是钟情美食，还是追求时尚，亦或是对生活用品有独特品味，【精选好物狂欢盛典】都将满足您的各种购物欲望！

记得邀请您的亲朋好友一同前来，一起参与这场夏日的购物盛宴！活动期间，好物与优惠，只为您而准备！

敬请期待，让我们一同点燃购物的热情，共赴这场狂欢盛宴！

更多精彩，敬请期待！

【活动咨询热线】：[您的联系方式]

图 9-31

步骤 04 **明确平台，优化文案**：在同一个输入框中继续输入提示词，如"请根据抖音的文案特性，撰写能在抖音上传播的活动宣传文案"，按 Enter 键确认，ChatGPT 会对活动宣传文案进行优化，如图 9-32 所示。

🎊【精选好物狂欢盛典】，折扣狂欢两周！🎊

🏆 全场8折，只此两周！不管是零食、用品还是时尚服饰，统统8折抢购，快来把握机会！#好物狂欢#折扣来袭#限时狂购

🎁 惊喜连连！参与活动即有机会抽中超值好礼！你还在等什么？快来试试手气吧！#惊喜抽奖#好礼等你#幸运之选

图 9-32

🎮 玩游戏赢大奖！现场互动游戏，欢乐多多！不仅有超值折扣，还有游戏大奖等着你！#互动游戏#欢乐无限#好玩购物

🔑 名家主题演讲，了解好物的背后故事！行业大咖的分享，让你的购物更有深度！#主题演讲#行业大咖#好物故事

📋 活动时间：即将公布
📍 活动地点：敬请期待

一场购物狂欢，不容错过！快来与我们一起享受夏日购物的狂欢吧！记得点赞、评论，邀请小伙伴一同参与！#精选好物#夏日狂欢#购物盛宴

【活动热线】：[您的联系方式]

图 9-32（续）

102 让 ChatGPT 撰写品牌宣传方案

扫码看教学视频

品牌宣传文案包含品牌文化、品牌优势、产品特征等内容，是品牌营销的有利途径，有助于提升品牌的影响力和知名度。

一篇出色的品牌宣传文案可以深入人心，引起目标受众的好感和兴趣，借助 ChatGPT，用户可以快速撰写出优质的品牌宣传文案。本节将介绍让 ChatGPT 撰写品牌宣传方案的操作步骤。

步骤 01 明确品牌定位：在 ChatGPT 输入框中输入提示词，如 "Mv 是一个刚刚创立不久的珠宝品牌，致力于用珠宝为人们留下独特、珍贵的记忆。请帮我梳理一下 Mv 品牌的核心定位和特征"，按 Enter 键确认，ChatGPT 会梳理出品牌定位，如图 9-33 所示。

当然，我很愿意帮助您梳理一下Mv品牌的核心定位和特征。根据您提供的信息，我可以帮您总结出以下核心定位和特征：

核心定位：
Mv品牌的核心定位是以珠宝为媒介，创造独特且珍贵的记忆。品牌强调将珠宝与个人情感、重要时刻和特殊经历相结合，以打造更有意义和有情感价值的珠宝产品。这种情感连接不仅赋予珠宝以美感，还能让每件珠宝成为一个故事的载体。

特征：

1. **情感共鸣：** Mv品牌通过珠宝，致力于在人们的心中引发情感共鸣。每一件珠宝都承载着个人的故事和情感，从而使其与顾客之间建立更深厚的联系。
2. **独特设计：** Mv品牌的珠宝设计注重独特性和创新性。每件珠宝都是独一无二的艺术品，反映了设计师的创意和品牌的独特风格。
3. **个性定制：** 为了增强珠宝的特殊性，Mv品牌可能提供个性化定制的选项。顾客可以根据自己的喜好、经历和需求，定制属于自己的珠宝作品。
4. **质量与工艺：** 高品质的珠宝制作和精湛的工艺是Mv品牌的一大特点。品牌可能强调使用优质的材料，并注重每个细节的雕琢，以确保每件珠宝都达到最高的质量标准。

图 9-33

5. **故事讲述：** 每一件珠宝背后都有一个故事，Mv 品牌可以通过宣传材料、网站或店内展示来讲述这些故事，使顾客更深入地了解每件珠宝的背后含义。

6. **可持续性：** 考虑到现代消费者对可持续性的关注，Mv 品牌可能在制造过程中采用环保材料和可持续的工艺，以减少对环境的影响。

7. **社交媒体互动：** 品牌可以利用社交媒体平台与顾客互动，分享珠宝的故事、设计理念和制作过程，从而增加品牌的可见性和吸引力。

总之，Mv 品牌通过将珠宝与个人情感和特殊经历相结合，打造出独特、有意义的珠宝作品，从而在市场上树立起独特的核心定位和品牌特征。

图 9-33（续）

步骤 02 **分析目标受众：** 在同一个输入框中继续输入提示词，如"请帮我分析归纳出 Mv 品牌的目标受众特点"，按 Enter 键确认，ChatGPT 会分析出品牌的目标受众，如图 9-34 所示。

当考虑 Mv 品牌的目标受众特点时，我们可以将潜在的顾客群体进行分析和归纳，以下是可能适用于 Mv 品牌的目标受众特点：

1. **情感追求者：** Mv 品牌的珠宝强调情感和记忆，因此，情感追求者可能是主要的目标受众。这些人可能在寻找能够代表爱情、友谊、家庭纽带等情感的珠宝，希望通过珠宝来表达他们的情感和珍贵的时刻。

2. **特殊场合购物者：** 人们经常在特殊场合购买珠宝，如结婚、周年纪念、生日等。Mv 品牌的珠宝可以成为这些特殊时刻的理想礼物，因为它们与个人的故事和情感紧密相连。

3. **独一无二的寻求者：** 寻求个性化、独特珠宝的人可能对 Mv 品牌感兴趣。这些顾客希望拥有一件与众不同的珠宝，能够突显他们的个性和独特品味。

4. **故事驱动的消费者：** 喜欢品牌背后故事的消费者可能会被 Mv 品牌所吸引。他们对于每件珠宝的创作过程、设计理念和背后的情感故事感兴趣。

5. **可持续性倡导者：** 关注环境和可持续性的消费者可能会对 Mv 品牌产生兴趣，尤其是如果品牌强调使用环保材料和可持续制造过程。

6. **社交媒体粉丝：** 善于使用社交媒体的人群可能会对 Mv 品牌感兴趣，因为他们可以通过品牌的在线展示、故事分享和互动活动来参与其中。

7. **高品质追求者：** 珠宝是高品质制作的艺术品，追求卓越品质的消费者可能会被 Mv 品牌的精湛工艺和材料所吸引。

8. **情感连接重视者：** 那些看重人际关系和情感连接的人可能会寻找与 Mv 品牌的核心理念相符的珠宝，用以加强他们与亲友之间的情感纽带。

图 9-34

步骤 03 **了解市场环境：** 在同一个输入框中继续输入提示词，如"请简略概述一下 Mv 品牌面临的市场竞争环境"，按 Enter 键确认，ChatGPT 会对品牌的市场竞争环境进行概括，如图 9-35 所示。

Mv 品牌面临着一个竞争激烈且多样化的市场竞争环境。以下是对其可能的市场竞争环境的简略概述：

1. **传统珠宝品牌：** 传统的珠宝品牌在市场上具有较高的知名度和声誉。这些品牌可能有着悠久的历史和精湛的工艺，吸引了一部分消费者，特别是那些看重传统和品质的人。

2. **新兴设计师品牌：** 随着创意和设计在珠宝领域的重要性增加，许多新兴的设计师品牌涌现而出。这些品牌可能通过独特的设计和创新的理念吸引年轻一代的消费者。

图 9-35

3. **情感化品牌**：类似于Mv品牌的其他情感化珠宝品牌也可能存在竞争。这些品牌也强调将情感与珠宝相融合，创造出个人化和有意义的珠宝作品。
4. **定制化品牌**：一些品牌专注于提供定制化的珠宝服务，满足消费者对个性化和独特性的需求。这种定制化趋势可能在市场上形成竞争。
5. **大众珠宝零售商**：大型零售商可能提供多样化的珠宝选择，价格相对较低。这些品牌吸引那些对价格敏感的消费者。
6. **可持续性品牌**：环保和可持续性在市场上变得越来越重要，一些珠宝品牌可能专注于使用环保材料和可持续制造过程，与Mv品牌在可持续性方面形成竞争。
7. **社交媒体和电商平台**：在数字化时代，社交媒体和电子商务平台提供了品牌宣传和销售的机会。竞争可能来自那些善于利用在线渠道的品牌。
8. **国际市场竞争**：如果Mv品牌有国际化的计划，将需要与全球范围内的珠宝品牌竞争，这包括了各种文化和消费趋势的考量。

在这个竞争激烈的环境中，Mv品牌需要准确定位自己的独特价值主张，积极创新，并且建立紧密的客户关系，以在市场上脱颖而出。

图 9-35（续）

步骤 04 **撰写创意文案**：在同一个输入框中继续输入提示词，如"请结合以上信息，为 Mv 品牌撰写一篇有创意的宣传文案"，按 Enter 键确认，ChatGPT 会生成品牌宣传文案，如图 9-36 所示。

✿ **解锁珠宝的情感宝库，留下永恒的记忆** ✿

在寻常的光芒之下，有一个品牌，它不仅是珠宝，更是一段情感的延伸，一段属于你的独特记忆。欢迎来到Mv，我们的使命是用珠宝为您编织一段独特、珍贵的故事，让每一个细节成为您生命中最美好的一页。

✿ **每一颗宝石都是一颗情感的种子** ✿

我们知道，每一段情感都是独特的，每一个时刻都值得铭记。Mv的珠宝不仅是华丽的饰品，更是您内心情感的代言人。从幸福的微笑到深情的眼神，我们将这些美丽瞬间凝结成华美的珠宝，让它们永远陪伴您，见证您生命中的每一个感动瞬间。

✿ **创造属于您的独特符号** ✿

您是独一无二的，为什么您的珠宝不应该如此呢？Mv品牌引以为傲的是独特的设计和个性化定制。我们相信每一位顾客都应该能够创造出与众不同的珠宝，成为自己的故事创作者。您的故事，您的风格，我们的珠宝将它们融入其中，让您拥有一个真正属于自己的瑰丽符号。

✿ **从心开始，与珠宝共舞** ✿

Mv品牌不仅仅是珠宝制造商，更是您情感的共鸣者。我们明白每一件珠宝都有其背后的故事，它们是您人生旅途的重要一页。让我们一起从心开始，让Mv的珠宝成为您情感故事的舞台，共同谱写一曲永恒的旋律。

✿ **Mv —— 缔造珠宝记忆的魔法师** ✿

在这个瞬息万变的世界，珍贵的是情感，永恒的是记忆。Mv品牌是您的珠宝记忆魔法师，用宝石、金属和创意编织出您生命中最特别的时刻。我们不仅卖珠宝，更赋予它们情感、灵魂和力量。

探索情感，创造记忆，在Mv的世界中，珠宝不仅仅是美丽的饰品，更是您故事的见证者。让我们一起踏上这个充满魔法的旅程，用Mv的珠宝点亮生命中每一个美好时刻。

图 9-36

用户在让 ChatGPT 生成品牌宣传文案时，应尽可能多地提供充足的品牌背景信息和市场信息，以有助于 ChatGPT 响应并提供更加贴合实际的文案。

103 让 ChatGPT 编写品牌故事

扫码看教学视频

品牌故事是一种与受众进行情感连接的品牌营销手段。一个引人入胜的品牌故事能够增加消费者的信任，提高消费者对品牌的忠实度。

编写品牌故事需要结合品牌的特性和受众的需求，并非一件容易的事，但在 ChatGPT 的帮助下，用户可以快速地梳理出品牌信息来连接受众需求，并用合适的文字进行表达。本节将介绍让 ChatGPT 编写品牌故事的操作步骤。

步骤 01 **提供信息，明确受众**：在 ChatGPT 输入框中输入提示词，如"Der 品牌的业务是致力于小众女装设计，旨在用小众女装来传达独一无二的理念，鼓励每个人都勇敢地追求个性。请结合 Der 品牌的理念分析出其目标受众有哪些"，按 Enter 键确认，ChatGPT 会分析出品牌的目标受众，如图 9-37 所示。

根据Der品牌的理念，致力于小众女装设计，旨在用小众女装来传达独一无二的理念，鼓励每个人都勇敢地追求个性，我们可以推测其目标受众如下：

1. **个性追求者：**这是Der品牌最核心的目标受众。他们注重独特的风格和独特的生活态度，这些人可能不满足于传统的流行趋势，而是渴望通过穿着表达出自己独特的个性和想法。Der品牌的小众设计正是为这些个性追求者提供了平台，让他们能够找到与自己价值观和审美相符的服装选项。

2. **时尚创意者：**这个受众群体可能是年轻的设计师、艺术家、创作者等，他们寻求不拘一格的时尚灵感，希望通过服装来表达自己的创造力和艺术性。Der品牌的小众女装设计可能会提供独特的、富有艺术感的服装选择，吸引这些创意者。

3. **追求独特体验的消费者：**这些消费者寻求与众不同的购物体验，不愿意拥有与他人雷同的服装。他们可能会在Der品牌的小众女装中找到满足，因为这些服装被设计得与主流市场中的大众服装不同，能够带来独特的穿着体验。

4. **价值观相符的消费者：**Der品牌所传达的独一无二理念可能会吸引那些与品牌共鸣的消费者。无论是环保、社会责任感还是其他特定的价值观，这些消费者可能会因为品牌的理念而选择支持Der，认为这个品牌代表了他们的价值观。

总之，Der品牌的目标受众主要包括追求个性、独特、创意以及与品牌理念相符的消费者，这些人群可能在传统流行趋势中找不到满足，而在Der的小众女装设计中获得独特的时尚选择和表达机会。

图 9-37

步骤 02 **提供背景，撰写故事**：在同一个输入框中继续输入提示词，如"Der 品牌成立的初衷是想给那些有容貌焦虑、身材焦虑的女生一些力量，鼓励她们学会接受自己的独特性。请根据 Der 品牌成立的背景编写一个故事，要求有完整的故事线，能够吸引目标受众的兴趣"，按 Enter 键确认，ChatGPT 会生成品牌故事，如图 9-38 所示。

在一个繁华的都市中，生活节奏快速，时尚潮流不断变换。然而，在这个看似光鲜亮丽的世界里，有一群女生却常常陷入容貌焦虑和身材焦虑之中，无法找到自信和勇气。这其中，有着一个名叫艾莉娜的女孩，她是一个聪明、有才华的年轻人，却总是对自己的外表感到不满。

艾莉娜热爱时尚，但每次踏入购物中心，她都会在镜子前停下来，不自觉地盯着自己的脸庞和身材缺陷。她羡慕那些在杂志封面上看起来完美无瑕的模特，却从未意识到自己也有独特的美丽。她的焦虑开始影响她的自尊和自信，甚至限制了她的社交和发展。

然而，在一个偶然的午后，艾莉娜邂逅了一个与众不同的小店。门口悬挂着"Der"的招牌，店内陈列着各式各样看起来别具一格的服装。好奇心驱使下，她走了进去。店内充满了温馨的氛围，柔和的灯光照亮了每一件衣物，使其散发出独特的魅力。

图 9-38

在店内，艾莉娜遇到了一个名叫安娜的女性，她是Der品牌的创始人。安娜是一个坚定的女性，她从自己的成长经历中理解到了容貌焦虑和身材焦虑的痛苦。她鼓励艾莉娜试穿了一件与众不同的衣服，这件衣服不仅在设计上与主流时尚不同，还强调了个体的美丽。安娜与艾莉娜分享了自己的故事，以及创建Der品牌的初衷：为那些感到焦虑的女生们提供力量，帮助她们学会接受自己的独特性。

逐渐地，艾莉娜开始在Der品牌找到自己的信心。她发现，这里的服装并不是为了满足别人的审美，而是为了表达自己的个性和独特之美。每一件衣服都是一种态度，一种勇气的象征。她开始逐渐放下了对自己外表的焦虑，学会欣赏自己的每一个特点。

随着时间的推移，艾莉娜不仅成为了Der品牌的忠实顾客，还在自己的社交圈中传播着这个品牌的理念。她通过社交媒体分享自己的成长故事，鼓励更多的女生不要因为外表焦虑而失去自信。她的努力逐渐引起了更多人的共鸣，Der品牌也因此在市场上逐渐崭露头角。

故事的结局是一个充满希望的画面，许多曾经焦虑不安的女生们逐渐从Der品牌的服装中找到了自信和力量。Der品牌不仅成为了时尚的代名词，更是一种鼓励和支持，为那些曾经感到被社会标准束缚的女生们带来了新的希望和勇气。

图 9-38（续）

步骤 03 **提出要求，优化故事**：在同一个输入框中继续输入提示词，如"请深入挖掘品牌特性和紧扣目标受众的需求，优化这个故事，让其更有感染力"，按 Enter 键确认，ChatGPT 会对品牌故事进行优化，如图 9-39 所示。

在繁华的城市角落，生活如电光石火，时尚的涟漪在街头巷尾蔓延。然而，在这个看似灿烂的世界里，隐藏着一群内心脆弱的女孩，她们被容貌焦虑和身材焦虑所困扰，感受到自己的自信如风中残烛般摇摇欲坠。在这群女孩中，有一位名叫艾莉娜的年轻人，她天资聪颖、才华横溢，然而内心却被自卑所笼罩。

艾莉娜钟爱时尚，但每次踏入商场，她都会迅速遁入人群，避免镜子中那张她认为不够完美的脸庞和身材。她总是暗自嘲笑，认为只有那些纸片人般的模特才配得上美丽的服装。而她，只是生活在边缘的普通人。

然而，在一个灰蒙蒙的雨天，艾莉娜偶然闯入一家别致的店铺。那里的招牌上写着"Der"，诱人的灯光透过橱窗温柔地映照出一片梦幻。好奇心驱使下，她踏进了这个被遗忘的角落。

店内弥漫着馥郁的茶香和轻柔的音乐，一位名叫安娜的女子正在绣花。她笑意盈盈，迎接着每一位客人。艾莉娜在这温暖的氛围中，第一次感受到店铺中不仅有时尚的衣物，更有一种独特的力量，仿佛她可以在这里找到自己的舞台。

安娜主动接近艾莉娜，她像朋友一样倾听着她的故事。艾莉娜的眼眸开始湿润，她在这里找到了理解，找到了一个与众不同的家。安娜坦诚地分享了自己年少时的自卑历程，以及她创建Der品牌的初衷：为那些在审美标准下挣扎的女孩们带来改变，赋予她们自信，让她们明白每个人都有与众不同的美丽。

艾莉娜试穿了一件Der品牌的设计，这件衣服并不是追逐潮流，而是传递一种态度，一种自信的姿态。镜子中的她，似乎在微笑，迎接着新的自己。她意识到，Der品牌的衣服不是为了讨好别人的目光，而是为了让每个人都感到骄傲，散发自己独特的光芒。

从此以后，艾莉娜找到了自己的自信，她不再回避镜子，反而开始大胆尝试不同的造型。她不再因为别人的眼光而束缚，而是开始活出自己的风采。她将Der品牌介绍给了更多的朋友，让她们也感受到这份力量。

渐渐地，这个小小的店铺成为了一个独特的社区，聚集了许多有着共鸣的女孩。Der品牌不仅仅是时尚，更是一种自信的象征，一种鼓励和支持。每个人都能在这里找到自己的美丽，不再受限于社会的标准。

图 9-39

第10章

AI 写作全流程案例：《抖音电商》图书宣传文案

学习提示

为了帮助大家更好地掌握 ChatGPT 生成文案的方法，本章将以让 ChatGPT 创作《抖音电商》图书宣传文案为例，拆分操作步骤进行详细讲解。大家在学习的过程中可以温习这些操作方法，并举一反三，以真正获得指示 AI 生成文案的技能。

本章重点导航

◇ 温习运用 ChatGPT 创作文案的思路和方法

10.1 ChatGPT 分析图书的相关信息

　　用户在运用 ChatGPT 撰写图书宣传文案之前，可以先让 ChatGPT 对图书的相关信息进行分析，让其在充分了解图书的基础上撰写宣传文案。分析图书的相关信息包括两个方面：一是归纳图书亮点，二是分析目标受众。本节将带领大家温习前面所学的方法，引导 ChatGPT 分析图书的相关信息。

104 归纳图书亮点

扫码看教学视频

　　图书亮点是宣传文案中最为精华的内容，因此收集图书信息的首要任务是归纳图书亮点。下面将介绍让 ChatGPT 归纳图书亮点的操作方法。

　　步骤 01 **设置背景，询问建议**：在 ChatGPT 输入框中输入提示词，如"我需要对产品的亮点进行归纳，你有什么好的建议吗？"，向 ChatGPT 寻求方法，按 Enter 键确认，ChatGPT 会提供归纳产品亮点的建议，如图 10-1 所示。

　　当对产品的亮点进行归纳时，以下是一些好的建议：

1. **功能特点：** 列出产品的主要功能和特点。这可以帮助客户了解产品能为他们提供什么价值。
2. **创新性：** 如果产品在市场上有独特的创新之处，务必强调。客户通常会被新颖的想法和方法吸引。
3. **解决问题：** 指出产品如何解决了目标客户的问题或满足了他们的需求。这有助于在客户心中建立产品的实用性。
4. **性能和效能：** 如果产品在性能、速度、效率等方面有卓越表现，这些都是很好的亮点。
5. **用户体验：** 强调产品的用户友好性、界面设计、易用性和流畅性。良好的用户体验通常能吸引更多用户。
6. **品质和耐久性：** 如果产品质量高、经久耐用，这是很重要的卖点之一。
7. **多样性：** 如果产品有多种版本、颜色、尺寸或其他变体，这可以满足更广泛的客户群体。
8. **定制选项：** 如果产品允许客户进行个性化定制，这是一个很有吸引力的卖点。
9. **社会影响：** 如果产品与社会责任、环保、可持续发展等有关，这可能吸引那些注重这些价值的消费者。
10. **用户反馈：** 如果产品已经收到了积极的用户反馈或好评，这可以作为产品优点的证明。
11. **售后支持：** 如果产品配备了优质的售后支持、保修或客户服务，这可以增加客户对产品的信心。
12. **价格和性价比：** 如果产品在市场上具有竞争力的价格，并且提供良好的性能和价值，这也是一个亮点。
13. **行业认可：** 如果产品获得了行业奖项、认证或专业人士的认可，这可以增加产品的可信度。
14. **市场需求：** 如果产品满足了当前热门或不断增长的市场需求，这是一个重要的卖点。
15. **未来发展：** 如果产品有扩展、升级或未来功能计划，这可以为客户提供长期的投资价值。

　　在归纳产品的亮点时，要根据目标受众选择最适合的亮点，并确保清晰而简洁地表达每个亮点的价值。

图 10-1

步骤 02 **明确信息，归纳亮点**：在同一个输入框中继续输入提示词，如"请根据以上建议，结合以下图书的信息归纳图书的亮点。如果缺少了信息，你可以随时向我提问（另起一行）图书信息：×××"，让 ChatGPT 在充分了解图书的基础上对图书亮点进行归纳，按 Enter 键确认，ChatGPT 对图书的亮点进行归纳，如图 10-2 所示。

请根据以上建议，结合以下图书的信息归纳图书的亮点。如果缺少了信息，你可以随时向我提问

图书信息：

《抖音电商从入门到精通：抖店运营＋橱窗推广＋购物车转化》是一本技巧实操书，通过 3 大篇章向读者介绍了抖音小店运营、抖音商品橱窗推广以及购物车带货的基础知识和操作方法，帮助读者快速找到适合自己的抖音电商运营方法，轻松有效地实现运营目标！

《抖音电商从入门到精通：抖店运营＋橱窗推广＋购物车转化》这本图书的亮点可以归纳如下：

1. **全面实操指南**：本书分为3大篇章，涵盖了抖音小店运营、商品橱窗推广以及购物车带货的方方面面。这意味着读者能够从头到尾了解抖音电商的各个方面，提供了全面的实操指南。

2. **针对不同阶段读者**：书中既介绍了基础知识，也涵盖了更高级的操作方法，适合从入门到进阶的读者。无论读者的电商经验水平如何，都能从中找到有益的内容。

3. **实用操作技巧**：除了理论知识，书中还提供了实际操作的技巧，帮助读者在实际运营中更加得心应手。这对于想要迅速上手的读者特别有价值。

4. **抖音特定策略**：书中专门涵盖了抖音平台上的运营策略，包括抖店运营、橱窗推广和购物车带货。这些特定的策略有助于读者更好地在抖音平台上开展电商业务。

5. **运营目标实现**：本书强调了如何轻松有效地实现电商运营目标。通过提供有针对性的方法和建议，帮助读者更好地规划和达成自己的电商目标。

6. **时效性和流行性**：抖音作为当今流行的社交平台之一，具有广泛的用户基础。这本书涵盖了与抖音电商相关的热门话题，因此具有很强的时效性和流行性。

7. **实践案例**：如果书中包含了实际的案例研究或成功故事，可以进一步强调实际操作的效果，为读者提供更直观的参考。

8. **结构清晰**：由于分为不同篇章，每个篇章又涵盖不同的主题，这本书的结构清晰，有助于读者按照自己的需要进行查阅和学习。

总之，这本图书通过全面的实操指南、实用技巧、特定策略等方面的内容，帮助读者掌握抖音电商运营的要点，并在实际操作中取得成功。无论读者是否有经验，都可以从中受益，逐步实现自己的运营目标。

图 10-2

步骤 03 **补充信息，优化内容**：在同一个输入框中继续输入提示词，如"请根据以下补充的图书信息，重新归纳图书的亮点（另起一行）补充信息：×××"，让 ChatGPT 结合新的信息对图书亮点进行重新归纳，按 Enter 键确认，ChatGPT 会重新归纳图书的亮点，如图 10-3 所示。

请根据以下补充的图书信息，重新归纳图书的亮点

补充信息：《抖音电商从入门到精通：抖店运营＋橱窗推广＋购物车转化》这本书致力于从商家到运营者，从个人到机构，从无货到有货，都能找到合适的盈利模式。

同时这本书由有视频平台和电商运营实战经验的作者撰写，传授了120多个技巧给读者，让读者能够精准提炼商品卖点，快速树立店铺口碑，有效增加店铺曝光度。

全书采用图文并茂的方式写作，且为全彩印刷，能够带给读者好的阅读体验。

图 10-3

《抖音电商从入门到精通：抖店运营＋橱窗推广＋购物车转化》这本图书的进一步亮点可以归纳如下：

1. **全方位适应：** 本书不仅适用于个人抖音电商初学者，还适合商家和机构，无论是有货还是无货的情况下，都能找到适合的盈利模式。这种全方位的指导使各类读者都能从中获益。
2. **丰富实战经验：** 作者具备视频平台和电商运营实战经验，这使得书中的技巧和策略更具可靠性和实用性。读者可以从作者丰富的经验中受益，不仅了解理论，还能获得实际操作的建议。
3. **大量实用技巧：** 本书提供了超过120个技巧，涵盖了从商品卖点的提炼、店铺口碑的建立，到店铺曝光度的提升等方方面面。这使读者可以掌握多种关键技能，从而更好地在抖音电商平台上运营。
4. **商品卖点精准：** 通过传授技巧，书中强调如何精准地提炼商品的卖点。这有助于吸引目标受众，提高销售转化率。
5. **店铺口碑建立：** 书中不仅介绍了橱窗推广等技巧，还指导读者如何快速树立店铺的口碑。这对于在竞争激烈的市场中脱颖而出非常重要。
6. **有效增加曝光度：** 书中提供了方法来增加店铺的曝光度，这对于吸引更多潜在客户至关重要。这是推动销售增长的关键因素之一。
7. **图文并茂，全彩印刷：** 书籍采用图文并茂的方式编写，而且是全彩印刷，为读者呈现出生动、直观的内容。这种可视化的呈现方式能够提升阅读体验，更好地理解内容。

综合以上信息，这本图书通过适用性广泛、丰富的实战经验、大量实用技巧、精准的商品卖点挖掘以及有效的店铺口碑和曝光度提升策略等方面的内容，为读者提供了在抖音电商领域成功运营所需的关键指导。

图 10-3（续）

步骤 04 **提出要求，汇总亮点：** 在同一个输入框中继续输入提示词，如"请汇总这些图书亮点，用字数均等的字词表述，不用写解释"，按 Enter 键确认，ChatGPT 会对图书的亮点进行汇总，如图 10-4 所示。

《抖音电商从入门到精通：抖店运营＋橱窗推广＋购物车转化》这本图书的亮点概括如下：

- 全面实操指南，适合各类读者。
- 针对不同阶段，提供丰富操作方法。
- 提供120+实用技巧，精准卖点挖掘。
- 快速树立店铺口碑，增加曝光度。
- 作者经验丰富，内容可靠实用。
- 图文并茂，全彩印刷，阅读体验好。

图 10-4

105 分析目标受众

扫码看教学视频

目标受众是创作宣传文案的重要因素之一，结合图书的亮点，用户可以让 ChatGPT 分析图书的目标受众，以便精准对标消费者，实现图书的有效销售。

下面将介绍让 ChatGPT 分析《抖音电商从入门到精通：抖店运营＋橱窗推广＋购物车转化》这本书的目标受众的操作方法。

步骤 01 **提供亮点，分析受众：** 新建一个窗口，在 ChatGPT 输入框中输入提示词，如“请根据《抖音电商从入门到精通：抖店运营＋橱窗推广＋购物车转化》这本书的亮点分析它的目标受众（另起一行，提供图书亮点）”，按 Enter 键确认，ChatGPT 会分析出图书的目标受众，如图 10-5 所示。

请根据《抖音电商从入门到精通：抖店运营 + 橱窗推广 + 购物车转化》这本书的亮点分析它的目标受众
《抖音电商从入门到精通：抖店运营 + 橱窗推广 + 购物车转化》这本图书的亮点概括如下：
- 全面实操指南，适合各类读者。
- 针对不同阶段，提供丰富操作方法。
- 提供120+实用技巧，精准卖点挖掘。
- 快速树立店铺口碑，增加曝光度。
- 作者经验丰富，内容可靠实用。
- 图文并茂，全彩印刷，阅读体验好。

根据《抖音电商从入门到精通：抖店运营 + 橱窗推广 + 购物车转化》这本书的亮点，可以分析出其目标受众如下：

1. **电商初学者**：这本书提供了全面的实操指南，适合那些刚刚接触抖音电商领域的初学者。对于那些对抖音电商运营流程和技巧一无所知的人来说，本书提供了基础知识和操作方法，帮助他们入门。
2. **电商从业者**：书中提供了针对不同阶段的丰富操作方法，这对于已经在抖音电商领域工作的从业者来说是有价值的。无论是初期建立店铺还是希望提高曝光度和转化率，书中的实用技巧都能为他们提供指导。
3. **抖音店铺经营者**：针对快速树立店铺口碑、增加曝光度的内容，适合已经在抖音上有店铺的经营者。通过这些方法，他们可以进一步优化店铺的形象，增加用户信任感，吸引更多的潜在购买者。
4. **市场营销人员**：由于书中提供了精准卖点的挖掘方法，市场营销人员可以从中学习如何更好地定位产品卖点，制定有效的推广策略，吸引更多的目标受众。
5. **希望增强专业知识的个人**：即使不直接从事抖音电商，但对于希望了解电商运营和推广的个人来说，这本书也提供了丰富的信息和实用技巧，帮助他们扩展知识领域。
6. **对抖音感兴趣的读者**：如果有人对抖音平台及其商业潜力感兴趣，本书可以为他们揭示抖音电商的运作方式，从而满足他们的好奇心并使他们更了解这个领域。

综上所述，该书的目标受众主要是电商初学者、电商从业者、抖音店铺经营者、市场营销人员，以及对抖音平台感兴趣的个人。无论读者处于哪个阶段，都可以从书中获得实用的操作方法、技巧和知识，帮助他们在抖音电商领域取得成功。

图 10-5

步骤 02 **给予提示，扩展受众**：在同一个输入框中继续输入提示词，如“请再结合图书的用途，深入分析这本书的目标受众”，按 Enter 键确认，ChatGPT 会深入分析图书的目标受众，如图 10-6 所示。

当结合该书的用途来深入分析目标受众时，可以更加具体地理解适合哪些人群：

1. **电商新手入门者**：该书提供了全面的实操指南，对于想要了解抖音电商基础知识和操作流程的人来说，是一个很好的起点。这些新手可能是刚刚进入电商领域，希望通过抖音平台开始自己的电商业务。
2. **小微电商店主**：针对不同阶段提供的丰富操作方法对小规模的电商店主特别有价值。他们可能已经有一些经验，但希望了解如何更好地在抖音上运营，如何进行橱窗推广以及如何提高购物车转化率。

图 10-6

3. **抖音店铺经营者**：书中强调快速树立店铺口碑和增加曝光度，这对于已经在抖音上有店铺的经营者非常有用。他们可以学习如何通过有效的运营和推广策略来增加店铺的知名度和用户信任度。

4. **营销专业人员**：书中提供的120+实用技巧可以为市场营销人员提供灵感和指导，帮助他们更好地定位产品卖点、制定推广策略，并在竞争激烈的市场中脱颖而出。

5. **创业者和自我营销者**：对于那些想要在抖音平台上展示自己、建立个人品牌或进行个人营销的人来说，本书提供的内容可以帮助他们理解如何利用抖音电商的特点来实现目标。

6. **教育培训人员**：如果有人从事电商领域的培训工作，这本书可以作为教材或参考资料，帮助他们传授有关抖音电商运营的实用知识和技能。

7. **对数字营销感兴趣的人**：即使不计划直接从事抖音电商，对于对数字营销领域感兴趣的人来说，这本书提供的实用技巧和操作方法也是有价值的，可以帮助他们了解数字营销的一些基本原则和方法。

综上所述，该书的目标受众涵盖了广泛的人群，包括电商初学者、小微电商店主、抖音店铺经营者、营销专业人员、创业者、自我营销者、教育培训人员以及对数字营销感兴趣的个人。无论是想要入门抖音电商领域，还是希望提升现有电商业务的人，都可以从这本书中获得实用的指导和知识。

图 10-6（续）

在 ChatGPT 的帮助下，用户还可以收集图书的市场信息，如在 ChatGPT 输入框中输入提示词"请根据以下图书信息，分析市场竞争环境（另起一行）图书信息：×××"，按 Enter 键确认，ChatGPT 会给出图书的市场信息，如图 10-7 所示。

请根据以下图书信息，分析市场竞争环境
图书信息：
《抖音电商从入门到精通：抖店运营 + 橱窗推广 + 购物车转化》是一本技巧实操书，通过 3 大篇章向读者介绍了抖音小店运营、抖音商品橱窗推广以及购物车带货的基础知识和操作方法，帮助读者快速找到适合自己的抖音电商运营方法，轻松有效地实现运营目标！

根据提供的图书信息，《抖音电商从入门到精通：抖店运营 + 橱窗推广 + 购物车转化》似乎是一本关于抖音电商运营的实操指南。从书名和简要介绍中可以得出以下几点：

1. **主题和内容**：这本书的主题是抖音电商运营，内容涵盖了三大篇章，即抖店运营、商品橱窗推广和购物车转化。这暗示着这本书旨在为读者提供从入门到精通的全面指导，涵盖了电商运营的多个方面。

2. **目标读者**：该书的目标读者很可能是希望在抖音平台上进行电商业务的个人、创业者或小企业主。它强调了基础知识和操作方法，暗示着对初学者友好，同时也可能有一些高级技巧供有经验的人使用。

3. **市场竞争环境分析**：抖音电商在过去几年迅速崛起，成为一个热门的电商平台。然而，随着其受欢迎程度的提高，竞争也变得激烈。市场上已经存在大量的抖音电商店铺和个人卖家，涵盖了各种产品类别。这就意味着，对于这本书所描述的内容，已经有相当数量的竞争者在尝试着在抖音平台上进行电商活动。

4. **竞争优势**：该书的竞争优势可能在于其声称提供了从入门到精通的指导，结合了抖店运营、橱窗推广和购物车转化等多个方面的知识。如果该书能够提供实际可行的操作方法、案例分析和最新趋势，那么它可能吸引那些希望从抖音电商中获得成功的人群。

5. **市场趋势**：抖音作为一个社交媒体平台，已经迅速发展成为一个集娱乐、社交和购物为一体的平台。随着社交电商的兴起，抖音电商领域的趋势可能会继续增长。这本书的价值在于帮助读者跟上这一领域的最新发展，利用抖音平台的功能来提升他们的电商业务。

总之，虽然抖音电商领域存在激烈的竞争，但如果这本书能够提供实用、全面的指导，并能与市场趋势保持同步，它仍然有机会在这个领域中脱颖而出。成功与否还取决于其内容的质量、实用性和针对读者需求的精准度。

图 10-7

10.2 ChatGPT 生成图书宣传文案

用户在收集了相关的图书信息之后，便可以让 ChatGPT 生成图书宣传文案了。通过运用前面章节所学的提问方法，可以让 ChatGPT 生成高效、优质的图书宣传文案。本节将带领大家温习前面所学的方法，引导 ChatGPT 生成图书宣传文案。

106 确定宣传文案标题

扫码看教学视频

用户在让 ChatGPT 撰写图书宣传文案时，可以先明确文案的标题，然后围绕标题展开文案内容。下面将介绍让 ChatGPT 生成图书宣传文案标题的操作方法。

步骤 01 **确定标题的类型**：新建一个窗口，在 ChatGPT 输入框中输入提示词，如"有吸引力的宣传文案标题有哪些类型？"，按 Enter 键确认，ChatGPT 会提供文案标题的类型，如图 10-8 所示。

> 有吸引力的宣传文案标题可以分为多种类型，取决于宣传的内容、目标受众和所要传达的情感。以下是一些常见的吸引人的宣传文案标题类型：
>
> 1. **好奇心激发型**：这些标题激发读者的好奇心，让他们想要了解更多。例如："揭开神秘面纱：你不知道的事实！"
> 2. **问题解决型**：提出一个问题，然后暗示你的产品或服务可以解决这个问题。例如："厨房清洁成为烦恼？试试这个神奇的清洁剂！"
> 3. **效益强调型**：强调产品或服务的主要好处。例如："轻松减肥，拥有健康体态！"
> 4. **独特性突出型**：强调你的产品或服务的与众不同的特点。例如："全球独一无二的创新科技，只在这里找得到！"
> 5. **情感共鸣型**：触发读者的情感共鸣，引发情感共鸣有时比功能更重要。例如："与你的宝宝分享更多的温暖时刻。"
> 6. **限时优惠型**：制造紧迫感，促使读者立即行动。例如："仅剩24小时！双倍积分等你来领！"
> 7. **社会效益型**：强调购买你的产品或服务将有助于社会或环境的改善。例如："每次购买，我们将捐赠一部分给慈善机构。"
> 8. **名人背书型**：如果有相关名人或专家背书，可以在标题中提及。例如："名厨推荐：独家食谱现已公开！"
> 9. **新奇性强调型**：强调新鲜、前所未见的特点。例如："全球首款可折叠手机，引领未来通讯新潮流！"
> 10. **秘密揭示型**：暗示你将揭示一些秘密或内幕。例如："行业内幕：专家分享行业内的成功秘诀！"
> 11. **故事叙述型**：用一个小故事或情景来吸引读者。例如："他用这个方法，仅用三个月就完成了马拉松训练！"
> 12. **数字统计型**：使用数据和统计来支持你的宣传。例如："97%的用户都对我们的产品表示满意！"
>
> 无论选择哪种类型，一个吸引人的宣传文案标题都应该简洁、清晰地传达核心信息，同时激发读者的兴趣和好奇心。记得根据不同的受众和宣传目标来选择合适的标题类型。

图 10-8

步骤 02 **提供主要的平台**：在同一个输入框中继续输入提示词，如"请结合以上类型,筛选出最适合在抖音平台和公众号平台宣传的文案标题类型"，按Enter键确认，ChatGPT 会筛选出对应平台的标题类型并给出示例，如图 10-9 所示。

当在抖音平台和公众号平台进行宣传时，可以考虑以下吸引人的文案标题类型：

抖音平台：

1. **好奇心激发型**："这里的秘密，你从未见过的美！"
2. **情感共鸣型**："与亲人一起，创造珍贵的回忆。"
3. **独特性突出型**："舞出你的风格，独一无二的舞蹈教学！"
4. **新奇性强调型**："尝试过最炫的音乐节奏，只在这里！"
5. **问题解决型**："拍摄视频频繁崩溃？试试这个神器！"
6. **情感共鸣型**："音乐，串起你我心的声音。"
7. **短期优惠型**："仅剩48小时！参与挑战赢取丰厚奖品！"

公众号平台：

1. **问题解决型**："5个步骤，轻松解决每天的厨房难题。"
2. **效益强调型**："学会这项技能，让你的职业前途更广阔！"
3. **独特性突出型**："我们的产品，为你量身定制独特体验。"
4. **社会效益型**："你的每次购买，都在支持环保事业！"
5. **名人背书型**："知名摄影师推荐：用这款相机拍摄绝美风景。"
6. **故事叙述型**："他如何用一次旅行，改变了整个人生轨迹。"
7. **数字统计型**："我们的课程，帮助学生平均提高成绩20%！"

这些标题类型在不同的平台上可能产生不同的效果，因此在制定文案标题时，还要考虑到平台的特点、受众的喜好以及内容的类型。无论在哪个平台，确保标题能够引起用户的兴趣，激发点击和互动。

图 10-9

专家指点

此处举例的抖音平台和公众号平台是选取了两个分别以视频和文章为代表的平台，并且都是较为热门、受到广泛关注的，能够为图书宣传提供有效的帮助。用户也可以根据自己的喜好选择其他有效的宣传方式。

步骤 03 **撰写文案标题**：在同一个输入框中继续输入提示词，如"请结合以上不同平台的文案标题类型，提供主题为《抖音电商从入门到精通：抖店运营＋橱窗推广＋购物车转化》图书宣传的文案标题"，按 Enter 键确认，ChatGPT 会提供特定主题的文案标题参考，如图 10-10 所示。

步骤 04 **优化文案标题**：在同一个输入框中继续输入提示词，如"请优化以上标题，创新表达形式，使标题在平台中能够脱颖而出"，按 Enter 键确认，ChatGPT 会对文案标题进行优化，如图 10-11 所示。

当宣传主题为《抖音电商从入门到精通：抖店运营＋橱窗推广＋购物车转化》图书时，你可以根据不同平台的特点选择合适的文案标题：

抖音平台：

1. **好奇心激发型：** "揭开抖音电商的神秘面纱，从入门到精通，成为抖店达人！"
2. **新奇性强调型：** "抖音电商，全新商业时代的奥秘密码，你知道吗？"
3. **情感共鸣型：** "抖音电商让你的梦想闪耀，这本书教你如何实现！"
4. **问题解决型：** "抖音电商困惑？从本书学习，掌握运营、推广、转化的绝招！"

公众号平台：

1. **问题解决型：** "想在抖音电商赚钱？这本书详解运营、推广、转化，助你成功入门！"
2. **效益强调型：** "从零开始，精通抖音电商！学习实操技巧，让你的抖店腾飞！"
3. **故事叙述型：** "他靠抖音电商实现财富梦想，这本书分享他的成功经验！"
4. **数字统计型：** "学习本书，抖音电商销售额增长率或可达到30%以上！"

在选择文案标题时，要保持简洁明了，突出主题内容的关键点，同时能够引起潜在读者的兴趣。考虑到抖音平台的特性，标题可以更加生动有趣，而在公众号平台，更强调内容的实用性和益处。

图 10-10

当宣传主题为《抖音电商从入门到精通：抖店运营＋橱窗推广＋购物车转化》图书时，以下是一些创新的、能够在平台中脱颖而出的文案标题：

抖音平台：

1. **神秘通道揭密：** 成为抖音电商高手，从入门到精通，这本书是你的秘籍！
2. **点亮抖店星途：** 不只是知识，这本书是你掌握财富密码的钥匙！
3. **梦想造就商机：** 用抖音电商实现理想生活，书中秘诀助你一臂之力！
4. **超越竞争，创造销售奇迹：** 本书教你如何在抖音电商舞台上独领风骚！

公众号平台：

1. **一本书，抖音电商无敌！** 运营、推广、转化，全攻略助你登顶商业巅峰！
2. **抖音电商大揭秘：** 从零到精通，这本书教你如何在激烈的市场竞争中脱颖而出！
3. **成功不再难：** 财富之路从抖音电商开始，本书将成就你的致富梦！
4. **数字改变命运：** 抖音电商销售增长率翻倍，这本书背后的秘密了解一下！

这些文案标题融合了一些新颖的表达方式，用更具有创意和独特性的方式吸引读者的注意力。在抖音平台，强调书籍是秘密、钥匙、奇迹等，更能引发好奇心。而在公众号平台，突出攻略、大揭秘、数字改变命运等，能够更好地呼应实用性和影响力。无论哪个平台，都要保持简洁、明了，同时体现出书籍的独特价值。

图 10-11

可以看出，在提出了优化标题要求后，ChatGPT 生成的文案标题在选词和视觉上都给人以更大的吸引力。用户可以从中选择并确定好宣传文案的标题，这里选择"点亮抖店星途：不只是知识，这本书是你掌握财富密码的钥匙！"和"抖音电商大揭秘：从零到精通，这本书教你如何在激烈的市场中脱颖而出！"这两个文案标题备用。

107 撰写图书宣传文案

扫码看教学视频

用户将以上汇总的图书亮点、确定好的目标受众和文案标题提供给 ChatGPT，可以为 ChatGPT 建立撰写图书宣传文案的依据。下面将介绍让 ChatGPT 撰写图书宣传文案的操作步骤。

撰写抖音平台的宣传文案： 新建一个聊天窗口，在 ChatGPT 输入框中输入提示词，如 "请根据以下图书信息撰写抖音口播文案（另起一行）图书信息：×××"，按 Enter 键确认，ChatGPT 会结合图书信息撰写口播文案，如图 10-12 所示。

请根据以下图书信息撰写抖音口播文案
图书信息：
图书介绍：《抖音电商从入门到精通：抖店运营＋橱窗推广＋购物车转化》是一本技巧实操书，通过 3 大篇章向读者介绍了抖音小店运营、抖音商品橱窗推广以及购物车带货的基础知识和操作方法，帮助读者快速找到适合自己的抖音电商运营方法，轻松有效地实现运营目标！
图书亮点：
- 全面实操指南，适合各类读者。
- 针对不同阶段，提供丰富操作方法。
- 提供120+实用技巧，精准卖点挖掘。
- 快速树立店铺口碑，增加曝光度。
- 作者经验丰富，内容可靠实用。
- 图文并茂，全彩印刷，阅读体验好。
图书目标受众：
1.电商新手入门者
2.小微电商店主
3.抖音店铺经营者
4.营销专业人员
5.创业者和自我营销者
6.教育培训人员
7.对数字营销感兴趣的人
文案标题：点亮抖店星途：不只是知识，这本书是你掌握财富密码的钥匙！

🎉【点亮抖店星途】📖：不只是知识，这本书是你掌握财富密码的钥匙！🔑

嗨，亲爱的抖友们！💡想要在抖音电商领域腾飞吗？想要让你的小店在浩瀚的抖音世界里熠熠生辉吗？那么，这本《抖音电商从入门到精通：抖店运营＋橱窗推广＋购物车转化》绝对是你不可错过的财富秘籍！🏅

✿你是电商新手？别担心！这本书为你准备了全面实操指南，不管你是谁，都能从中获益匪浅。无论你是小微电商店主、抖音店铺经营者，还是营销领域的专业人士，这里都有属于你的智慧结晶。

🍃不同阶段，丰富操作方法！120+实用技巧，精准卖点挖掘！从搭建抖音小店到商品橱窗推广，再到购物车带货的操作方法，一应俱全。让你轻松树立店铺口碑，助你的商品迅速增加曝光度。

🚀作者经验丰富，内容可靠实用！在这本书里，你将汲取到作者多年的行业经验，为你揭示电商运营的黄金法则，帮助你避免弯路，事半功倍。

图 10-12

图 10-12（续）

撰写公众号平台的宣传文案：新建一个聊天窗口，在 ChatGPT 输入框中输入提示词，如"请根据以下图书信息撰写公众号文章（另起一行）图书信息：×××"，按 Enter 键确认，ChatGPT 会结合图书信息撰写公众号文章，如图 10-13 所示。

图 10-13

不仅如此，这本书还适合对数字营销感兴趣的人，以及教育培训人员。在这个数字化时代，数字营销已经成为了商业推广的主要手段之一，而抖音作为一个充满活力和创新的平台，更是数字营销的一个重要阵地。通过学习本书，你可以系统地了解抖音电商的运营策略和技巧，从而为自己的事业发展和职业提升赢得更多的机会。

总之，如果你想要在抖音电商的世界中脱颖而出，实现业务的突破和成功，那么《抖音电商从入门到精通：抖店运营 + 橱窗推广 + 购物车转化》绝对是一本不可多得的宝典。无论你是电商新手还是经验丰富的营销人员，这本书都能为你提供实用的指导和灵感，助你在激烈的市场竞争中获得优势，走向成功之路！

图 10-13（续）

108 优化图书宣传文案

可以看出，ChatGPT 初次生成的图书宣传文案虽然在内容上介绍得十分全面，但在遣词造句、文案结构上欠缺了生动性和灵活性，容易给人生硬的感觉，这样的文案在实际传播中的效果会稍显逊色，因此用户有必要对 ChatGPT 生成的图书宣传文案进行优化。

扫码看教学视频

扫码看教学视频

不同的文案结合平台的特征、受众的喜好有不同的优化方式，下面将具体介绍优化图书宣传文案的操作方法。

步骤 01 打开 ChatGPT 生成抖音口播文案的聊天窗口，在输入框中输入提示词，如"请从专业的抖音运营博主的角度出发，评价一下这篇口播文案"，按 Enter 键确认，ChatGPT 会对口播文案进行评价，如图 10-14 所示。

从专业的抖音运营博主的角度出发，我认为这篇口播文案整体上构思不错，旨在吸引目标受众群体，强调了图书的特点和优势。以下是我对这篇口播文案的评价和建议：

评价：

1. **针对受众**：文案很好地明确了受众群体，涵盖了广泛的人群，从电商新手到抖音店铺经营者，再到营销专业人员和创业者等。这种针对多样化受众的定位是明智的，因为抖音电商领域涉及人群众多。
2. **强调亮点**：文案突出了图书的亮点，如全面实操指南、不同阶段的操作方法、丰富的实用技巧等。这对于抖音运营博主的受众来说，是一个吸引人的因素，因为他们通常会寻找能够提升自己实际操作能力的资源。
3. **专业性和可靠性**：提及作者经验丰富，内容可靠实用，这是非常关键的。抖音运营领域涉及很多不确定性，所以博主会倾向于信任那些具备实战经验的资源。

建议：

1. **强调实际案例**：对于专业抖音运营博主来说，实际案例和成功故事是非常有吸引力的。如果能在文案中适当地融入一些真实的案例，展示图书内容的实际效果，将更能吸引受众。
2. **突出用户价值**：在文案中更加突出读者通过阅读本书能够获得的价值，比如增加销售额、提高店铺曝光度、改进营销策略等。这对于专业博主的受众来说是关键关注点。
3. **呼吁行动**：最后一段可以更具体地引导读者采取行动，比如购买图书、访问图书链接、关注你的账号获取更多运营技巧等。一个明确的呼吁行动可以促使潜在读者更有动力去实际行动起来。

综合起来，这篇口播文案已经从很多方面考虑到了专业抖音运营博主的需求和受众特点。通过进一步突出实际案例和用户价值，以及强化呼吁行动，可以进一步提升文案的吸引力和效果。

图 10-14

步骤 02 在同一个输入框中继续输入提示词，如"请根据以上建议，对口播文案进行修改"，按 Enter 键确认，ChatGPT 会按照要求修改口播文案，如图 10-15 所示。

图 10-15

步骤 03 在同一个输入框中继续输入提示词，如"请提供这篇口播文案的时间节奏设计方案、音乐和特效建议，视频总时长为 10 s，要符合抖音平台的视频风格"，按 Enter 键确认，ChatGPT 会给出口播文案的拍摄建议，如图 10-16 所示。

时间节奏设计方案：

- 前2秒：引人注意，可以用一个跳动的抖音商标作为视频的开头，引发视觉兴趣。
- 2秒 - 5秒：逐步展示图书亮点和特点，每秒呈现一项，例如「全面实操指南」、「针对不同需求，提供120+个实用技巧」等。
- 5秒 - 8秒：展示图书封面和标题，强调书名、口号，以及网址链接。
- 8秒 - 10秒：最后两秒以一个醒目的文字呼唤行动，例如「立即获取财富密码之钥！」，同时在底部显示购买链接。

音乐建议：

- 选用轻快、活泼的背景音乐，符合抖音平台的时尚活力风格，能够增加视频的活力和吸引力。可以考虑使用短小的音乐循环，保持与视频内容的同步感。

特效建议：

- 在每项亮点和特点展示时，可以添加一些简单的文字动画特效，比如文字的弹跳、放大缩小、颜色渐变等，增强信息传达的效果。
- 图书封面和标题的展示可以使用一些渐变、闪光等特效，以突出重点内容。
- 营造一些过渡动画，让视频的转场更加流畅和吸引人。

图 10-16

注意事项：
- 视频总时长只有10秒，所以每个元素的展示时间需要精确控制，保持信息传达的清晰性和效率性。
- 抖音平台的视频风格偏向简洁、时尚、活泼，所以特效和动画不宜过于复杂，以保持整体风格的统一性。
- 视频文字应该简明扼要，字号适中，确保在手机屏幕上能够清晰可读。
- 最后的呼唤行动文字应该特别醒目，激发用户点击链接的兴趣。

图 10-16（续）

 步骤 04 打开 ChatGPT 生成公众号文章的聊天窗口，在输入框中输入提示词，如"请从专业的新媒体运营者的角度出发，评价一下这篇公众号文章"，按 Enter 键确认，ChatGPT 会对公众号文章进行评价，如图 10-17 所示。

从专业的新媒体运营者的角度出发，我对这篇公众号文章有一些评价和建议。

评价：

1. **标题引人入胜：** 文章的标题《抖音电商大揭秘：从零到精通，这本书教你如何在激烈的市场竞争中脱颖而出！》非常吸引眼球，用了生动的词汇，强调了读者的需求，激发了读者的好奇心。
2. **全面介绍图书亮点：** 文章详细介绍了图书的亮点，如全面实操指南、针对不同阶段的操作方法、实用技巧、作者经验等。这有助于读者对图书内容有更全面的了解。
3. **明确目标受众：** 文章列举了适合阅读这本书的目标受众，从电商新手到营销专业人员，都有涵盖。这有助于读者快速判断是否适合他们阅读。
4. **内容提纲清晰：** 文章分为多个段落，每个段落都从不同的角度介绍了图书的内容、优势和适用人群，内容组织清晰，易于阅读。

建议：

1. **丰富实例和案例：** 作为专业的新媒体运营者，你可以考虑在文章中添加一些实际的案例，通过真实的成功故事来支持文章中的观点。这将有助于读者更好地理解图书的实际应用和效果。
2. **引用权威数据和观点：** 在文章中，你可以引用一些权威的数据、观点或行业报告，来支持文章中提到的图书优势和市场需求。这将增加文章的可信度和说服力。
3. **增加实际操作建议：** 既然是从专业的新媒体运营者角度，你可以在文章中提供一些具体的实际操作建议，比如如何在抖音平台上优化店铺橱窗、如何制定购物车转化策略等。这将使文章更加实用。
4. **加入图文素材：** 在公众号文章中加入一些与图书内容相关的图片或图表，能够更好地展示图书的内容，让读者对书中所述有更直观的了解。
5. **强调与当前趋势的结合：** 考虑在文章中强调图书如何与当前的抖音电商趋势相结合，如社交电商、直播带货等，以使文章更有现实意义。

综合来看，这篇公众号文章已经在许多方面做得很好，但通过加入更多的实例、权威数据和操作建议，可以使文章更具深度和实用性，从而更好地满足读者的需求。

图 10-17

步骤 05 在同一个输入框中继续输入提示词，如"请再从激发受众兴趣的角度出发，提供语言表达和结构安排上的建议"，让 ChatGPT 提供多角度的修改建议，按 Enter 键确认，ChatGPT 会给出公众号文章的修改建议，如图 10-18 所示。

从激发受众兴趣的角度出发，你可以在语言表达和结构安排上做以下调整，以更好地吸引读者的关注：

语言表达建议：

1. **生动的描写：** 在文章开头，用生动的描写或比喻，直接勾画出抖音电商市场的激烈竞争画面，让读者能够感受到市场的紧张氛围。
2. **情感共鸣：** 引入情感因素，例如，让读者想象一下自己在激烈的市场中挣扎时的情景，引发读者的共鸣，让他们产生强烈的情感参与感。
3. **惊人的事实或数据：** 使用引人瞩目的事实或数据，揭示抖音电商的巨大商机，同时突出在这个领域脱颖而出的重要性。
4. **鲜活的案例：** 描述一个引人入胜的成功案例，展示某位抖音电商经营者如何借助图书中的技巧，从零开始获得巨大成功。
5. **秘密揭示：** 使用一些悬念性的句子，让读者产生好奇心，比如"这本书将揭示的秘密，或许是你成功的关键"，从而吸引他们继续往下阅读。

结构安排建议：

1. **引子引发兴趣：** 在引言部分，使用引人入胜的引子，描述抖音电商市场的激烈竞争和刺激场景，让读者被吸引进来。
2. **展示问题：** 接着，提出一个问题，如"在如此激烈的市场中，你如何能够脱颖而出？"，以此引发读者思考。
3. **揭示解决方案：** 此时，介绍这本图书，强调它作为解决方案的角色，以及它如何教你从零到精通抖音电商。
4. **案例或故事：** 接着，通过一个成功案例或故事，生动地展示读者能够通过图书中的技巧获得令人瞩目的成就。
5. **强调受众：** 之后，列举出受众范围，突出哪些类型的人适合阅读这本书，让读者感受到图书的广泛适用性。
6. **技巧亮点：** 在接下来的段落，详细展开图书的亮点，使用一些短小有力的句子突出实操指南、操作方法和实用技巧。
7. **情感共鸣：** 再次回到情感共鸣，强调读者在激烈的市场竞争中的努力和挑战，营造出与读者的情感共鸣。
8. **结尾鼓励行动：** 最后，给出鼓励行动的呼吁，例如，"不要错过这本书，它可能是你在抖音电商领域脱颖而出的机会！"，鼓励读者采取行动。

通过在语言表达和结构安排上融入这些建议，你可以更有效地激发读者的兴趣，使他们在文章中找到与自己需求相关的信息，并有更大的可能性继续关注你的公众号。

图 10-18

步骤 06 在同一个输入框中继续输入提示词，如"请综合以上建议，对公众号文章进行修改"，让 ChatGPT 结合建议修改公众号文章，按 Enter 键确认，ChatGPT 会重新生成修改后的公众号文章，如图 10-19 所示。

步骤 07 在同一个输入框中继续输入提示词，如"文章的开头不够引人入胜，且广告痕迹明显，请采用设置悬疑的方式来修改开头内容"，让 ChatGPT 优化文章的开头内容，按 Enter 键确认，ChatGPT 会对文章的开头内容进行修改，如图 10-20 所示。

步骤 08 整理公众号文章，通过单击复制按钮 📋，将修改好的、完整的公众号文章粘贴到记事本中，效果如图 10-21 所示。

当抖音电商遇上市场的激流洪流，你是否曾想过，如何在这场激烈的竞争中脱颖而出？或许你正在努力寻找一本能够指点迷津的宝典。那么，不妨让我来向你推荐一本名为《抖音电商从入门到精通：抖店运营＋橱窗推广＋购物车转化》的书籍，它将为你解开抖音电商的奥秘，引领你在市场中脱颖而出！

你是否曾被电商的新潮趋势所吸引？这本书将带你深入了解抖音电商的核心要素，通过三大篇章的全面介绍，揭示抖音小店运营、商品橱窗推广和购物车带货的基础知识与实操方法。无论你是电商初学者、小微电商店主，还是想要提升抖音店铺业绩的专业人士，这本书都为你提供了丰富的操作方法和实用技巧，帮助你快速找到适合自己的抖音电商运营模式，轻松达成运营目标。

或许你正在为如何突显你的产品卖点而烦恼，亦或为店铺的曝光度不足而苦恼。在这本书中，不仅提供了超过120个实用技巧，助你精准挖掘产品卖点，树立口碑，还会引导你快速树立店铺品牌，增加曝光度，让你的电商之路充满信心与成功。

更重要的是，这本书的作者拥有丰富的抖音电商经验，他们的经验和见解可靠且实用。通过图文并茂、全彩印刷，这本书不仅内容丰富，而且阅读体验极佳。

不仅如此，如果你是一名数字营销爱好者，这本书同样适合你。在数字化时代，数字营销已成商业成功的关键一环，而抖音电商则是数字营销的前沿阵地。通过学习这本书，你将系统掌握抖音电商的运营策略和技巧，为个人职业发展提供新的机遇。

这本名为《抖音电商从入门到精通：抖店运营＋橱窗推广＋购物车转化》的书籍，无疑是你在抖音电商领域的得力助手。无论你是想要初次踏入这一领域，还是希望进一步提升自己的电商经营水平，它都能为你提供实用的指导和灵感。抓住机会，让这本书带你从零到精通，成就抖音电商的成功之路！

图 10-19

在一个充满活力的数字商业世界，有一片风口，被无数目光聚焦，那就是——抖音电商。这个平台，似乎蕴藏着某种神秘力量，让人不禁好奇，究竟是什么样的经营之道，让一些人在激烈的市场竞争中异军突起？今天，我将带你一起探索这个神秘的领域，探讨在抖音电商的海洋中，如何游刃有余，一举成为佼佼者。而这本书，《抖音电商从入门到精通：抖店运营＋橱窗推广＋购物车转化》，或许已经握住了其中的钥匙，将其深埋在纷繁文字的背后。

图 10-20

无标题 - 记事本

文件(F)　编辑(E)　格式(O)　查看(V)　帮助(H)

在一个充满活力的数字商业世界，有一片风口，被无数目光聚焦，那就是——抖音电商。这个平台，似乎蕴藏着某种神秘力量，让人不禁好奇，究竟是什么样的经营之道，让一些人在激烈的市场竞争中异军突起？今天，我将带你一起探索这个神秘的领域，探讨在抖音电商的海洋中，如何游刃有余，一举成为佼佼者，而这本书，《抖音电商从入门到精通：抖店运营＋橱窗推广＋购物车转化》，或许已经握住了其中的钥匙，将其深埋在纷繁文字的背后。

你是否曾被电商的新潮趋势所吸引？这本书将带你深入了解抖音电商的核心要素，通过三大篇章的全面介绍，揭示抖音小店运营、商品橱窗推广和购物车带货的基础知识与实操方法。无论你是电商初学者、小微电商店主，还是想要提升抖音店铺业绩的专业人士，这本书都为你提供了丰富的操作方法和实用技巧，帮助你快速找到适合自己的抖音电商运营模式，轻松达成运营目标。

或许你正在为如何突显你的产品卖点而烦恼，亦或为店铺的曝光度不足而苦恼。在这本书中，不仅提供了超过120个实用技巧，助你精准挖掘产品卖点，树立口碑，还会引导你快速树立店铺品牌，增加曝光度，让你的电商之路充满信心与成功。

更重要的是，这本书的作者拥有丰富的抖音电商经验，他们的经验和见解可靠且实用。通过图文并茂、全彩印刷，这本书不仅内容丰富，而且阅读体验极佳。

不仅如此，如果你是一名数字营销爱好者，这本书同样适合你。在数字化时代，数字营销已成商业成功的关键一环，而抖音电商则是数字营销的前沿阵地。通过学习这本书，你将系统掌握抖音电商的运营策略和技巧，为个人职业发展提供新的机遇。

这本名为《抖音电商从入门到精通：抖店运营＋橱窗推广＋购物车转化》的书籍，无疑是你在抖音电商领域的得力助手。无论你是想要初次踏入这一领域，还是希望进一步提升自己的电商经营水平，它都能为你提供实用的指导和灵感。抓住机会，让这本书带你从零到精通，成就抖音电商的成功之路！

图 10-21

步骤 09 在发布文章之前，还可以向 ChatGPT 询问公众号文章的配图建议，如
输入"请提供这篇公众号文章的配图建议"，ChatGPT 给出的建议如图 10-22 所示。

当配图与文章内容相得益彰时，能够更好地吸引读者的注意力并增强阅读体验。针对这篇公
众号文章，以下是一些建议的配图：

1. **抖音电商场景图：** 使用一张抖音电商场景的图，例如一张手机屏幕上展示抖音电商页面的截
   图，这能够直观地表现抖音电商平台的特点。
2. **书籍封面图：** 使用《抖音电商从入门到精通：抖店运营＋橱窗推广＋购物车转化》的书籍封
   面图作为主要配图，让读者直接了解本文所介绍的内容。
3. **人物成功案例图：** 插入一个成功的抖音电商经营者的照片，与成功案例的描述相呼应，让读
   者能够更好地对照片中的人物建立情感联系。
4. **数字营销示意图：** 以图表或示意图的方式，展示数字营销的概念，与文章中关于数字营销的
   内容相呼应，使读者更直观地理解其重要性。
5. **抖音品牌形象图：** 使用一张抖音的品牌形象图，如抖音的Logo或相关的标志，以增强品牌
   的辨识度。
6. **亮点摘要图：** 制作一张图表，列出图书的亮点、适用受众等关键信息，这能够帮助读者更快
   速地理解图书的价值。
7. **数字化时代图：** 使用现代科技元素，如数字界面、网络连接图标等，以突出抖音电商作为数
   字化时代新趋势的形象。
8. **抖音店铺截图：** 插入一个成功的抖音店铺的截图，展示优秀的店铺橱窗设计和产品推广方
   式，让读者有直观的感受。
9. **情感共鸣图：** 使用一张情感共鸣的图片，如人们共同努力的场景，与文章中的情感共鸣内容
   相呼应，引发读者共鸣。
10. **市场竞争图：** 使用象征市场竞争的图形，如多个人物在起跑线上准备奔跑的图像，以突出文
    章开头提到的市场竞争。

图 10-22